中小学办学绩效评估

顺德的实践与经验

编　著　张　毅

审　定　高　波　王　涛　黄书刚

编　委　杨艳冬　邓秋萍　梁健源

陈水绎　赖良才

广东高等教育出版社
Guangdong Higher Education Press
·广州·

内 容 提 要

2017 年，顺德区对全区所有中小学开展了办学绩效评估。其目的是通过开展区域中小学办学绩效评估工作，指导中小学校加强学校办学内涵建设，促进学校质量提升、学生全面发展，推动教师专业发展和学校自主发展，全面提升区域教育教学水平与质量。

本书从办学绩效评估指标体系的构建，绩效评估如何开展，中小学办学绩效评估的反馈报告，年度镇街绩效评估反馈报告，年度全区学段绩效评估报告，年度全区绩效评估总报告和实施操作手册、绩效评估平台建设，以及评估后的责任督学进校督导案例等方面，全面展示顺德中小学办学绩效评估的实践过程，提炼了区域开展绩效评估的典型经验和做法，具有较强的可读性、科学性、学术性和实践性，为区域开展中小学办学绩效评估提供了可参照的经验，具有一定的学术价值，可以为周边地区教育教学综合改革提供范本和借鉴。

图书在版编目（CIP）数据

中小学办学绩效评估：顺德的实践与经验/张毅编著. —广州：广东高等教育出版社，2021. 8

ISBN 978 - 7 - 5361 - 7013 - 1

Ⅰ. ①中… Ⅱ. ①张… Ⅲ. ①中小学 - 办学效益 - 评估 - 顺德区 Ⅳ. ①G637. 5

中国版本图书馆 CIP 数据核字（2021）第 084282 号

Zhongxiaoxue Banxue Jixiao Pinggu：Shunde de shijian yu jingyan

出版发行	广东高等教育出版社 地址：广州市天河区林和西横路 邮政编码：510500　电话：(020) 87551597 http://www. gdgjs. com. cn
印　　刷	广州市番禺区友联彩印厂
开　　本	787 毫米 ×1 092 毫米　1/16
印　　张	17. 5
字　　数	335 千
版　　次	2021 年 8 月第 1 版
印　　次	2021 年 8 月第 1 次印刷
定　　价	46. 00 元

前言

2015年5月，教育部印发了《关于深入推进教育管办评分离 促进政府职能转变的若干意见》（教政法〔2015〕5号）。同年9月，教育部办公厅发布《关于确定教育管办评分离改革试点单位和试点任务的通知》（教政法厅函〔2015〕49号），顺德区教育局是12个试点单位之一，也是12个试点单位中唯一一个区级单位。之所以能被教育部确定为“教育管办评分离改革试点单位”，是因为顺德区教育局在2010年至2015年期间，在中国教育学会的指导下，开展了教育综合改革实验区建设。经过5年的改革实验，顺德区教育局先后下放审批权、人事管理权、财权、校服采购等70余项权限，明确划分了区、镇两级教育行政管理的职能和事权边界，制定并以文件形式颁布了学校自主办学权利清单，部分试点学校构建了现代学校制度，这为顺德区开展教育管办评分离单项改革实验奠定了坚实的基础。

教育管办评分离的改革该从哪里入手？2016年顺德区教育局召开了“顺德区深入开展教育综合改革大会”，会议提出“要进一步深化顺德区教育综合改革，推进教育管办评分离，扩大政府教育统筹权和学校办学自主权，完善学校内部治理结构。强化教育督导，积极组织开展教育评估监测”。于是，顺德区的教育管办评分离的改革切入点就从中小学办学绩效评估入手，系统地推进学校自主办学的深入发展。

2017年，顺德区首次开展了中小学办学绩效评估工作。办学绩效评估工作是由顺德区人民政府督导室主导，以“办市民更满意的教育”为宗旨，以服务顺德区教育现代化优质发展为根本出发点，针对如何进一步全面激发区域内教育未来优质均衡发展、增量提质的内动力需求，发挥评估、评价的导向作用，为全区中小学提升办学内涵建设、促进学生全面发展，推动现代化师资队伍建设，深化中小学校办学特色成果建设，全面提升顺德区教育现代化办学绩效的自主评估工作。

本书共有七章：第一章中小学办学绩效评估的意义和设计，主要是谈中小学办学绩效评估的背景及意义；第二章中小学办学绩效评估体系的构建，是评估工具研制；第三章中小学办学绩效评估的实施，重点是谈全区中小学校开展实施绩效评估的操作；第四章中小学办学绩效评估成效分析报告，主要对评估后的不同层面进行分析和总结；第五章办学绩效评估的延伸——责任督学挂牌督导，讲述评估后如何指导学校进行整改；第六章责任督学挂牌督导的创新与实践；第七章办学绩效评估与责任督学挂牌督导案例。

本书是对顺德区中小学办学绩效评估的实践经验的总结和反思，内容基本由实践过程的真实资料及对评估工作的再思考整理而成，符合教育部倡导的教育评价的基本思想和理念，对其他地区开展评价有借鉴意义和价值。

本书在编撰过程中，得到了参与评估的专家、评估组成员、各位评估督导的支持，感谢他们在本书编写过程中给予的帮助。

编　者

2021 年 2 月

目 录

第一章 中小学办学绩效评估的意义和设计

第一节　中小学办学绩效评估的背景及意义

一、开展办学绩效评估的背景

为全面贯彻党的十八届三中、四中全会精神，深入落实《国家中长期教育改革和发展规划纲要（2010—2020 年）》，进一步健全中国特色教育管理制度、现代学校制度和教育评价制度，加快推进教育治理体系和治理能力现代化，激发教育活力，2015 年 5 月，教育部印发了《关于深入推进教育管办评分离　促进政府职能转变的若干意见》（教政法〔2015〕5 号，下简称《意见》）。《意见》立足我国基本国情，着眼于推进科学、规范、公正的教育评价，对构建既符合时代发展趋势，又符合国情、学校内部评价的自我监控和政府、社会外部评价倒逼机制相结合的科学系统的教育评价体系，提出了以下主要举措：一是推动学校积极开展自我评价；二是提高教育督导实效；三是支持专业机构和社会组织规范开展教育评价；四是切实保证教育评价质量；五是切实发挥教育评价结果的激励与约束作用。

为此，2015 年 9 月教育部办公厅发布《关于确定教育管办评分离改革试点单位和试点任务的通知》（教政法厅函〔2015〕49 号），顺德区教育局是 12 个试点单位之一。教育部要求各试点单位要紧紧围绕管办评分离的要求，结合本地实际，进一步完善工作方案，明确整体目标、改革思路、主要任务、保障措施、实施步骤等，突出系统性、操作性和实效性。

为了更好地完成试点单位承担的工作任务，顺德区教育局总结和梳理了2010年至2015年开展教育综合改革实验区建设的经验。经过5年的改革实验，顺德区教育局先后下放审批权、人事管理权、财权、校服采购等70余项权限，明确划分了区、镇两级教育行政管理的职能和事权边界，制定并以文件形式颁布了学校自主办学权利清单，部分试点学校构建了现代学校制度，这为顺德区开展教育管办评分离单项改革实验奠定了坚实的基础。

2016年，顺德区教育局召开了“顺德区深入开展教育综合改革大会”，会议提出“要进一步深化顺德区教育综合改革，推进教育管办评分离，扩大政府教育统筹权和学校办学自主权，完善学校内部治理结构。强化教育督导，积极组织开展教育评估监测”。基于此，顺德区此次的教育综合改革从中小学办学绩效评估入手，系统地推进学校自主办学的深入发展。

二、办学绩效评估的意义

办学绩效评估的核心意义：评估要坚持以问题为导向；评估要把过程评估与结果评估相结合；评估要坚持由群众来评价；评估要坚持由实践来检验；评估要坚持综合研判、全面评价，力戒形式主义。

开展中小学办学绩效评估工作，是促进区域教育综合改革，推进管办评分离的具体举措。实施中小学办学绩效评估是坚持开门搞教育、自觉接受人民群众监督的生动实践，是总结主题教育经验、检验办学成效的重要手段。要紧扣抓思想认识到位、抓检查问题到位、抓整改落实到位、抓领导到位的要求，把过程评估同结果评估结合起来，坚持由一线教育工作者来评价、用实践来检验，特别是把解决实际问题的成效作为衡量标准，确保评估结果客观真实。

办学评估是抓好工作落实、检验工作成果的必要环节。开展办学绩效评估工作，既是教育综合改革生动实践的具体展开过程，又是区域教育实际成果接受检验的过程，这是对开展综合改革的整个过程的回溯、反思、检视、评价、总结，既是对办人民满意教育的成果检验、经验总结、规律探索，又是为教育管办评分离改革提供借鉴和有效的指导。从这个意义上讲，评估工作对于全面、系统、持续开展办学绩效评估起到承上启下的连接作用，必须认真对待、切实抓好、落到实处。

办学绩效评估坚持以问题为导向，是促进问题解决的有效手段。我们开展办学绩效评估，就是奔着发现问题的地方去、顺着剖析问题的思路走、遵循解决问题的规律行，归根结底就是奔着问题去、盯着问题改，把以问题为导向贯穿于教育全过程。学校自主办学无不贯穿着发现问题、剖析问题、解决问题、充实内容、扎实步骤。坚持以问题为牵引的实践，评估就是促进学校在正确的办学方向上，走出鲜明的办学特色。

办学绩效评估要坚持把过程评估同结果评估相结合，给学校自主办学一个清晰的"诊断"。过程评估就是看学校是否按照政府要求的内容、方法、步骤去做，是否不打折扣、不搞变通、不任意取舍、扎扎实实办人民满意的教育。结果评估就是看教育的成效是否达到预期，是否取得预期效果。我们要坚持过程与结果的统一，过程不仅仅是走程序、走形式、走过场，而是通过必要的过程来达到预期的结果。我们所说的过程，是蕴含结果、实现结果、追求结果的过程；我们所说的结果，不是脱离过程、独立存在的结果，是通过严谨、细致、扎实的过程自然而然、水到渠成的结果。在评估中，切忌肯定一个方面而否定另一个方面，从一个极端走向另一个极端。单纯追求过程，只重过程、忽视结果，就会走向只为过程留痕、花拳绣腿的形式主义；单纯追求结果，只重结果、淡化过程，就会走向只为目的、不择手段的实用主义。把过程评估和结果评估有机结合起来，就是坚持内容与形式的统一、静态与动态的统一、动机与效果的统一，不单单看已经做了什么，还要看做得怎么样、取得哪些成效。真正把评估建立在客观、公正、科学、有效的基础之上。

办学绩效评估要坚持由一线教育工作者来评价，是对教育管理者的一个有效的实践培训。在评估中，要深入学校，深入基层，收办学特色资料，通过一定的形式，由基层教育管理者对办学绩效评估测评。这样，才能听到真实的声音，为评估提供有效依据。

办学绩效评估坚持由实践来检验，用事实说话。实践是检验真理的唯一标准，实践是检验主题教育的根本尺度。开展办学绩效评估工作，不仅仅看学校管理、学生的成绩，更要看通过绩效评估教师、学生的精神面貌，教师的工作新起色，看学校重点工作有哪些新突破。要通过办学特色把成果转化为物质成果，并促进这种转化的动力机制更加强劲、有力、持久。这些应该作为评估的关注点、侧重点。

办学绩效评估要坚持综合研判、全面评价，力戒形式主义。评估工作要坚持辩证思维、统筹分析、综合研判、全面评价，不能顾此失彼、拘于表面，只见树木、不见森林，要善于透过现象看本质，追本溯源找规律，特别是通过对比分析，找出各镇街、各学校办学的特点特色、工作经验、可行做法、不良倾向，而不是千人一面、千篇一律，一个模式往下套，一个筐子往里装，坚决防止评估中的形式主义，决不能以形式的东西代替本质的东西，以表面的现象掩盖问题的实质，力戒从一个极端跳到另一个极端，用形式主义反对形式主义。在评估中，既要有可行路径、可操作办法、可信服数据、可比较素材，有理有据用事实说话，又要防止只看数据、只重材料，忽视综合考虑、整体权衡的倾向，真正使评估评得细、评得深、评得准、评得实，客观公正、取信于人。

第二节　中小学办学绩效评估的顶层设计

一、办学绩效评估顶层设计的现实基础

经过改革开放40年的快速发展，顺德教育逐步构建起满足全体市民多层次终身教育需求的大教育体系，涵盖有较为规范的学前教育体系，优质程度高的基础教育体系，创新能力强的中等职业教育体系，覆盖各行业、包含各层次的成人教育体系，高质量的特殊教育，产学研一体化的高等职业教育。通过实施教育优质均衡工程、职业教育创新工程、民办教育促进工程、教师队伍发展工程、信息技术应用工程、社区教育整合工程、和谐校园建设工程，全面推动了教育的优质均衡、协调发展，提升了教育综合实力，为进一步推进教育综合改革提供了良好基础。同时，随着顺德教育发展到新阶段，对照政府职能转变和现代学校制度建设等要求，顺德教育体制机制不活、学校办学活力不足、社会力量参与教育不够等问题依然比较突出，成为制约顺德教育综合改革，甚至影响顺德区社会综合改革的重要瓶颈。以办学绩效评估为突破口和激发活力的手段，促使中小学校转变办学思路和观念，推进管、办、评分离，形成政府宏观管教育、学校依法办教育、社会参与评教育的新格局，推进教育治理能力和治理体系的

现代化，成为顺德教育管理体制改革的迫切要求。

要做好顺德区中小学办学绩效评估，首先要做好顶层设计。将宏观的目标与具体的举措结合起来，将办学绩效评估的理念与指标体系建设结合起来，不仅要解决目前面临的矛盾和困境，而且要面向未来的长远发展，特别是要适应区域教育改革、办学质量提升的大趋势。

二、办学绩效评估的顶层设计

顶层设计是系统工程学上的术语，其含义源自高端的总体构想和全面设计。从某种意义上说，顺德区中小学办学绩效评估，这是由区政府倡议，区教育局自发、主动对区域内中小学办学成效的一次“体检和诊断”，对此做好顶层设计尤为重要。

1. 体现顶层决定性

顶层设计是自高端向低端展开的设计方法，核心理念与目标都源自顶层，因此顶层决定底层，高端决定低端。办学绩效评估与学校领导班子的治校理念和措施关系密切，为此，学校领导班子的态度和决心至关重要。

2. 体现实际可操作性

顶层设计的基本要求是表述简洁明确，设计成果具备实际可行性。换言之，顶层设计成果应是可实施、可操作的。办学绩效评估涉及学校声誉及切身利益，必须把整个活动的目的、内容、步骤、结果、效应等论证和设计周全。

在开展办学绩效评估顶层设计时，要充分认识到此项目是一项复杂、高难度而且敏感、强效应的系统工程，因此任何时候都要坚持瞻“前”顾“后”。这里的瞻“前”顾“后”，是指既要紧盯绩效评估之强校、治校目标，又要不忘顾及学校的承受力、接受度和实际效应。在制订办学绩效评估的各项政策、制度和措施时要与学校有充分的沟通、交流和协商，最大限度地获得学校的认可和支持，同时确保此项活动的开展对学校的建设和发展具有正向促进作用。

2017 年，顺德区教育局出台了《顺德区关于开展中小学办学绩效评估工作指导意见》，该指导意见对顺德区中小学办学绩效评估做了一个整体的规划和设计。

附：

顺德区关于开展中小学办学绩效评估工作指导意见

为实现顺德区“树立标杆，面向广深，打造珠三角教育高地”教育发展目标，根据《顺德区全面深化教育综合改革工作意见》（顺委发〔2016〕2 号）和《顺德区教育事业发展“十三五”规划（2016—2020 年）》要求，现就推进中小学办学绩效评估工作，提出如下实施指导意见：

一、开展办学绩效评估的必要性

开展中小学办学绩效评估工作，是落实《顺德区教育事业发展“十三五”规划（2016—2020 年）》的重要举措，是促进学校依法治校、规范管理、科学发展、提升水平的重要措施，是提高办学质量的一项长期的常规性工作。片区教育局、镇（街道）教育局及各中小学要充分认识开展办学绩效评估工作的必要性和重要性，予以高度重视，认真组织落实。

二、办学绩效评估的目的和任务

目的：指导中小学校加强学校办学内涵建设，促进学生全面发展，推动教师专业发展和学校自主发展，全面提升我区教育教学质量。

任务：运用科学可行的多元化评价方法，对学校各教育要素、过程和效果进行价值判断，对学校办学质量做出综合性评价，引导学校办学创新发展、形成特色，建立起长效的评价机制和可持续发展机制。

三、办学绩效评估领导小组

办学绩效评估领导小组下设办公室（以下简称评估办），设置在区教育督导室，由区教育督导室副主任担任主任，负责领导小组的日常工作。评估办在领导小组指导下，做好统筹规划、督办考评、解释回复、争议仲裁等工作，定期组织召开推进协调会议，协调解决存在问题，并及时向领导小组汇报项目整体推进情况。

四、工作推进机制

1. 评估主体责任机制

评估办是统筹领导部门，负责评估项目整体方案设计、过程监管、结果反馈、政策解释和争议仲裁。

教育发展中心是实施部门，负责评估实施方案的制定、开发与维护数据采集平台、组织开展现场评估、收集与分析数据，并形成评估报告。

2. 线上线下融合评价机制

通过区中小学办学绩效数据平台采集各中小学评估指标的相应数据信息，学校提供的数据信息经审核后，与专家组现场评估数据整合，形成学校办学绩效评估总成绩。

3. 结果反馈机制

由评估办负责将每年中小学办学绩效评估结果上网公示并向片区教育局、镇（街道）教育局及学校反馈，作为学校自我评价、自我诊断、自我改进的主要依据。

五、实施步骤

评估办于每年3月启动评估工作。针对每年的教育工作重点，发布当年中小学办学绩效评估指标体系及评估说明。

根据评估办的要求，区教育发展中心作为具体操作单位，于每年的5—8月组织专家对区内中小学实施评估，具体实施步骤如下：

1. 组建专家团队

由教育发展中心指定各学段负责人从专家库抽取人员，完成组队后，分别组织专家组对小学、初中、普通高中、中职学校开展评估前的培训工作。

2. 开通信息采集平台

通过开发或引进的方式，如期创设好顺德区中小学办学绩效信息采集平台，实现上传资料、整合数据、统计分析、形成报告等多项功能，提供评估工作顺利完成的信息化环境。

3. 学校自评

各中小学校依据评估指标和年度评估操作说明完成学校自评，并填写自评说明书。

4. 现场评估

教育发展中心将评估工作的具体安排上报评估办核准后实施，指定的各学段负责人有计划地到校开展评估。

5. 督导巡视

在各专家组到校开展评估期间，由评估办派出区专职督学进行过程监督。

6. 形成报告

各评估组将现场评估结果、“评估平台采集数据”、质量检测数据汇总后，形成评估报告，上报评估办。（注：评估报告包括“评估分数＋评估结果分析”）

7. 审议结果

办学绩效评估领导小组对评估报告进行审议表决。

8. 结果公示

对领导小组审议通过后的办学绩效评估报告进行公示，如有异议，被评单位可以在五天内提出，由区评估办解释。

六、评估结果应用

1. 评估等次划分

评估结果采取等级制，分为 A、B、C、D 四个等级。A 级占 30%，B 级占 40%，C 级占 30%（其中，办学绩效评估总分低于 60 分为 D 级）。

2. 评估结果应用

（1）办学绩效评估结果与先进学校的评选挂钩。

（2）办学绩效评估结果作为学校校长年度绩效考核的重要指标，并与校长的年度考核、评优评先挂钩。

（3）义务教育阶段学校办学绩效评估结果作为考核镇（街道）教育工作的重要指标。

（4）办学绩效评估结果为 D 级的，对所在学校主要负责人做出调整，并限期整改。

七、保障条件

1. 经费保障

中小学办学绩效评估专家组成员相关补贴由区教育局统筹，教育发展中心负责落实。

2. 设备保障

教育发展中心自主开发或引进“顺德区中小学绩效评估信息数据平台”，对办学评估绩效评估的信息进行采集、统计和分析及软硬件的维护。

3. 场地保障

每年 5—8 月正式实施评估过程中，在区教育发展中心设置临时办公地点，方便区教育局指定的专职督学与各学段评估负责人及专家组对接。

第二章
中小学办学绩效评估体系的构建

第一节　中小学办学绩效评估指标体系的构建

一、办学绩效评估指标体系构建的原则

科学方法论告诉我们，对事物认识越明晰、深刻，对其分类也一定越细致。换言之，探究事物规律，越往细走越不容易。这一科学认识规律同样也适用于中小学办学绩效评估。其中，尤要坚持以下两大原则：

1. 细致入微原则

相比其他行业绩效评估，作为评价对象的基础教育绩效评估是把学校办学软实力作为评估对象，相对应的各项指标数据准确计量，其难度在于学校办学的管理理念及其在办学过程中的落实，因此尤其需要耐心细致。

2. 宁缺毋滥原则

毋庸置疑，在中小学办学绩效评估中，有些指标虽然重要，但难以量化。我们认为，要选择重要且有把握获得准确数据的指标。对那些目前仍无法收集或计量的指标，即使重要也只能“忍痛割爱”。在可靠数据分析下得出的各项结果，至少在一定范围内是可以比较、分析和研讨的。

很多时候，把细活做到位，就能发现学校管理上的许多问题，工作成效自然显现。例如，该有的数据没有，常能显现学校管理中的盲点和漏洞。更多的，是发现数据和实际情况不符，这正暴露了学校在准确把握政

府“管”的理解中出了问题。通过深入细致的数据收集与梳理，平时混匿于各种繁复现象下的重要问题就会“浮出水面”，而这些往往正是我们管理中要解决的棘手问题。

二、顺德区中小学办学绩效评估指标的编制

（一）编制目的和意义

1. 目的

通过对学校办学要素、管理过程和效果进行考核评估，使学校树立科学发展观，规范学校办学行为，提高学校办学质量和水平。

2. 意义

开展中小学办学绩效评估是全面贯彻落实科学发展观的需要，是落实顺德区“十三五”教育发展规划的需要，是提高中小学办学效能和质量水平的需要，是加快顺德区教育改革和发展步伐的需要。

（二）编制的原则

1. 科学性原则

该评估体系设计将中小学校办学的内部治理、质量、成效三个方面作为一级指标，每个一级指标由若干具体二级指标作为支撑，并根据高（职）中、初中、小学各学段的特点，在某些指标值上做了区别规定，较好地体现每个学段办学所应具备的条件及达到的效果，便于客观、科学地对顺德区教育做出全面评估。

2. 操作性原则

中小学办学绩效评估的可操作性决定了评估体系的实用性。因此在评价指标体系构建过程中，始终坚持可操作、可量化的核心思想，指标在反映中小学办学绩效的基础上少而精，所有列入评估的指标均可获取，获取方法简单可行。

3. 导向性原则

评估体系构建以顺德区“十三五”教育发展规划为依据，评估指标的选取和取值不仅需要体现出当前顺德区中小学办学水平和特点，同时更应着眼于引导中小学未来发展的方向。

（三）编制的过程

中小学办学评估体系由顺德区教育局教育督导室组织起草，参考了国内教育法律、法规、政策文件等，兼顾中小学办学绩效评估特点，并征求了省内外专家意见编制而成。编制的基本原则是促进全区中小学办学质量提升。编制过程中征求了高中19所学校校长的意见和建议，并到20所初中、小学进行了实地调研。在办学绩效专家库中选取了30位本区中小学校长、学校行政、骨干教师、华南师范大学博士生参与指标体系及方案的编制，同时还向华南师范大学、广东第二师范学院教授和全国名校长征求了意见。

（四）指标构建说明

高中、初中、小学三套体系基本按照学校发展、教师发展、学生发展（学生成长）和特色发展模式建构主体内容，高中的评估体系多了一个，但总分值均为110分。

小学办学绩效评估指标体系构成：学校发展占30分；教师发展占20分；学生发展占50分；特色发展占10分。

初中办学绩效评估指标体系构成：学校发展占30分；教师发展占30分；学生发展占40分；特色发展占10分。

高中办学绩效评估指标体系构成：学校发展占30分；教师发展占15分；学生成长占15分；教学质量占40分；特色发展占10分。

（五）实施说明

该评估体系实施过程中，按照区教育局下发的实施方案执行，对评估结果应用做如下的限制：

（1）学校未达到省级标准化学校标准的，不能被评为A级。

（2）年度内有下列行为之一的，不能被评为B级及以上等级。

①违反教育法、条例等法律、政策文件，被所在区、镇（街道）教育局处以通报批评及以上处罚的。

②学校教师从事有偿家教的。

③教师体罚或变相体罚学生的。

尽管上述行为已经在评估体系中扣除相应分数，但是一旦查实有上述行为，则不能评为B级及以上等级。

（3）年度内有下列行为之一的，不能被评为C级及以上等级。

①违反教育法、条例等法律、政策文件，被处以全省通报批评及以上处罚的。

②学校没有按照国家课程标准开设课程的。

③因学校工作不力造成相对重大安全责任事故的。

④发生教职工或学生有严重违法行为且被司法机关认定为犯罪的。

第二节　各学段办学绩效评估指标体系

各学段办学绩效评估指标分为三级。一级指标小学、初中和中职阶段均包含4个，分别是学校发展、教师发展、学生发展和特色发展；高中阶段包含5个，分别为学校发展、教师发展、学生成长、教学质量和特色发展。二级指标小学阶段有14个，初中有15个，高中有17个，中职有9个。三级指标小学阶段有28个，初中有35个，高中有44个，中职有18个。具体的指标项目和评价要点见表2－1至表2－4所示。

表 2－1 顺德区中小学办学绩效评估指标（小学）

一级指标	二级指标	三级指标	评价要点	备注
A 学校发展	A1 办学理念与发展规划	A1.1 发展规划 A1.2 学校文化	1. 学校发展规划及其本学年落实完成情况。 2. 办学理念符合学校和学生实际，充分体现国家政策与方针，树立时代教育观，有历史传承与创新。 3. 有与办学理念相配套的校园文化建设与实施方案	
	A2 制度建设	A2.1 依法办学 A2.2 自主管理 A2.3 民主监督	1. 学校章程及章程引领下的现代学校制度建设。 2. 学校依法办学、自主管理、民主监督、社会参与内部治理结构建立与运行机制，校长负责制的保障措施。 3. 学校、家庭、社区三结合机制与实施途径和方法	
	A3 课程建设	A3.1 国家课程（校本化）	1. 严格按照国家课程方案要求开足开齐各类课程。 2. 推进国家课程校本化	
		A3.2 校本课程（特色化）	1. 充分利用校内外资源，积极开发和建设符合学校办学理念的特色课程体系。 2. 有完善的课程实施与管理过程的成果	
	A4 德育与安全	A4.1 德育工作 A4.2 安全工作 A4.3 学生精神风貌	1. 学校有德育发展规划；有配套的特色化、系列化的德育活动方案及活动纪实资料；有德育资源的开发与利用。 2. 学校有安全工作整体规划、制度及措施。学年内无重大安全责任事故。 3. 学生精神状态与文明行为养成教育的实施情况	

续上表

一级指标	二级指标	三级指标	评　价　要　点	备注
	A5　社会认同	A5.1　学校荣誉 A5.2　学校影响 A5.3　督导评价	1. 学校获得行政部门颁发的集体综合性荣誉。 2. 学校示范引领。 3. 责任督学整改方案落实情况。 4. 家长对学校办学满意度。 5. 家长以各种形式参与学校活动	
B 教师发展	B1　师德师风	B1.1　职业道德	1. 关爱学生，师生关系融洽。 2. 遵守法律法规，经查实，师德方面本年度无教师被行政部门通报批评	
	B2　专业技能	B2.1　教学能力	1. 借助先进教学理念优化教学设计。 2. 课堂教学突出学生主体地位，引导学生主动探究。 3. 课堂学习学生参与度高	
		B2.2　管理组织能力	1. 班级管理能力，班风、学风建设。 2. 学生活动组织能力	
		B2.3　教科研能力	1. 教师个人专业发展规划。 2. 参与教科研活动。 3. 以课题研究引领教学改革创新，教师的参与度	
	B3　合作与执行	B3.1　行政示范 B3.2　教师合作	1. 校长领导力，中层执行力。 2. 行政团结协作、大局意识及引领作用。 3. 教师团队合作与执行力	

续上表

一级指标	二级指标	三级指标	评　价　要　点	备注
C 学生发展	C1　身心健康	C1.1　体质健康	1. 学生具有良好的健康意识，养成体育锻炼习惯，确保每天锻炼1小时。 2. 体质监测达到《国家学生体质健康标准》要求。 3. 学生书写姿势正确	
		C1.2　心理健康	1. 能客观地认识和评价自己，了解青春期的生理特征和心理特征。 2. 有一定的受挫能力，有良好的人际交往能力	
	C2　品德发展	C2.1　公民素养	1. 在文明礼貌、热爱劳动、爱护环境等方面有良好的行为表现。 2. 在珍爱生命、遵纪守法、诚实守信方面有良好的认知与行为表现。 3. 学生具有自尊自信、自律自强、尊重他人、乐观向上的人格品质	
	C3　学业发展	C3.1　核心知识与技能	1. 学生学习态度和学习习惯、阅读习惯的养成教育。 2. 学生掌握课程标准要求的核心知识与能力。 3. 学生学业达成度。以当年区教育发展中心教学质量检测科目大数据为评估依据	
	C4　个性特长	C4.1　科学素养	1. 学生具有一定的科学精神，善于提出新观点、新方法、新设想。 2. 学生参加社会实践活动，具有动手操作能力	
		C4.2　特长培养	1. 学生有健康的审美价值取向，有初步的综合艺术能力和审美水平。 2. 学生有丰富的课外生活。学生在文学、艺术、科技、体育、音乐等方面的特长得到培养和发挥	

续上表

一级指标	二级指标	三级指标	评价要点	备注
D 特色发展	D1 学校品牌	D1.1 品牌建设	学校特色项目及品牌建设成果	
	D2 师生成果	D2.1 竞赛成绩	1. 学校形成特色项目，取得成效、成绩。 2. 围绕学生核心素养，师生积极参与各级各类竞赛活动	
		D2.2 综合荣誉	1. 师生获得上级教育主管部门颁发的荣誉。 2. 学校工作获得上级教育主管部门认可	

说明：1. 中小学办学绩效评估指标体系在构建过程中，遵循了学段的延续性与特殊性，在一、二、三级指标的构建上，基本遵循了延续性原则，在评价要点的设置上突出了学段的特殊性。

2. 评价方式：主要采用查阅资料、实地考察、访谈等形式进行评价。资料查阅采用网上审核和现场查阅相结合的形式。比如：获奖、规划等采用网上审核，教师的教学教研能力的评价需要学校提供过程资料，目的是避免学校突击做档案备检的做法。

3. 访谈是评估组随机抽出访谈对象，采取现场访谈或电话访谈等形式。

4. 上表的评估指标评分操作说明参见附录表 3－4。

表 2-2 顺德区中小学办学绩效评估指标（初中）

一级指标	二级指标	三级指标	评价要点	备注
A 学校发展	A1 办学理念与发展规划	A1.1 发展规划 A1.2 学校文化	1. 学校发展规划及其本学年落实完成情况。 2. 办学理念符合学校和学生实际，充分体现国家政策与方针，树立时代教育观，有历史传承与创新。 3. 有与办学理念相配套的校园文化建设与实施方案	
	A2 制度建设	A2.1 依法办学 A2.2 自主管理 A2.3 民主监督	1. 学校章程及章程引领下的现代学校制度建设。 2. 学校依法办学、自主管理、民主监督、社会参与内部治理结构建立与运行机制，校长负责制的保障措施。 3. 学校、家庭、社区三结合机制与实施途径和方法	
	A3 课程建设	A3.1 课程设置与开发 A3.2 课程教学研究 A3.3 课程监测机制	1. 课程设置的情况及校本课程开发、国家课程校本化、校本课程系列化研究成果。 2. 常规教学管理制度、新课程改革运作及其效果、学生分层辅导。 3. 课程监测办法、课程执行，上课、早读、自修、辅导管理方法与保障措施	
	A4 德育与安全	A4.1 德育管理 A4.2 安全校园 A4.3 学生精神风貌	1. 学校德育发展规划；特色化、系列化的德育活动方案及活动纪实资料；德育资源开发与利用。 2. 学校安全工作整体规划、制度及措施。学年内无重大安全责任事故。 3. 学生精神状态与文明素养的表现	

续上表

一级指标	二级指标	三级指标	评　价　要　点	备注
	A5　社会认同	A5.1　学校荣誉 A5.2　学校影响 A5.3　督导评价	1. 学校获得行政部门颁发的集体综合性荣誉。 2. 学校示范引领。 3. 责任督学整改方案落实情况。 4. 学校相关利益方合理化建议落实情况	
B 教师发展	B1　专业精神	B1.1　师德师风	教职工法制观念、职业道德	
	B2　专业知识	B2.1　学科知识	1. 对任教学科课程标准的掌握。 2. 对任教学科教材体系的了解程度。 3. 对任教学科知识的学习与更新	
	B3　专业能力	B3.1　教学技能	1. 合理利用资源，优化教学设计能力。 2. 引导学生探究能力。 3. 对学生的评价与激励	
		B3.2　教育科研	1. 承担课题研究。 2. 论文发表级别。 3. 参加专业竞赛	
		B3.3　课程开发	1. 学科校本教材的拓展。 2. 校本活动课程开发	
	B4　专业发展	B4.1　培训提高	1. 教师学习培训的制度与计划。 2. 教师示范引领作用。 3. 教师专业发展的激励机制	

续上表

一级指标	二级指标	三级指标	评　价　要　点	备注
C 学生发展	C1　品德素养	C1.1　公民素养 C1.2　行为表现	1. 学生的精神面貌、学生成长档案。 2. 学校开展社会主义核心价值观教育、法制教育、礼仪教育等各种教育活动情况。 3. 学生参加青年团校学习活动以及学生团员发展情况。 4. 学生参与团队活动、公益活动、义工活动、综合实践活动等情况。 5. 本学年学生综合性荣誉获奖情况	
	C2　学业水平	C2.1　七年级	根据学年末监测成绩（总分高分率、总分优秀率、总分及格率、增值度）核算	
		C2.2　八年级	根据学年末监测成绩（总分高分率、总分优秀率、总分及格率、增值度）核算	
		C2.3　九年级	根据中考成绩（总分高分率、总分优秀率、总分及格率、增值度）核算	
	C3　身心发展	C3.1　身体健康 C3.2　心理健康 C3.3　审美情趣 C3.4　学业负担	1. 学生体育活动开展和体质健康达标情况。 2. 心理健康教育开展情况。 3. 艺术教育开展以及参赛参演获奖情况。 4. 学校的作息时间表、课程表以及节假日安排表。 5. 课程教学、作业和考试（测验）的难易度、有效程度以及学生的感受和看法	

续上表

一级指标	二级指标	三级指标	评 价 要 点	备注
	C4 社会实践	C4.1 科技创新 C4.2 社团活动 C4.3 综合实践	1. 学生参加科技类大赛获奖情况。 2. 社团活动满足学生需要。 3. 学生综合实践活动情况	
D 特色发展	D1 学校品牌	D1.1 品牌建设	学校特色项目及品牌建设成果	
	D2 人才培养	D2.1 品学优秀	创新人才培养、贡献率、成才率	
		D2.2 体艺特长	体艺特长生培养	

说明：

1. 中小学办学绩效评估指标体系在构建过程中遵循了学段的延续性与特殊性，在一、二、三级指标的构建上，基本遵循了延续性原则，在评价要点的设置上突出了学段的特殊性。

2. 评价方式：主要采用查阅资料、实地考察、访谈等形式进行评价。资料查阅采用网上审核和现场查阅就相结合的形式。比如：获奖、规划等采取网上审核，教师的教学教研能力的评价需要学校提供过程资料，目的是避免学校突击做档案备检的做法。

3. 访谈是评估组随机抽出访谈对象，采取现场访谈或电话访谈等形式。

4. 上表的评估指标评分操作说明参见附录表 3 – 3。

表 2－3 顺德区中小学办学绩效评估指标（普通高中）

一级指标	二级指标	三级指标	评 价 要 点	备注
A 学校发展	A1 办学理念与发展规划	A1.1 发展规划 A1.2 学校文化	1. 学校发展规划及其本学年落实完成情况。 2. 办学理念符合学校和学生实际，充分体现国家政策与方针、树立时代教育观，有历史传承与创新。 3. 有与办学理念相配套的校园文化建设与实施方案	
	A2 制度建设	A2.1 依法办学 A2.2 自主管理 A2.3 民主监督	1. 学校章程以及章程引领下的制度体系建设情况。 2. 学校依法办学、自主管理、民主监督、社会参与内部治理结构建立与运行机制，校长负责制的保障措施。 3. 学校、家庭、社区三结合机制与实施途径和方法	
	A3 课程建设	A3.1 课程设置与开发 A3.2 课程教学研究 A3.3 课程监测机制	1. 课程设置的情况及校本课程的开发、国家课程校本化、校本课程系列化研究成果。 2. 常规教学管理制度、新课程改革运作及其效果、学生分层辅导。 3. 课程监测办法、课程执行，上课、早读、自修、辅导、晚修管理方法与保障措施	
	A4 德育与安全	A4.1 德育工作 A4.2 安全工作 A4.3 学生精神风貌	1. 学校德育发展规划；特色化、系列化的德育活动方案及活动纪实资料；德育资源开发与利用。 2. 学校安全工作整体规划、制度及措施。学年内无重大安全责任事故。 3. 学生精神状态与文明表现	

续上表

一级指标	二级指标	三级指标	评价要点	备注
	A5　社会认同	A5.1　学校荣誉 A5.2　社会声誉 A5.3　督导评价	1. 本学年内学校获得的由上级政府部门颁发的综合性集体荣誉。 2. 家长和社会认可度。 3. 责任督学督导与评价	
B 教师发展	B1　队伍成长	B1.1　师德建设 B1.2　教师培训 B1.3　教师发展 B1.4　科组建设	1. 本学年内师德建设情况。 2. 教师培养规划、教师参与继续教育和各类培训。 3. 本学年有教师评为正高级教师、特级教师或获区以上名校长、名教师、名工作室、骨干教师、学科带头人、先进教师等综合性荣誉。 4. 科组建设开展情况及效果	
	B2　专业引领	B2.1　教学能力 B2.2　管理能力 B2.3　教研能力 B2.4　集体教研	1. 教师的备课、听课、作业、命题、教学反思以及教学设计、实施与评价等能力。 2. 教师的班级管理情况及其效果。 3. 教师个人专业发展规划、参与教研活动、教学改革等情况。 4. 教师集体备课、集体教研活动情况及其效果	
	B3　教研成果	B3.1　课题研究成果 B3.2　论文论著成果 B3.3　教学比赛成果	1. 近三年课题立项及结题情况。 2. 本学年教师教育教学论文论著发表和获奖情况。 3. 本学年教师参加教育行政部门或教育学会组织的教育教学比赛获奖情况	

续上表

一级指标	二级指标	三级指标	评价要点	备注
C 学生成长	C1 品德发展水平	C1.1 公民素养 C1.2 行为表现	1. 学生的精神面貌、学生成长档案。 2. 学校开展社会主义核心价值观教育、法制教育、礼仪教育等各种教育活动情况。 3. 学生参加青年团校或业余党校学习活动以及学生党员和团员发展情况。 4. 学生参与团队活动、公益活动、义工活动、综合实践活动等情况。 5. 本学年学生综合性荣誉获奖情况	
	C2 学业发展水平	C2.1 学业基础状况 C2.2 科学思维能力 C2.3 自主学习能力	1. 非统考科目开设及学习情况。 2. 本学年学生学科竞赛获奖情况。 3. 学生上课、自习、图书借阅情况	
	C3 身心发展水平	C3.1 身体健康 C3.2 心理健康 C3.3 审美情趣 C3.4 学业负担	1. 学生体育活动开展和体质健康达标情况。 2. 心理健康教育开展情况。 3. 艺术教育开展以及参赛参演获奖情况。 4. 学校的作息时间表、课程表以及节假日安排表。 5. 课程教学、作业和考试（测验）的难易度、有效程度以及学生的感受和看法	
	C4 实践创新	C4.1 实验探究 C4.2 社团活动 C4.3 综合实践	1. 实验操作考查登记表和学分认定登记表以及本学年度学生参加科技创新大赛获奖情况。 2. 研究性学习开展情况。 3. 社团活动开展及成果。 4. 综合实践活动开展情况	

续上表

一级指标	二级指标	三级指标	评价要点	备注
D 教学质量	D1 学生学业增长度	D1.1 高考成绩比较中考成绩的增长度	当年该校学生高考实际平均分与入学时中考成绩对比的增值情况	
	D2 高考基本目标达成度	D2.1 一本目标达成度 D2.2 二本目标达成度 D2.3 专A目标达成度	1. 学校当年高考一本基本目标完成情况。 2. 学校当年高考二本基本目标完成情况。 3. 学校当年高考专A基本目标完成情况	
E 特色发展	E1 特色项目	E1.1 学校开设的特色项目以及实施效果	本学年特色项目立项与开展情况以及学校在自主发展、内涵发展、活动开展等方面的特色体现	
	E2 辐射效应	E2.1 学校在区域内的辐射效应和影响力	本学年学校的办学经验或教育创新（含课改成果）获奖，或者在省、市、区做经验介绍	
	E3 创新人才培养	E3.1 创新人才培养	本学年为高等院校培养与输送创新人才，以及完成高考一本卓越目标情况	

说明：

1. 中小学办学绩效评估指标体系在构建过程中，遵循了学段的延续性与特殊性，在一、二、三级指标的构建上，基本遵循了延续性原则，在评价要点的设置上突出了学段的特殊性。

2. 评价方式：主要采用查阅资料、实地考察、访谈等形式进行评价。资料查阅采用网上审核和现场查阅相结合的形式。比如：获奖、规划等采取网上审核，教师的教学教研能力的评价需要学校提供过程资料，目的是避免学校突击做档案备检的做法。

3. 访谈是评估组随机抽出访谈对象，采取现场访谈或电话访谈等形式。

4. 上表的绩效评估指标评分操作参见附录表 3－1。

表 2－4　顺德区中小学办学绩效评估指标（中职学校）

一级指标	二级指标	三级指标	评价要点	备注
A 学校发展	A1 治理体系	A1.1　制度建设	1. 落实实习管理制度和保险制度、青年教师下企业实践制度等上级文件精神，相关制度和协议健全。 2. 教职工聘任（非编教师和员工聘任）程序规范，实习指导老师具备实习教师资格证和相关能力资格并承担相应教学任务，体现“能工巧匠”进校园。 3. 学校管理制度健全，民主参与机制健全，校务公开落实到位，预算编制与执行程序规范	
		A1.2　办学行为	1. 各类对外合作（校企合作、社会服务等）办学行为规范。 2. 教师没有违法、违规行为，学校没有安全事故发生。此条为一票否决制	
		A1.3　德育安全	1. 学校提供德育发展规划，特色化、系列化的德育活动方案及活动纪实资料。 2. 学校开发或者引入社会、社区等德育资源并与其组织开展相关活动。 3. 学校开展安全工作	
	A2 办学成效	A2.1　办学成果	1. 品牌建设成效，形成学校核心文化品牌、德育品牌、社团品牌等（有专著、省级课题或区级以上行政部门评定支撑），或在原品牌基础上有进一步可视化成果。 2. 专业建设成效，形成专业建设标志性成果，有重大人才培养模式创新或典型报道和荣誉，典型案例被区级以上行政部门或社会团体引用或推介。 3. 其他典型成效，获得区级以上政府部门荣誉或其他有重大影响力的成效	
		A2.2　服务成效	1. 校企合作成效，骨干专业校企共建（更新）教学标准、共建实训基地、共同实施教学、共同组织评价，行业企业参与支持办学典型成效。 2. 社会服务成效，积极开展面向企业和社会的职业培训，培训人次不少于在校生数规模	

续上表

一级指标	二级指标	三级指标	评　价　要　点	备注
	A3 社会感知	A3.1　学校形象	1. 教师对学校年度综合工作满意度超过60%。 2. 学生对学校人才培养工作满意度超过60%，主要包括学生对现状满意度、学生对岗位适应能力、学生对母校满意度、学生的后续学习能力、用人单位满意度	
		A3.2　社会口碑	行业企业对学校人才培养和社会服务满意度超过60%	
B 教师发展	B1 能力提升	B1.1　企业实践	每年安排10%以上的专业课教师下企业从事生产性技术实践，每位教师实践时间不少于1个月，促进教师及时掌握企业生产新知识、新技术、新工艺	
		B1.2　教师培训	1. 按教师培训计划组织教师参加专业对口有效性学习，“双师型”比例占专业课教师比例在80%以上。 2. 组织教师参加“双岗型”学习	
	B2 业绩水平	B2.1　教师获奖	1. 教师参加技能竞赛获得区级一等奖以上奖励，主要包括教师信息化大赛、教师技能大赛、创新杯说课大赛、班主任能力大赛或其他区教育局认可的比赛等。 2. 学校参加行业大赛、作品展示等获得二等奖以上荣誉	
		B2.2　技术创新	1. 教师科研课题或论文成果获得省级二等奖以上荣誉。 2. 教师技术创新、专利发明获得专利	
	B3 典型成长	B3.1　政府表彰	教师取得市级以上行政部门重大荣誉	
		B3.2　社会影响	教师成为行业、媒体重大影响人物	

续上表

一级指标	二级指标	三级指标	评价要点	备注
C 学生发展	C1 学生成长	C1.1 人才质量	1. 学生参加第三方考核参与率超过30%，得到行业认可率超过50%。 2. 学生对口就业（升学）人数超过80%，升学视为对口就业。 3. 跟岗实习顶岗实习专业对口率超过80%	
		C1.2 学生获奖	1. 学生技能大赛获得区级二等奖以上奖励。 2. 学生获得市级以上三好学生或优秀干部	
	C2 成才典型	C2.1 创新创业	1. 学生创新创业产生典型成果（以发明专利或创业奖项为依据）。 2. 高质量（正常薪酬为全市平均水平1.5倍以上）顶岗实习生数超过就业生总数20%	
		C2.2 就业成才	学生就业成才典型成果	
D 特色发展	D1 特色项目	D1.1 立项项目	充分发挥学校优势，开创特色鲜明的办学项目，得到区级以上行政部门或骨干行业企业认可	
		D1.2 校外资源	积极创建试点项目或示范项目，得到政府、社会、企业多方资金资源支持	

说明：

1. 中小学办学绩效评估指标体系在构建过程中，遵循了学段的延续性与特殊性，在一、二、三级指标的构建上，基本遵循了延续性原则，在评价要点的设置上突出了学段的特殊性。

2. 评价方式：主要采用查阅资料、实地考察、访谈等形式进行评价。资料查阅采用网上审核和现场查阅相结合的形式。比如：获奖、规划等采取网上审核，教师教研能力的评价需要学校提供过程资料，目的是避免学校突击做档案备检的做法。

3. 访谈是评估组随机抽出访谈对象，采取现场访谈或电话访谈等形式。

4. 上表的绩效评估指标评分操作参见附录表3-2。

第三章
中小学办学绩效评估的实施

第一节　中小学办学绩效评估实施方案

为深入推进顺德区中小学办学绩效评估工作，贯彻落实顺德区教育局印发《顺德区教育局2018年工作要点》（顺教〔2018〕1号）精神，着眼于促进顺德区中小学校内涵式发展，提升教育质量，规范学校办学行为，引导各级各类学校创建特色项目，提升办学效益的工作目标，顺德区教育发展中心组织开展对全区中小学校办学绩效评估，现制定评估工作实施方案如下：

一、成立评估实施领导小组及功能小组

（一）评估实施领导小组

组长：张毅

成员：黄晨曦、何仪昌、张海洋

职责：负责评估工作的具体实施。包括：各类培训、开通并维护数据采集平台，组织开展现场评估、采集分析数据、形成评估报告。

（二）评估实施功能小组

1. 组织组

组长：郑奕芬

副组长：陈萍

组员：欧阳萍娇、周晓晓、邓秋萍

职责：负责现场评估专家组的组建，制定评估日程表，组织开展实施现场评估工作。

2. 协调组

组长：何仪昌

组员：郑奕芬、任毅、欧阳萍娇、周晓晓、郭倩欣

职责：负责绩效评估实施过程中有关人员、时间、后勤等方面的协调工作，保持与评估办密切沟通，保障现场评估工作的顺利开展，负责做好绩效评估专项经费的开支预算和使用方案。

3. 培训组

组长：杨艳冬

组员：廖珍灵、唐信焱、罗伟平、陶瑜

职责：负责绩效评估工作的各项培训，包括受评学校行政、信息管理员、资料员、评估专家、评估小组组长等的培训，分学段分类别进行，制定培训方案及培训日程表。

4. 信息及资料组

组长：陈水绎

组员：陈北海、梁健源

职责：负责绩效评估平台资料的收集跟进，受评学校在资料上传过程中所遇到问题的解答，根据专家组分组和受评学校对应做好资料查阅的授权。

5. 专家组

组长：高波

组员：各学段指标体系制定者

职责：负责对各学段现场评估专家的培训，在评估过程中解答现场评估专家提出的关于指标体系方面的问题。

二、评估对象

顺德区中小学办学绩效评估对象涵盖全区中小学（含民办）。

三、评估时间

1．评估时间段

以学年度为办学绩效评估周期，起止时间为 2017 年 8 月—2018 年 7 月末。

2．本年度现场评估时间

2018 年 5—6 月。

四、评估安排

1．评估组组建

相关专家从顺德区中小学办学绩效评估专家库中抽取，组建各学段评估组。每个评估组按照统一部署、统一标准、统一流程开展评估各环节工作。

2．评估组培训

区教育局组织实施评估组人员评前培训，邀请区教育局主管领导和评估指标体系开发专家解读工作流程、评估指标操作方案等；明确工作要求，清晰实施流程，全面而深入地理解和掌握评估指标的操作应用。

3．提交评估资料

受评学校依据评估通知及有关评估指标，做好评估资料整理、归档与平台提交工作，并准备好现场评估资料。

4．现场评估

评估专家小组采取实地考察、师生座谈、听取汇报、查阅资料等途径对学校办学绩效进行现场评估，形成现场评估报告。

5．评估结果公布

综合资料评审、现场评估结果，经过审议、公示等环节，公布评估结果。

6．评估结果的分析和总结

召开全区办学绩效评估总结，对全区中小学办学绩效评估结果进行总结分析，并对“评估结果”的应用进行说明。

五、评估工作要求

1. 加强思想认识

各中小学要按照“实施意见”“评估指标体系”要求，加强对评估工作的思想认识，做好校内办学绩效评估的宣传工作。

2. 成立迎接检查工作机构

中小学校要成立评估工作小组，组织校内迎接检查评估工作。

3. 遵守工作纪律

评估相关人员要严格遵守评估纪律，清正廉洁，严于律己，认真负责，客观公正，确保评估质量。

4. 按时完成各项工作

凡是参与中小学办学绩效评估的各单位、人员，要按照具体工作操作日程安排，按时完成所承担任务，确保评估工作按时完成。

六、保障措施

（1）评估期间，区教育督导室及区教育发展中心派出评估巡视员，全面视察各评估小组的工作情况，了解和把握评估期间的工作新动态，代表评估办处理评估期间出现的紧急问题。

（2）各镇（街道）教育局成立由局领导担任组长的协作小组，小组人员名单须报送评估办备案，负责评估期间工作协调、后期整改工作的督察与落实。须指定联络员，负责评估期间联络工作，协助评估小组、评估巡视员和学校完成评估工作。

附件 1　2017 学年度顺德区中小学办学绩效评估实施工作安排表

2　中小学办学绩效评估人员系列培训安排

附件 1

2017 学年度顺德区中小学办学绩效评估实施工作安排表

项目	时间	工作任务	要求	主责部门	负责人
评估前	3 月 1 日—4 月 30 日	1. 指标体系修订并印制	文件汇编、评估操作手册、评估用表	教育督导室	杨艳冬
		2. 调查问卷编制		教育督导室	杨艳冬
		3. 平台建设	完成“顺德区办学绩效数据平台”建设，评估电脑等相关设备到位	教育发展中心	章传东、陈北海
		4. 组织各类培训	1. 开展受评学校行政、信息管理员专门培训，涵盖指标体系解读、学校迎评准备、平台管理及资料上传操作等。 2. 开展小学、初中、高中、职校各学段专家的评前培训，包括网上评分细则、现场打分把控、指标体系解读、平台查阅资料等，由教育发展中心组织培训会议，由教育督导室安排专家进行培训。拟由各学段指标体系专家做解读，请去年各学段评估专家代表介绍经验。 3. 各评估小组组长培训，针对如何组织组员分工，如何与学校进行沟通，如何实施评估工作等进行培训	教育发展中心 教育督导室	何仪昌、廖珍灵 高 波、杨艳冬
		5. 建立专家库	区教育局印发推荐顺德区中小学办学绩效评估专家库成员的通知，通过自荐和推荐等多种形式，教育督导室严格把关入库专家资格，筛选人员建立专家库	教育督导室	高波、杨艳冬

续上表

项目	时间	工作任务	要求	主责部门	负责人
		6. 评估组组建	根据各学段评估需求，在专家库中挑选合适的人选，确定组成评估小组	教育发展中心 教育督导室	黄晨曦、郑奕芬 高波、杨艳冬
		7. 学校自评及评估资料上传	各学校按要求完成自评并撰写自评报告，在规定时间内将相关资料在“顺德区办学绩效数据平台”上传完毕	各学校	各校长
		8. 现场评估安排	评估办印发现场评估日程安排的相关通知到受评学校	教育督导室	高波
		9. 现场评估工作会	各学段专家组集中开会，组内分工，并对受评学校自评报告、自评说明及上传资料进行审核	评估小组	各组长
评估中	5 月 8—16 日	1. 小学组、中职组评估（拟组建小学专家组 12 组，职中专家组 1 组）	1. 每校半天，一天两校，评两天后开反馈会议，对评估过程出现的问题进行讨论。 2. 评估过程，中心班子每天开碰头会，随时关注评估各组动向，解决评估组在评估过程中出现的突发情况，做好人员调整的预案	教育督导室 教育发展中心	高波、杨艳冬 何仪昌、郑奕芬
		2. 巡视、指导	教育督导室组成巡视指导组若干，随机到各受评学校进行巡视和指导	教育督导室	高波
	6 月 11—15 日	1. 高中组评估（拟组建高中专家组 2 组）	1. 每校半天，一天两校，评两天后开反馈会议，对评估过程出现的问题进行讨论。 2. 评估过程，中心班子每天开碰头会，随时关注评估各组动向，解决评估组在评估过程中出现的突发情况，做好人员调整的预案	教育督导室 教育发展中心	高波、杨艳冬 何仪昌、郑奕芬

续上表

项目	时间	工作任务	要求	主责部门	负责人
		2. 巡视、指导	教育督导室组成巡视指导组若干，随机到各受评学校进行巡视和指导	教育督导室	高波
	6 月 25—29 日	1. 初中组评估（拟组建初中专家组 5 组）	1. 每校半天，一天两校，评两天后开反馈会议，对评估过程出现的问题进行讨论。 2. 评估过程，中心班子每天开碰头会，随时关注评估各组动向，解决评估组在评估过程中出现的突发情况，做好人员调整的预案	教育督导室 教育发展中心	高波、杨艳冬 何仪昌、郑奕芬
		2. 巡视、指导	教育督导室和教育发展中心组成巡视指导组若干，随机到各受评学校进行巡视和指导，了解和把握评估期间的工作新动态，代表评估办处理评估期间出现的紧急问题	教育督导室	高波
评估后	7 月 2—13 日	1. 评估结果汇总		各评估组	
		2. 评估报告上传		各评估组	
		3. 学校奖项情况补录		各评估组	
	8 月 1—28 日	各类分析报告		教育督导室报告撰写组	
	9 月 15—30 日	总结会		教育督导室	

附件 2

中小学办学绩效评估人员系列培训安排

时间	班别	培训地点	参训对象	培训内容
3 月 28 日	受评学校培训（小学）班	伦教翁祐中学礼堂	小学选派学校行政、信息管理员和资料管理员各 1 名，共约 450 人	1. 评估指标体系解读。 2. 学校迎评准备、评估系统平台使用、资料整理与上传操作等
3 月 29 日	受评学校培训（中职）班	顺德区教育发展中心 B 座三楼会议室	职业学校选派学校行政、信息管理员和资料管理员各 1 名，共约 40 人	
3 月 30 日	受评学校培训（初中）班	顺德区教育发展中心 B 座一楼报告厅	初中选派学校行政、信息管理员和资料管理员各 1 名，共约 135 人	
4 月 3 日	受评学校培训（普通高中）班	顺德区教育发展中心 B 座一楼报告厅	普通高中选派学校行政、信息管理员和资料管理员各 1 名，共约 66 人	
4 月 9 日	评估专家（小学）班	梁銶琚职业技术学校电脑房	具体名单由区教育局督导室提供，培训前另行通知	各学段网上评分细则、指标体系解读、平台使用等
4 月 10 日	评估专家（普通高中）班	梁銶琚职业技术学校电脑房		
4 月 10 日	评估专家（中职）班	梁銶琚职业技术学校电脑房		
4 月 10 日	评估专家（初中）班	梁銶琚职业技术学校电脑房		
4 月待定	评估专家（小组长）班	顺德区教育发展中心 B 座三楼会议室		小组如何分工、如何与学校沟通、如何实施评估等

第二节 中小学办学绩效评估现场评估指引

顺德区中小学办学绩效评估分为“网评”和“现场评”两部分。“网评”是评估组对学校通过网络平台提交的材料进行审核，并对照评估指标体系进行预评；预评结束后，将预评中出现的问题和需要现场考察的相关项目再到学校中进行现场评估。

为了更好地指导中小学办学绩效现场评估，评估领导小组根据前期调研和指标制定工作过程中积累的经验，研制了现场评估的工作流程，具体如下：

1. 评估前的工作会议

评估前的工作会议内容主要是向受评学校领导介绍评估组成员、评估工作流程、现场需要学校配合完成的主要工作以及评估中双方需要遵守的工作纪律。

2. 受评学校自评汇报

学校按照评估指标，对学校办学情况进行汇报，汇报的重点是学校的办学特色和成效、存在的问题以及后续整改的措施。

3. 观课、查阅资料

学校自评汇报结束后，评估组成员分成两组，一组按照学校提供的总课表随机抽取不同学科的课进行“观课”（观课是按照指标体系的要求或听一整节课，或是巡视、观察一个年级的上课情况）；另一组对学校提供的资料进行现场检查，并核实预评时出现的问题。

4. 访谈、问卷调查

评估过程中分别对校长、书记、副校长、中层干部、教师、学生进行访谈。

对校领导及学校中层干部访谈的内容包括：学校办学理念、培养目标和发展规划制定的依据，是否落实在具体的教学和学习中，如何落实；学校章程是否通过教代会；章程引领下的系列制度建设是否明确；校务委员会、民主决策机制落实情况；等等。

教师访谈内容包括：是否知晓学校办学理念、培养目标和发展规划；是否落实在具体的教学和学习中，如何落实；学校章程是否通过教代会；

章程引领下的系列制度建设是否明确；校务委员会、民主决策机制落实情况；等等。

学生访谈的主要内容包括：是否知晓学校办学理念、培养目标；是否落实在具体的学习中，如何落实；学生德育课程、活动课程、学习情趣；等等。

问卷调查的调查对象是家长。调查的主要内容包括学校办学成绩是否符合家长的期望、家校沟通渠道是否畅通、对学校开设的课程是否满意、学校布置的作业学生是否能够完成等方面。调查的方式是通过问卷星免费软件展开调查。

5．现场观察大课间、社团活动

按照学校提供的活动课程及大课间的安排，评估组成员分别进入活动场地，观察学生活动情况，以及教师是否按照学校提供的活动方案开展活动。

6．闭门工作会

闭门工作会是评估小组自己开的会议。评估组成员在会上汇报所承担评估项目（具体见附录）的基本情况，并阐述评估项目得分或扣分的原因，然后形成反馈意见。

7．现场评估反馈会

评估组长主持反馈会议，简要介绍评估组的工作情况。评估组成员则按照所负责的指标项目（具体见附录）反馈具体意见，如项目值得肯定的成绩及做法、存在的问题以及改进的办法和建议。

具体可参考本书后面的附录《顺德区中小学办学绩效评估现场评估操作手册》。

第四章

中小学办学绩效评估成效分析报告

第一节　中小学办学绩效评估分析总报告

顺德区教育局关于印发《顺德区中小学办学绩效评估实施意见》（顺教〔2017〕28号）的通知指出：为实现顺德区“树立标杆，面向广深，打造珠三角教育高地”教育发展目标，根据《顺德区全面深化教育综合改革工作意见》（顺委发〔2016〕2号）和《顺德区教育事业发展“十三五”规划》要求，顺德区将全面推进中小学办学绩效评估工作。

办学绩效评估是推进教育管办评分离改革形势下，教育督导评价的方式，是现代教育管理的一种行为和重要手段。顺德区通过开展中小学办学绩效评估工作，指导中小学校加强学校办学内涵建设，促进学生全面发展，推动教师专业发展和学校自主发展，全面提升教育教学质量。

一、顺德区实施中小学办学绩效评估缘由

1. 顺德区教育综合改革发展的需求

顺德区教育在“十二五”期间取得了显著的发展成就，为未来发展奠定了良好的基础，但也存在一些亟待解决的问题。人民群众对教育质量的期望越来越高，对特色教育的需求日益强烈。而目前顺德区教育特别是基础教育，与周边地区相比，学校竞争力较弱，特色学校不多，学生综合素质培养与特长教育方面的优质资源水平尚无法满足家长们的需求。进一步

推动教育发展，保持教育的持续进步，运用科学可行的多元化评价方法，对学校各教育要素、过程和效果进行价值判断，对学校办学质量做出综合性评价，引导学校办学创新发展、形成特色，是教育发展的必然选择。

2. 提高中小学办学效能和管理水平的需要

目前学校管理和教育活动从形式到内容越来越多样化与丰富化，但这并不意味着办学的实际效果最大化，甚至可能出现高投入、低产出的情况。另外，一些比较偏僻的学校、基础薄弱学校，虽然资源较为匮乏，但有限的管理资源也存在着不同程度的浪费现象。因此，提高办学效能已成为当前各级各类学校共同面临的现实问题，成为顺德区教育发展的必然的价值诉求。通过办学绩效评估，既可以对一所学校办学整体水平进行考察，又可以对学校工作中存在的问题进行诊断；不仅能了解学校的特征，也可以了解影响学校效能的因素；通过对学校领导、教师、学生行为活动的分析，可以弄清学校工作的优点和缺点，明确学校与高效能学校的差距所在。这些信息可引导学校进行改革并采取有效的对策，使所拟订的改革方案或计划更能符合本校的特性和需求，从而有助于提高学校的办学效能和管理水平。

二、中小学办学绩效评估工作的原则

（一）办学绩效评估工作的原则

顺德区办学绩效评估工作着眼于区域层面，面向各级各类学校，包括小学、初中、高中（职）、特殊教育学校，每个类别既要有统一的框架，又要考虑对学校个性张扬和特色形成的激励。为此，我们确立了公平性、发展性、差异性和操作性等评估工作原则。公平性原则要求不用“一把尺子”对不同类型、不同学段的学校进行办学绩效评估，对受办学条件等非学校所能完全左右的因素影响形成的不同办学层次，评估要本着实事求是的原则予以正确对待。发展性体现在将评估重点放在学校力应能及、力所能及的工作上以及对工作的主动积极、开拓创新上，尤其是学校的发展和进步上。而且，评估指标体系也将随着教育形势的发展不断发展和突破。差异性原则要求评估既要有相对一致性，也要尊重各校的历史和个性差异，帮助其寻找科学、自主发展的方法与路径，为学校的特色发展提供激励。操作性原则要求评估对接学校管理实践，力求科学、可量化、易解释，具有可操作性，评估结果容易为一线校长和教师所接受，应有助于校长明确整改方向、调整管理行为。

（二）办学绩效评估指标体系构建依据

一是《中共佛山市顺德区委　佛山市顺德区人民政府关于全面深化教育综合改革的工作意见》（顺委发〔2016〕2号）要求：构建学校办学质量目标考核、过程监测与激励机制。合理制定学校办学质量目标及评价机制，加强对办学质量的过程监测与目标考核，进一步强化学校质量目标管理意识，提升学校办学效益。

二是顺德区人民政府办公室印发《顺德区关于进一步落实和扩大中小学校办学自主权的若干意见》（顺府办发〔2015〕172号）要求：在加大放权力度的同时，区教育局要针对每一个放权事项建立实施细则和监管办法，完善监督制约机制，做好事中、事后监管。要强化教育督导在学校考核评价监督中的作用。要积极培育教育中介机构，研究实施第三方机构教育监测评估，完善社会评价教育的有效途径，建立多元参与的评价机制。

三是顺德区教育局关于印发《顺德区中小学办学绩效评估实施意见》（顺教〔2017〕28号）指出：通过开展中小学办学绩效评估工作，指导中小学校加强学校办学内涵建设，促进学生全面发展，推动教师专业发展和学校自主发展，全面提升我区教育教学质量。

（三）办学绩效评估的理论模型

此次的办学绩效评估是顺德第一次组织全区范围内的评估，因此，我们构建了“规划发展—过程扎实—输出效果”，即“学校发展、教师发展、学生发展＋特色教育”的“3＋1”评估理论模型，并引入“增值”概念，教育质量评估模式中增加了“学业水平考核的增值”项，同时既关注“教育质量”，又注重相对于不同起点的“增值”。

（四）办学绩效评估指标体系的构建

1. 指标体系编制过程

中小学办学评估体系由区教育局教育督导室组织起草，参考了国内教育法律、法规、政策文件等，兼顾中小学办学绩效评估特点，并征求了省内外专家意见编制而成。编制的基本原则是促进全区中小学办学质量提升。编制过程中征求了高中 19 所学校校长的意见和建议，到 20 所初中、小学进行了实地调研，在由本区中小学校长、学校行政、骨干教师、华南师范大学博士生组成的办学绩效专家库中选取了 30 位专家参与指标体系及方案的编制，同时还向华南师范大学、广东省第二师范学院教授及全国名校长征求了意见。

指标体系构建的工作流程如图 4－1 所示。

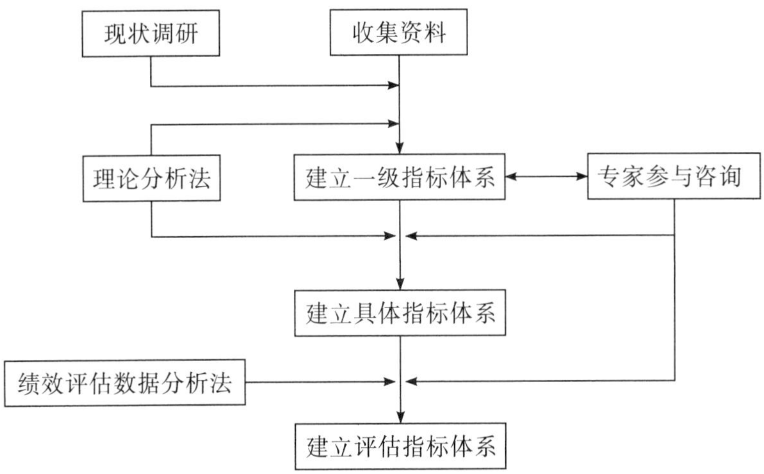

图 4－1　指标体系构建工作流程

2. 指标体系具体构成

中小学办学绩效评估体系按照学校发展、教师发展、学生发展（学生水平）和特色发展模式建构主体内容，高中的办学指标增加了教学质量，但总分值均为 110 分。

小学办学绩效评估指标体系构成：学校发展占 30 分；教师发展占 20 分；学生发展占 50 分；特色发展占 10 分。

初中办学绩效评估指标体系构成：学校发展占 30 分；教师发展占 30 分；学生发展占 40 分；特色发展占 10 分。

高中办学绩效评估指标体系构成：学校发展占 30 分；教师发展占 15 分；学生成长占 15 分；教学质量占 40 分；特色发展占 10 分。

具体指标维度（以普通高中为例）如表 4－1 所示。

表 4－1

<table>
<tr><th>一级指标</th><th>二级指标</th><th>三级指标</th><th>备注</th></tr>
<tr><td rowspan="5">A
学校发展
（30 分）</td><td>A1　办学理念与发展规划</td><td>A1. 1　发展规划
A1. 2　学校文化</td><td></td></tr>
<tr><td>A2　制度建设</td><td>A2. 1　依法办学
A2. 2　自主管理
A2. 3　民主监督</td><td></td></tr>
<tr><td>A3　课程建设</td><td>A3. 1　课程设置与开发
A3. 2　课程教学研究
A3. 3　课程监测机制</td><td></td></tr>
<tr><td>A4　德育与安全</td><td>A4. 1　德育工作
A4. 2　安全工作
A4. 3　学生精神风貌</td><td></td></tr>
<tr><td>A5　社会认同</td><td>A5. 1　学校荣誉
A5. 2　社会声誉
A5. 3　督导评价</td><td></td></tr>
<tr><td rowspan="3">B
教师发展
（15 分）</td><td>B1　队伍成长</td><td>B1. 1　师德建设
B1. 2　教师培训
B1. 3　教师发展
B1. 4　科组建设</td><td></td></tr>
<tr><td>B2　专业引领</td><td>B2. 1　教学能力
B2. 2　管理能力
B2. 3　教研能力
B2. 4　集体教研</td><td></td></tr>
<tr><td>B3　教研成果</td><td>B3. 1　课题研究成果
B3. 2　论文论著成果
B3. 3　教学比赛成果</td><td></td></tr>
<tr><td>C
学生成长
（15 分）</td><td>C1　品德发展水平</td><td>C1. 1　公民素养
C1. 2　行为表现</td><td></td></tr>
</table>

续上表

一级指标	二级指标	三级指标	备注
	C2　学业发展水平	C2. 1　学业基础状况 C2. 2　科学思维能力 C2. 3　自主学习能力	
	C3　身心发展水平	C3. 1　身体健康 C3. 2　心理健康 C3. 3　审美情趣 C3. 4　学业负担	
	C4　实践创新	C4. 1　实验探究 C4. 2　社团活动 C4. 3　综合实践	
D 教学质量 （40 分）	D1　学生学业增长度	D1. 1　当年该校学生高考成绩比较入学时中考成绩的增长度	
	D2　高考基本目标达成度	D2. 1　一本目标达成度 D2. 2　二本目标达成度 D2. 3　专 A 目标达成度	
E 特色发展 （10 分）	E1　特色项目	E1. 1　学校开设的特色项目以及实施效果	
	E2　辐射效应	E2. 1　学校在区域内的辐射效应和影响力	
	E3　创新人才培养	E3. 1　创新人才培养	

三、中小学办学绩效评估的实施

顺德区中小学办学绩效评估以学年为单位，本学年评估时间跨度为 2016 年 8 月至 2017 年 7 月末。评估工作以区教育局教育督导室为主导，由区教育发展中心负责组织开展。主要采用现场评估的形式，每所学校评估时间为一天，包括实地考察、师生座谈、听取汇报和查阅资料等评估方法。根据我区中小学办学绩效评估工作安排，2017 年评估工作从 5 月中旬开始至 6 月底结束，共对全区 227 所中小学进行了办学绩效现场评估。

1．建立评估机构，统一评估管理

为了加强对评估工作的组织领导，根据绩效评估工作的性质和特点，区教育局先后成立了领导小组、宣传组、实施小组、协作小组、巡视组、督查组等工作机构。其中，实施小组下设工作组、指标体系解读小组和各学段评估小组。各工作机构分别由局领导、各职能部门负责人及人员组成，职责明确，指令清晰，很好地保障了评估工作的顺利进行。如图4－2所示。

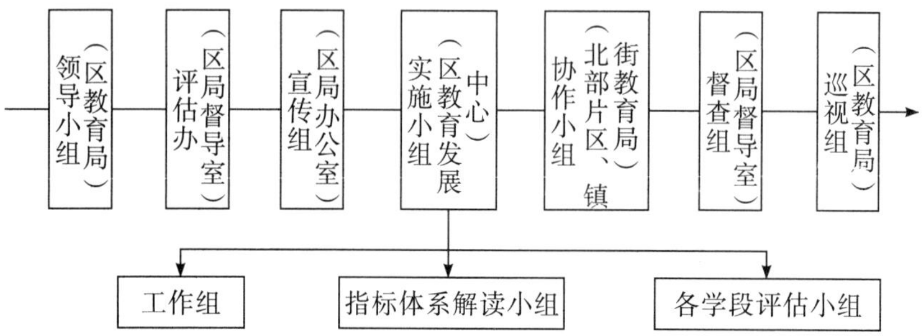

图4－2　顺德区中小学办学绩效评估工作机构

同时，各学校成立了自评工作领导小组和专门工作小组，都能按照学校发展、教师发展、学生发展和特色发展等指标分解工作任务，将评估工作落实到相关部门和具体人员，做到既分工明确，又相互沟通协调，有效地推进了评估工作的开展，反映了学校较高的组织管理能力和水平。

2．做好评估统筹，统一评估部署

办学绩效评估工作是一个系统工程，包括评估工作发动、学校自评、评估培训和现场评估等环节，每一个环节都与其他环节紧密相连，必须统筹做好每一个环节的工作部署，使评估工作能整体系统地推进。下面以时间为节点梳理评估的准备工作：

2017年4月18日，区教育局召开了“顺德区推进中小学办学绩效评估工作动员会”，全区中小学校长参加了会议。

4月26日，区教育局举办了“顺德区中小学办学绩效评估平台使用培训会”，全区中小学校迎评工作负责人和技术人员参加了培训。

5月11日，区教育发展中心举办了“顺德区中小学办学绩效评估专家动员培训会”，全部中小学评估专家参与了培训。

5月16日，区教育发展中心召开了中职组、小学组评前工作会议，正式拉开了中职和小学评估的帷幕。

5月19日，区教育发展中心组织小学组、中职组的评估专家召开阶段性反馈会，交流评估过程中的情况，统一评估标准的把握和评分操作的要求。

6月12日，区教育发展中心召开了普通高中组评前工作会议，正式拉开了普通高中学校评估的帷幕。

6月15日，区教育发展中心组织普通高中组的评估专家召开阶段性反馈会，交流评估过程中的情况，统一评估标准的把握和评分操作的要求。

6月23日，区教育发展中心召开了初中组、跨学段组评前工作会议，正式拉开了初中和跨学段学校评估的帷幕。

6月30日前，完成了全部227所学校的现场评估工作，前后历时2个多月。尽管评估历时长，但统筹组织工作做得扎实，工作推进思路清晰，工作措施落实到位，评估工作开展顺利。

3. 组建评估小组，统一评估要求

按照普通高中、中等职业学校、初中、小学和特殊教育学校分类，共组建了29个评估小组。每个评估小组由5位专家组成，再加上候补专家，共145位专家参与了评估工作（见表4-2所示）。评估专家主要是来自中小学行政、镇（街道）教育局管理人员、区教育发展中心行政及教研人员等，其中正、副校长的比例最大。由于评估专家都有行政管理经验，善于把握评估指标和评分标准，让评估小组很快就进入评估状态。

表4-2　不同学段评估专家的数量

学段	评估小组数量/个	每小组专家数量/位	评估专家总数/位	评估学校数量/所
普通高中	2	5	10	16
职业学校	1	5	5	13
初中	7	5	35	34
小学	12	5	60	152
3个跨学段组	7	5	35	12
全区	29	25	145	227

为了规范评估小组的工作，教育督导室编制了《现场评估操作手册》，该手册包含了“评估组长职责”“评估组成员职责”和“评估工作纪律”等内容，对评估小组提出了明确的要求。如：评估小组在评估前要明确成

员分工，细化评估工作流程，研读评估指标，统一评估标准，强调纪律要求；遵守工作纪律，及时沟通交流信息，不随意减少工作环节；不干扰学校正常秩序，不要求学校为评估工作调整教学安排；遵循民主集中原则，服从评估工作安排，服从集体意见；清正廉洁，不对外透露评估信息；等等。

4. 推进评估实施，统一评估流程

本着不干扰学校正常秩序的原则，为避开学校中考、高考备考工作，在充分与学校交换意见的基础上，对不同学段的学校采用了分类分批评估的办法，共分三批依次开展评估工作。其中，中职组和小学组为第一批，普通高中组为第二批，初中组和跨学段组为第三批。具体时间安排如图 4－3 所示。

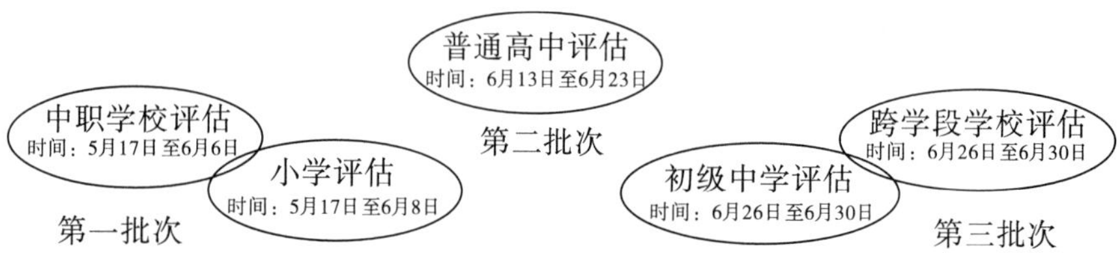

图 4－3　评估工作具体时间安排

每所学校评估时间为一天，按照评估内容、评估方法和评估要求，统一了每一天现场评估的流程（如图 4－4 所示）。评估流程包含听取汇报、课堂听课、师生座谈、查阅资料、实地考察、观摩活动、评估反馈等多个环节，在实际操作过程中视学校作息时间安排灵活调整，使整个评估工作组织做到有张有弛，确保了评估工作的质量和效率。而且，在评估过程中建立了组长微信群，及时分享各评估小组工作开展情况，交流评估工作好的经验和做法；巡视组、督导组和工作组全面出动，深入评估工作现场，及时跟进了解和指导评估工作。这些评估工作方式和策略的配合使用，都很好地保证了评估工作的顺利推进。

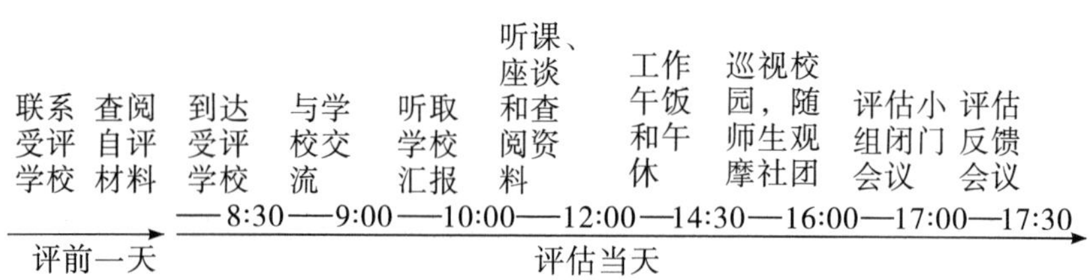

图 4－4　评估流程

5．吃透评估指标，统一评估标准

在实施评估的过程中，最重要的是统一相同学段的评估标准。在深入解读《中小学办学绩效评估指标体系和评分操作说明》的基础上，在各指标的内涵、支撑材料的要求、材料认定的范围及评分的尺度把握等方面形成了统一认识，要求评估小组坚持按照统一标准评到底。

6．领会评估思想，统一评估原则

本着充分发挥评估诊断、改进、促进功能的目的，提出了“既重绩效评估，又重学习交流，更重促进发展”的评估思想。在这样的评估思想指导下，评估实施小组达成了共识，形成了统一的评估原则。

（1）客观性原则。评估必须重客观事实，重证据和依据，要求做到“得分有事实，扣分有依据”，注意查阅材料与现场考察相结合，做好与学校的沟通，确保信息的真实性和准确性，让受评学校心悦诚服。

（2）公平、公正性原则。要求评估人员做好角色转换，不能仅凭个人的认识、理解和情感做评判，避免由于个人因素错误导向评估结果。评估过程中坚持“回避”原则，与受评学校有关联的评估人员都进行了回避。

（3）协同性原则。要求各部门、各评估机构之间做好协同，尊重评估小组工作的主动性，保证评估工作顺利进行；评估工作与学校工作要做好协同，尽量不影响学校正常的教育教学秩序；评估小组之间要做好协同工作，确保评估工作组织开展的统一性。

（4）互促性原则。要求在评估过程中注意相互学习和相互交流，善于挖掘受评学校办学的经验和做法，积极推介受评学校办学的特色和品牌，为我区树标杆、建榜样提供案例，充分发挥优秀学校的示范引领作用。

（5）发展性原则。要求将促进学校发展作为评估工作的目标，能对受评学校的发展态势做评价，能针对学校存在的问题进行背后成因分析，并为学校今后发展提出有价值的、具有操作性的建议。

四、办学绩效评估结果分析

本次参与评估的学校按学段划分，小学段 157 所，初中段 45 所，高中段 22 所，职中段 13 所（其中高中段的国华中学因办学模式不同，参评但不统计成绩），每个学段一套绩效评估体系，各学段评估体系总分均为 110 分。

（一）数据分析

1．义务教育阶段学校办学绩效评估情况分析

我们采用平均分与指标设定分值的差值方法进行分析。

（1）小学段。

①小学段全区情况分析。

全区小学段一级指标体系平均分如表4－3所示。

表4－3　顺德区小学办学绩效评估平均分差值

项目	学校发展	教师发展	学生发展	特色发展	总分
分值/分	30	20	50	10	110
区平均分/分	28.08	19.27	42.09	5.91	95.35
差值	－6.40%	－3.64%	－15.83%	－40.88%	－6.40%

从表4－3可见，本次办学绩效评估，区各项平均分与指标分值的差值由大到小分别为特色发展、学生发展、学校发展、教师发展。“学校发展”“教师发展”差值小；而“特色发展”“学生发展”两项差值大，是小学办学绩效的薄弱因素。

小学段“学校发展”项的数据分析如图4－5所示。

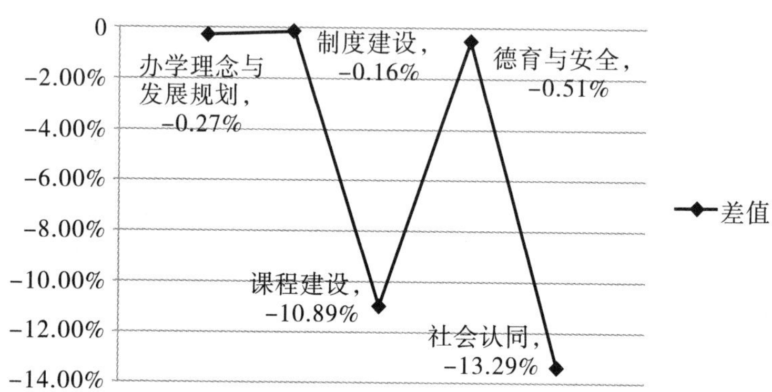

图4－5　小学段“学校发展”项各指标差值

由图4－5可见，“办学理念与发展规划”“制度建设”“德育与安全”差值小，体现顺德规范办学的成效；而“社会认同”和“课程建设”差值大，是“学校发展”质量的薄弱因素。

小学段“教师发展”项的数据分析如图4－6所示。

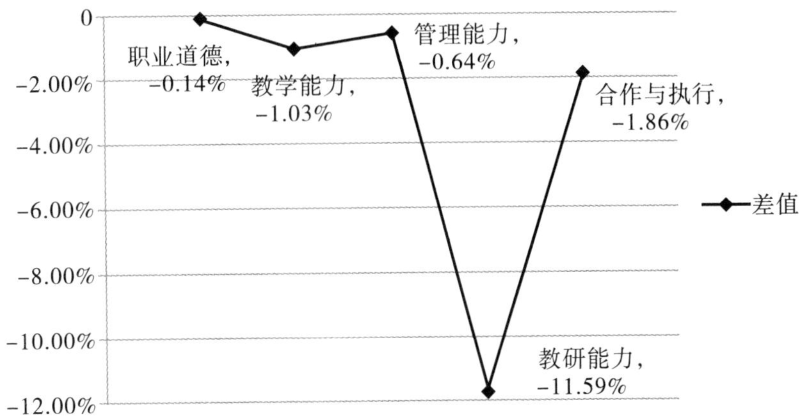

图 4-6　小学段“教师发展”项各指标差值

由图 4-6 可见，“职业道德”“管理能力”“教学能力”“合作与执行”差值偏小，显示出顺德教师具有较高的专业素养；“教研能力”差值大，反映了影响顺德教师发展的核心因素薄弱。

小学段“学生发展”项的数据分析如图 4-7 所示。

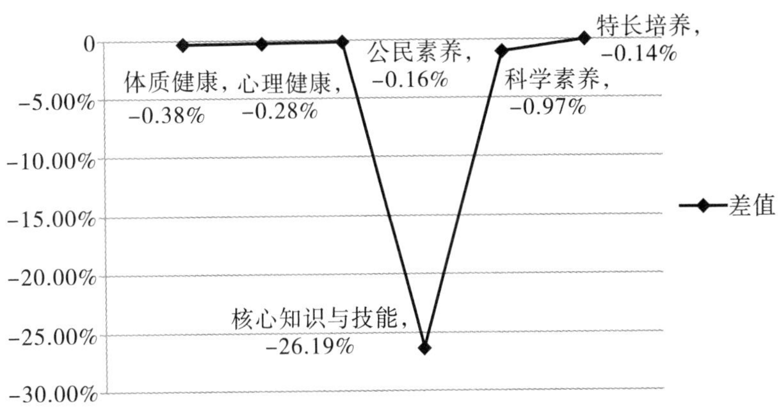

图 4-7　小学段“学生发展”项各指标差值

由图 4-7 可见，由于重视培养，顺德区小学学生的“特长培养”“公民素养”“心理健康”“体质健康”“科学素养”差值较小，显示顺德区素质教育的成效。但“核心知识与技能”差值大，反映学生的学习素养、学习能力和学科发展的核心素养提升方面薄弱。

小学段“特色发展”项的数据分析如图 4-8 所示。

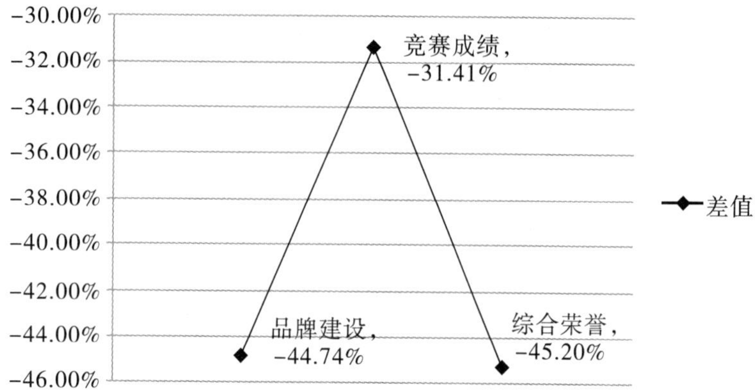

图4－8　小学段“特色发展”项各指标差值

由图4－8可见，此项各指标差值均偏大，显示各校在特色成效展示的“品牌建设”“竞赛成绩”“综合荣誉”等方面发展较为薄弱。

②小学段各镇（街道）情况分析。从各镇（街道）小学段学校办学绩效评估结果得分和等级学校占比数两个维度进行分析。

小学段办学绩效评估结果得分，如表4－4所示。

表4－4　顺德区小学段办学绩效评估各项平均分

单位：分

序号	镇（街道）	学校发展	教师发展	学生发展	特色发展	总分
1	大良	28.71	19.47	46.76	7.47	102.41
2	伦教	28.48	19.62	45.32	7.55	100.97
3	均安	28.54	19.90	41.61	6.51	96.56
4	北滘	28.05	19.49	41.94	6.96	96.44
5	容桂	28.19	19.20	41.86	6.91	96.16
6	陈村	28.13	19.42	43.75	4.14	95.44
7	龙江	27.48	19.60	40.54	5.47	93.09
8	勒流	28.37	19.19	38.31	6.23	92.10
9	乐从	27.60	18.49	40.92	4.92	91.93
10	杏坛	27.24	18.33	39.86	2.97	88.40
全区平均		28.08	19.27	42.09	5.91	95.35

由表4-4可见：顺德区总分平均分95.35分，各镇（街道）小学段总分平均分超过区平均分的是大良、伦教、均安、北滘、容桂、陈村，低于区平均分的是龙江、勒流、乐从、杏坛。从数据反映看，大良、伦教显出中心城区小学办学绩效的优势；各镇（街道）小学段办学绩效不均衡，存在极大的差异，最高分和最低分相差14分。

而拉开各镇（街道）办学绩效评估总分平均分差距的因素主要是“学生发展”“特色发展”两个因素。

按此次评估的4个指标要素，各镇（街道）存在的发展短板情况为：乐从、杏坛4项全部低于区平均值；龙江除“教师发展”、勒流除“学校发展”外，其他3项低于区平均值。其他的，北滘的“学校发展”“学生发展”，容桂的“教师发展”“学生发展”，均安的“学生发展”，陈村的“特色发展”均低于区平均值。

各镇（街道）等级学校占比情况：小学段办学绩效评估结果等级学校分布情况如图4-9所示。

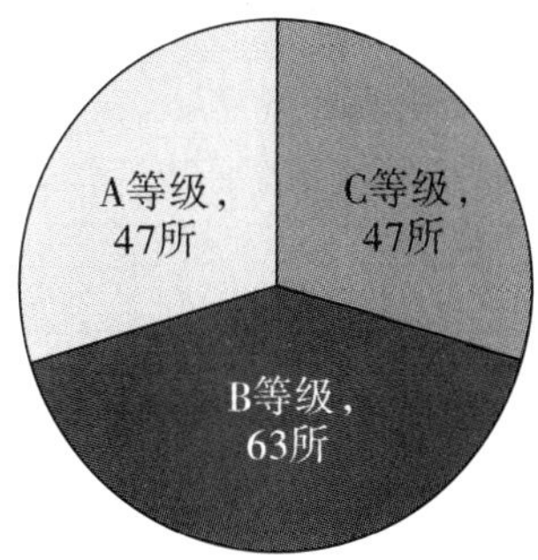

图4-9 小学段办学绩效评估等级学校分布图

小学段各镇（街道）等级学校在本镇（街）占比情况如图4-10所示。

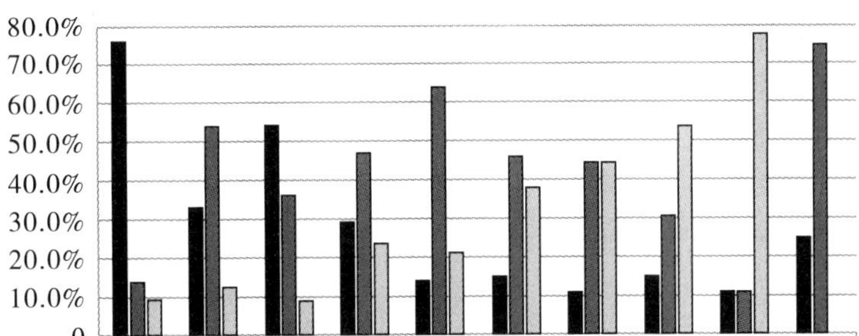

	大良	容桂	伦教	北滘	陈村	乐从	勒流	龙江	杏坛	均安
■A等级学校占比	76.2%	33.3%	54.5%	29.4%	14.3%	15.4%	11.1%	15.4%	11.1%	25%
■B等级学校占比	14.3%	54.2%	36.4%	47.1%	64.3%	46.2%	44.4%	30.8%	11.1%	75%
□C等级学校占比	9.5%	12.5%	9.1%	23.5%	21.4%	38.4%	44.5%	53.8%	77.8%	0

图4-10 小学段各镇（街道）等级学校占比情况

由图4-10可见，小学段各镇（街道）的教育情况中，大良、伦教、容桂 A 等级学校占比优势明显；北滘、均安、陈村 B 等级学校占比较大，发展基础扎实，具有潜力；乐从、龙江、勒流、杏坛 C 等级学校占比基数较大，办学绩效水平偏差，发展阻力较大。

（2）初中段。

①初中段全区情况分析见表 4 –5 所示。

表 4 –5　顺德区初中段办学绩效评估平均分差值

项目	学校发展	教师发展	学生发展	特色发展	总分
分值/分	30	20	50	10	110
区平均分/分	29. 32	19. 07	30. 28	6. 36	85. 03
差值	–2. 27%	–4. 65%	–39. 44%	–36. 40%	–22. 70%

由表 4 –5 可见，初中段一级指标“学校发展”“教师发展”“学生发展”“特色发展”评估结果各项平均分与指标设定分值的差值，由大到小为“学生发展”“特色发展”“教师发展”“学校发展”。“教师发展”“学校发展”差值小；“特色发展”“学生发展”两项差值最大，是初中段办学绩效薄弱因素。

初中段“学校发展”各项指标差值如图 4 –11 所示。

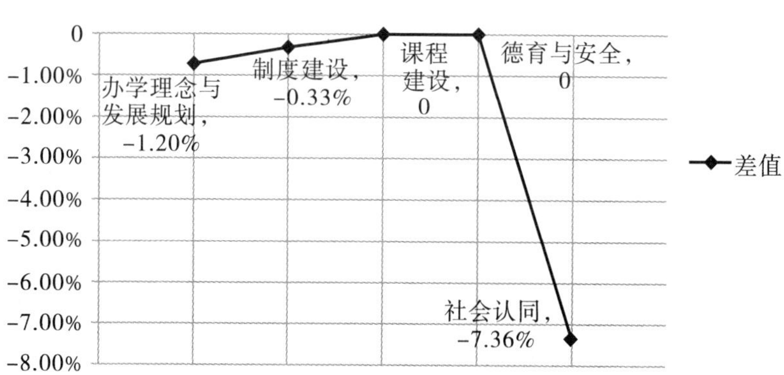

图 4 –11　初中段“学校发展”项各指标差值

根据图 4 –11 的数据分析显示：初中学段“课程建设”“德育与安全”全部满分，扣分差值最大的是“社会认同”。

初中段“教师发展”各项指标差值如图 4 –12 所示。

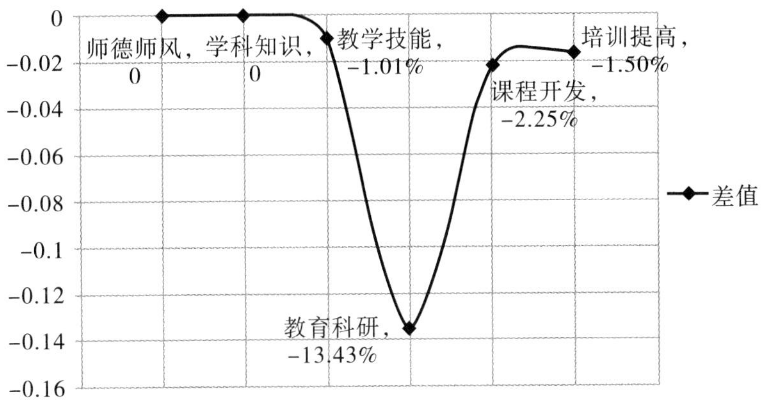

图 4－12　初中段“教师发展”项各指标差值

从图 4－12 数据分析可看出：“师德师风”“学科知识”全部满分，“教育科研”扣分差值最大。

初中段“学生发展”各项指标差值如图 4－13 所示。

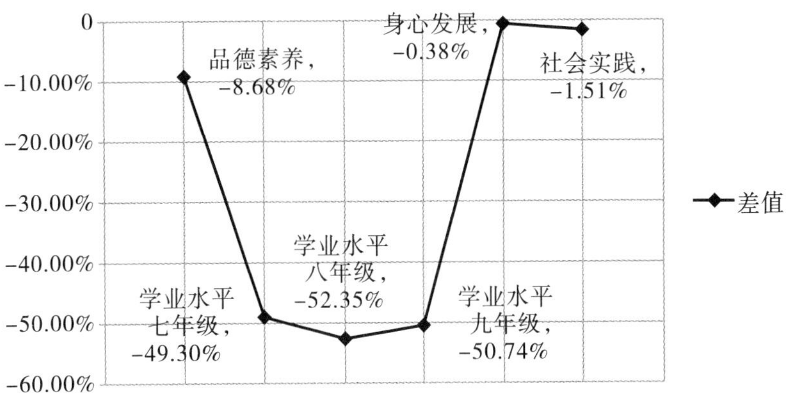

图 4－13　初中段“学生发展”项各指标差值

从图 4－13 数据分析显示：“身心发展”“社会实践”“品德素质”扣分少、差值小；“学业水平”扣分最多、差值最大的依次是“八年级”“九年级”“七年级”，学业成绩的参差、不均衡是影响此次初中段学校办学绩效最为突出的因素。

初中段“特色发展”各项指标差值如图 4－14 所示。

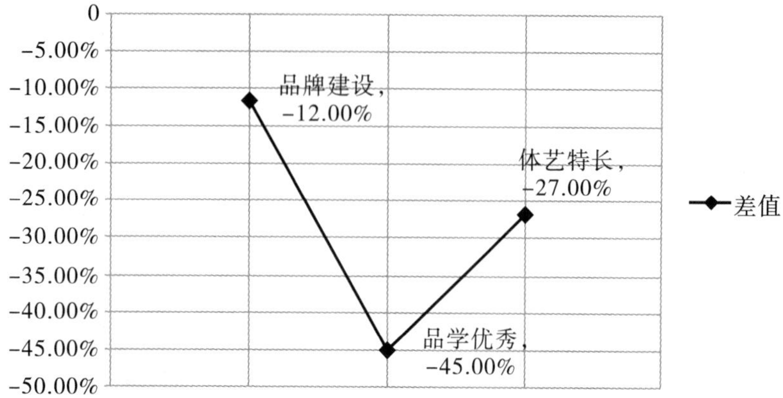

图 4 - 14　初中段“特色发展”项各指标差值

图 4 - 14 的数据显示：总体扣分较多，差值由大到小的是“品学优秀”“体艺特长”“品牌建设”。

②初中段各镇（街道）情况分析。通过各镇（街道）初中段学校办学绩效评估结果和等级学校占比情况两个维度把握各镇（街道）初中学校办学绩效情况。如表 4 - 6 所示。

表 4 - 6　初中段办学绩效评估结果分值情况

单位：分

序号	镇（街道）	学校发展	教师发展	学生发展	特色发展	总分
1	均安	30.00	19.80	37.95	7.10	94.85
2	大良	29.50	18.96	31.08	8.09	87.63
3	勒流	29.88	19.55	31.35	6.75	87.53
4	杏坛	28.90	18.76	30.26	5.96	83.88
5	乐从	29.17	19.33	28.57	6.37	83.44
6	伦教	29.17	19.43	27.83	7.00	83.43
7	容桂	29.13	17.30	30.40	6.55	83.38
8	北滘	29.18	18.46	29.56	5.08	82.28
9	龙江	29.38	19.68	28.85	4.33	82.24
10	陈村	28.92	19.47	26.95	6.33	81.67
区平均分		29.32	19.07	30.28	6.36	85.03

顺德区总分平均分为 85.03 分，各镇（街道）初中段总分平均分超区

总分平均分的仅均安、大良、勒流 3 个，其余 7 个镇（街道）均低于区总分平均分值。最高分的均安与最低分的陈村总分相差 13.18 分，初中段学校办学绩效差异较大。

从各一级指标项的得分情况看，均安、勒流整体情况显示初中办学绩效的优势，大良有 1 项指标不达平均。其他的，杏坛和北滘有 4 项指标，陈村有 3 项指标，乐从、伦教、容桂、龙江各有 2 项指标低于区平均值。拉开各镇（街道）差距的指标主要是“学校发展”和“学生发展”。

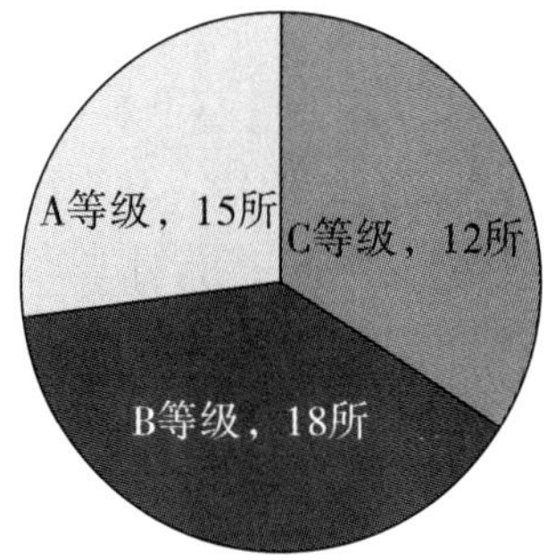

图 4－15　初中段办学绩效评估结果等级学校分布图

各镇（街道）等级学校占比情况：全区共有 45 所小学（含跨学段学校）参与本次评估，评估结果按等级划分，A 等级占 15 所，B 等级占 18 所，C 等级占 12 所。具体分布如图 4－15 所示。

初中段各镇（街道）等级学校在本镇（街道）占比情况如图 4－16 所示。

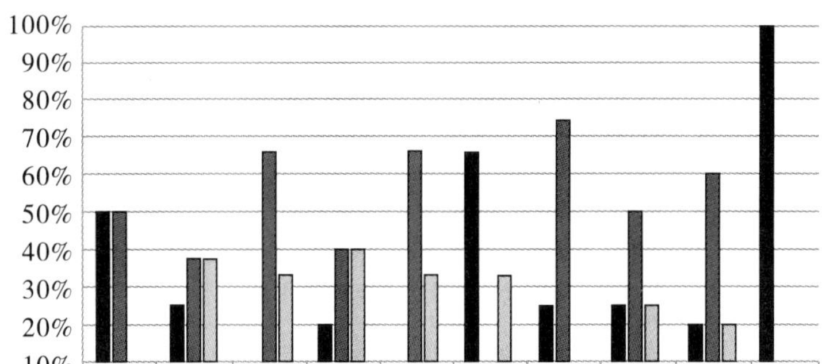

	大良	容桂	伦教	北滘	陈村	乐从	勒流	龙江	杏坛	均安
■A等级学校占比	50%	25%	0	20%	0	66.7%	25%	25%	20%	100%
■B等级学校占比	50%	37.5%	66.7%	40%	66.7%	0	75%	50%	60%	0
■C等级学校占比	0	37.5%	33.3%	40%	33.3%	33.3%	0	25%	20%	0

图 4－16　初中段各镇（街道）等级学校占比情况

从图 4－16 可见，均安、乐从、大良初中段办学绩效 A 等级学校占比优势明显，均安更是 100% 取得 A 等级学校，成绩优异。勒流、伦教、陈村、杏坛 B 等级学校超半数，办学绩效可提升空间较大。北滘、容桂、伦教、陈村、乐从 C 等级学校占比超过 30%，存在薄弱学校。伦教、陈村没有 1 间 A 等级学校，初中教育创优压力较大。

从各镇（街道）等级学校分布占比情况来看，初中段办学绩效水平存在较大的不均衡，各镇（街道）办学水平出现较大的参差。而本镇（街道）初中段办学绩效也出现较大的不均衡，如乐从，A 等级学校占比 66.7%，B 等级学校为“0”，C 等级学校占比 33.3%。

2. 高中段和中职段学校办学绩效评估情况分析

（1）高中段：从全区各项指标得分和等级学校对比来分析。

①高中一级指标平均分情况（见表 4－7）：

表 4－7　高中一级指标平均分情况

项目	学校发展	教师发展	学生成长	教学质量	特色发展	总分
分值/分	30	15	15	40	10	110
区平均分/分	29.00	14.43	14.20	35.04	6.48	99.15
差值	－3.33%	－3.80%	－5.33%	－12.40%	－35.20%	－9.87%

由表 4－7 可见，高中段一级指标中，各项平均分与指标设定分值的差值，由大到小为“特色发展”“教学质量”“学生成长”“教师发展”“学校发展”。其中，“学生成长”“教师发展”“学校发展”差值较小；“特色发展”“教学质量”两项差值最大，是高中段学校办学绩效的薄弱因素。

同样通过“差值”统计，各项指标差值如下：

高中段“学校发展”方面可见图 4－17，5 项二级指标共有 4 项满分，扣分差值最大的是“社会认同”。

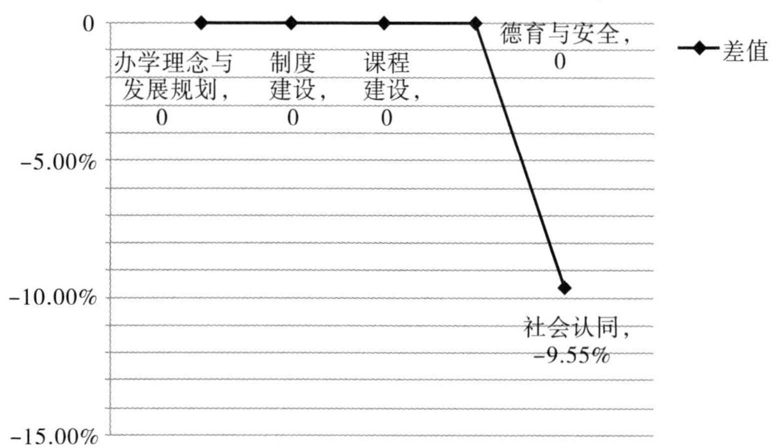

图 4－17　高中段“学校发展”各指标差值

高中段“教师发展”各指标差值见图 4－18。

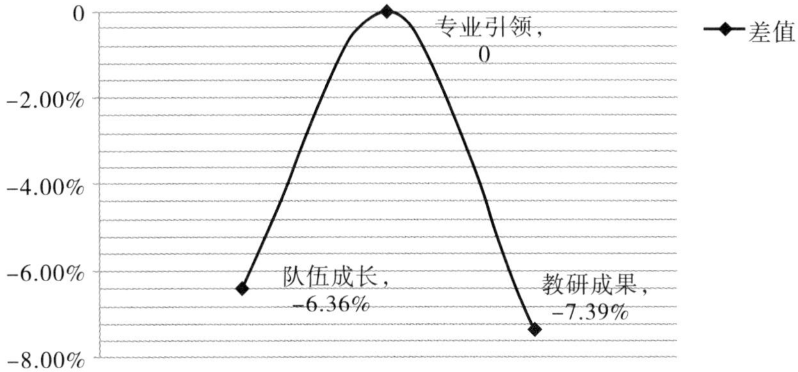

图 4－18　高中段“教师发展”各指标差值

由图 4－18 可见，“教研成果”和“队伍成长”均分差值较大。

高中段“学生成长”各指标差值见图 4－19。

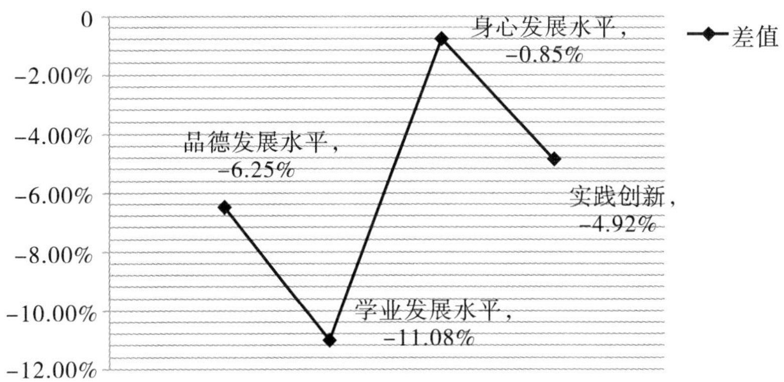

图 4－19　高中段“学生成长”各指标差值

由图 4－19 可见，均分差值最大的是学生的“学业发展水平”，差值较大的是“品德发展水平”“实践创新水平”。

高中段“教学质量”各指标差值见图 4－20。

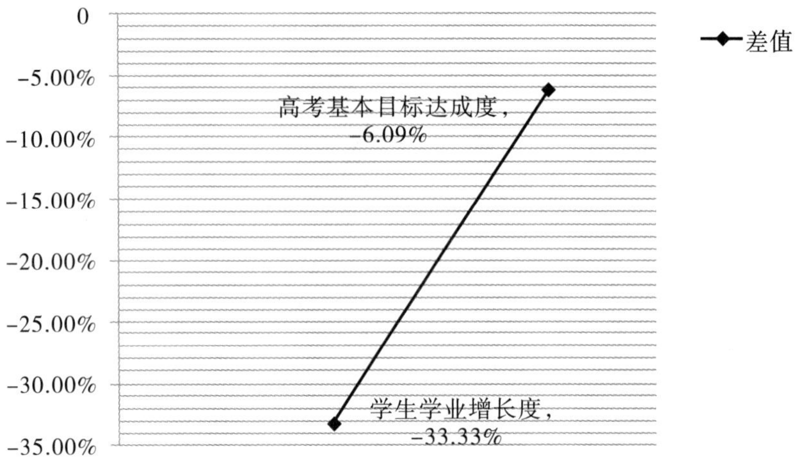

图 4－20　高中段“教学质量”各指标差值

从图 4－20 可见，“学生学业增长度”均分差值最大，其次是“高考基本目标达成度”。

高中段“特色发展”各指标差值见图 4－21。

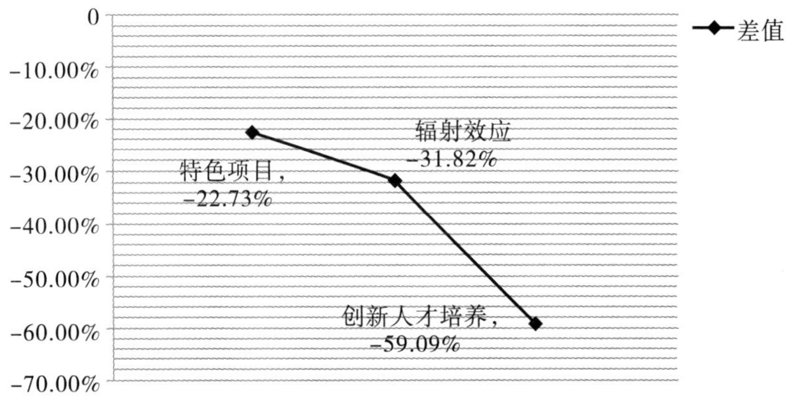

图 4－21　高中段“特色发展”各指标差值

从图 4－21 可见，总体均分差值都比较大，“创新人才培养”与设定指标分值相差达到“－59.09%”，暴露顺德区高中段教育人才培养模式的短板。其次，“辐射效应”“特色项目”亦存在较大的差值。

②高中段各等级学校对比。

全区统计成绩的 21 所高中等级分布情况如图 4－22 所示，A 等级学校 7 所，B 等级学校 8 所，C 等级学校 6 所。各等级校的评估结果如表 4－8 所示。

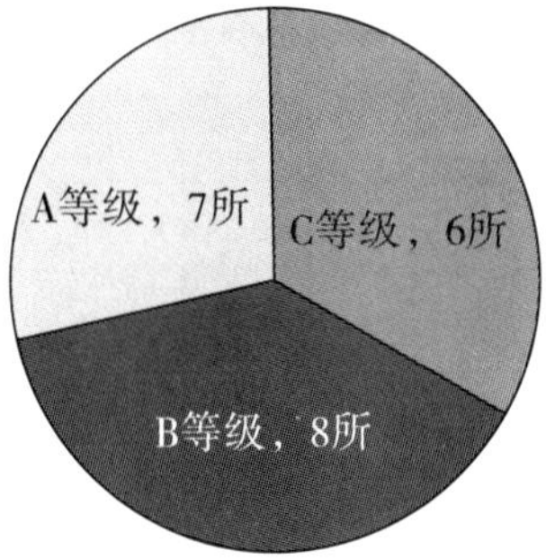

图 4－22　高中段办学绩效评估结果等级学校分布图

表 4－8　高中段学校办学绩效评估结果

单位：分

序号	学校	学校发展	教师发展	学生成长	教学质量	特色发展	总分	等级
1	顺德区第一中学	30	15	14.25	40	10	109.25	A
2	乐从中学	30	15	14.5	39	10	108.5	
3	顺德区李兆基中学	30	15	14.5	40	9	108.5	
4	顺德区郑裕彤中学	30	15	14.5	40	7	106.5	
5	大良罗定邦中学	30	13.5	13.5	40	9	106	
6	顺德区实验中学	29	14.5	14.5	36	10	104	
7	北滘莘村中学	28.5	14.5	14.75	35	10	102.75	
8	顺德区华侨中学	30	14.5	14	39	5	102.5	B
9	容桂容山中学	30	14.5	14.5	38	5	102	
10	勒流中学	30	14.5	14.5	37	5	101	
11	北滘广东碧桂园学校	28.5	15	14	33	10	100.5	
12	顺德德胜学校	29.5	14	14.5	37	5	100	
13	杏坛中学	30	15	14.5	37	3	99.5	
14	龙江中学	29	14.5	14	36	3	96.5	
15	容桂桂洲中学	27	14.5	14	35	5	95.5	
16	广东实验中学顺德学校	30	15	15	26.8	7	93.8	C
17	伦教中学	28.5	15	14.5	30.6	5	93.6	

续上表

序号	学标	学校发展	教师发展	学生成长	教学质量	特色发展	总分	等级
18	顺德一中实验学校	28	13.5	13.75	29.4	8	92.65	C
19	陈村青云中学	25.5	13.5	12	36	3	90	
20	北滘中学	29	13.5	14	28.6	2	87.1	
21	均安中学	26.5	13.5	14.5	22.4	5	81.9	
全区平均分		29.00	14.43	14.20	35.04	6.48	99.15	

从表4－8可知，各校拉开差距主要是在“教学质量”和“特色发展”两项指标上，最高分顺德一中和最低分均安中学相差27.35分。

低于区平均值2项以上指标的，在高中B、C等级学校中，存在的发展短板情况为：华侨中学的“学生成长”和“特色发展”，碧桂园学校的“学校发展”“学生成长”和“教学质量”，德胜学校的“教师发展”和“特色发展”，龙江中学的“学生成长”和“特色发展”，桂洲中学的“学校发展”“学生成长”“教学质量”和“特色发展”，伦教中学的“学校发展”“教学质量”和“特色发展”，顺德一中实验学校的“学校发展”“教师发展”“学生成长”和“教学质量”，陈村青云中学的“学校发展”“教师发展”“学生成长”和“特色发展”，北滘中学的“教师发展”“学生成长”“教学质量”和“特色发展”，均安中学的全部指标均低于区平均值。由此可见，各校办学绩效各项指标发展不平衡。

（2）中职段：从全区各项指标得分和等级学校对比来分析。

①全区各项指标得分情况（见表4－9）。

表4－9　顺德区中职段办学绩效评估平均分差值

项目	学校发展	教师发展	学生发展	特色发展	总分
分值/分	47	28	25	10	110
区平均分/分	41.77	19.15	20.62	9.85	91.38
差值	－11.13%	－31.59%	－17.54%	－1.54%	－16.92%

由表4－9可见，中职段4项一级指标中，各项平均分与指标设定分值的差值，由大到小为“教师发展”“学生发展”“学校发展”“特色发展”。其中，“特色发展”和“学校发展”差值较小；“教师发展”和“学生发展”两项均分差值最大，是中职段学校办学绩效薄弱因素。

同样通过均分“差值”统计，各项指标差值如下：

中职段“学校发展”各指标差值如图 4 - 23 所示。

从图 4 - 23 可见，7 项三级指标共有 3 项满分，均分差值最大的是“办学成果”。

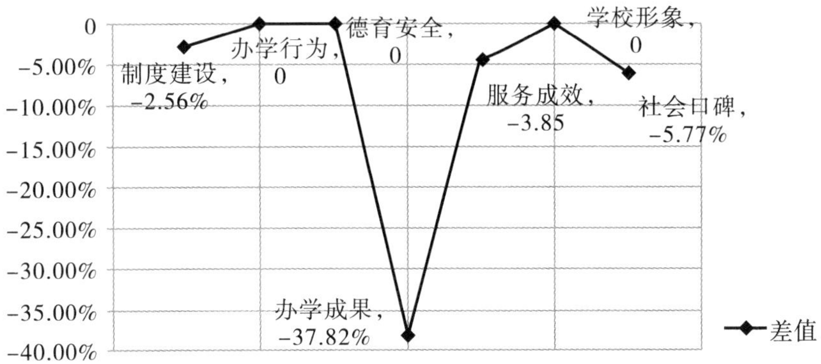

图 4 - 23　中职段“学校发展”各指标差值

中职段“教师发展”各指标差值如图 4 - 24 所示。

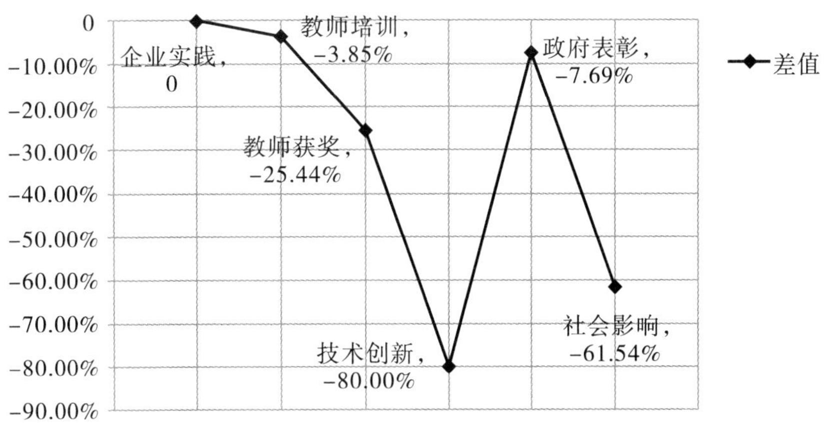

图 4 - 24　中职段“教师发展”各指标差值

从图 4 - 24 可见，6 项三级指标值有“企业实践”1 项满分，“政府表彰”“教师培训”差值不大，均分差值最大的依次是“技术创新”“社会影响”和“教师获奖”。

中职段“学生发展”各指标差值如图 4 - 25 所示。

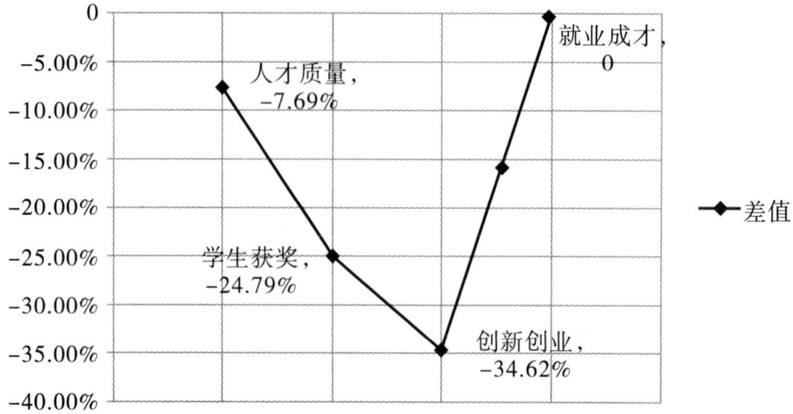

图 4-25　中职段“学生发展”各指标差值

从图 4-25 可见，4 项三级指标中，“就业成才”得满分，“人才质量”差值较小，均分差值最大的是“创新创业”“学生获奖”。

中职段“特色发展”各指标差值如图 4-26 所示。

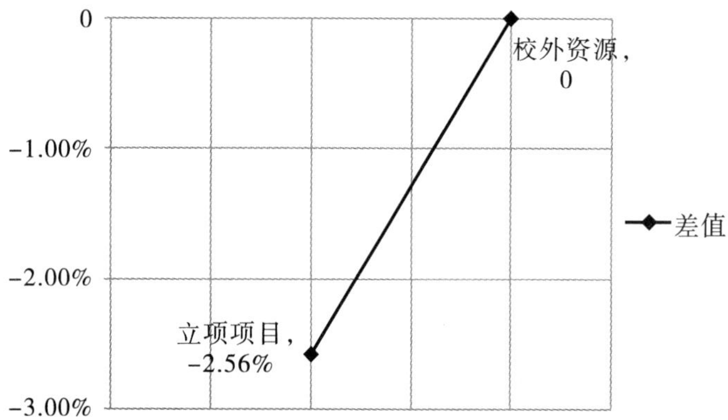

图 4-26　中职段“特色发展”各指标差值

从图 4-26 可见，2 项三级指标中，利用“校外资源”得满分，“立项项目”均分差值较小。

②中职学校各等级对比：全区 13 所职中，A 等级学校 4 所，B 等级学校 5 所，C 等级学校 4 所。如图 4-27 所示。

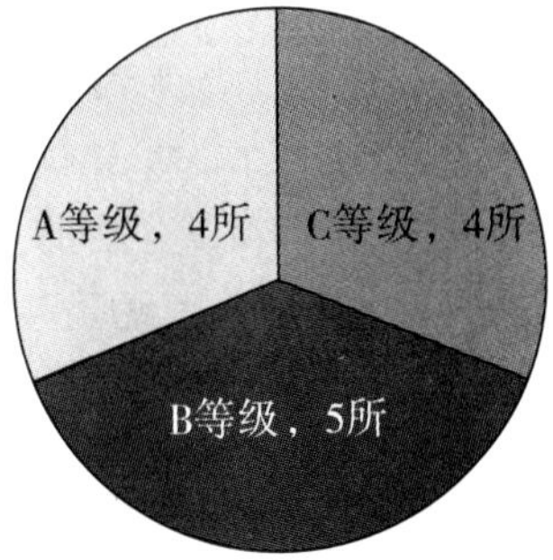

图 4－27　中职段办学绩效评估结果等级学校分布图

中职段各等级学校的办学绩效评估结果如表 4－10 所示。

表 4－10　中职段各校办学绩效评估结果

单位：分

序号	学校	学校发展	教师发展	学生发展	特色发展	总分	等级
1	伦教郑敬诒职业技术学校	44	25	21	10	100	A
2	勒流职业技术学校	43	22	23	10	98	
3	顺德区中等专业学校	44	21	22	10	97	
4	均安职业技术学校	45	22	20	10	97	
5	陈村职业技术学校	45	19	22	10	96	B
6	乐从陈登职业技术学校	45	19	20	10	94	
7	顺德区梁銶琚职业技术学校	45	17	21	10	93	
8	杏坛胡宝星职业技术学校	40	18	24	10	92	
9	容桂胡锦超职业技术学校	41	18	21	10	90	
10	大良李伟强职业技术学校	42	15	20	10	87	C
11	北滘职业技术学校	39	19	19	10	87	
12	容桂职业技术学校	34	20	16	10	80	
13	龙江职业技术学校	36	14	19	8	77	
全区平均分		41.77	19.15	20.62	9.85	91.38	

从表 4－10 可见，中职段“特色发展”办学绩效成绩显著，仅有龙江职业技术学校扣分，其他都满分；而拉开各校分值距离的项目中，“教师

发展”指标低于区平均值的有8所学校，“学生发展”指标低于区平均值的有6所学校，“学校发展”指标低于区平均值的有5所学校。最高分的伦教郑敬诒职业技术学校和最低分的龙江职业技术学校总分相差23分。

低于区平均值2项以上指标的学校，存在的发展短板情况为：乐从陈登职业技术学校是“教师发展”和“学生发展”，杏坛胡宝星职业技术学校、容桂胡锦超职业技术学校是“学校发展”和“教师发展”，大良李伟强职业技术学校是“教师发展”和“学生发展”，北滘职业技术学校是“学校发展”“教师发展”和“学生发展”，容桂职业技术学校是“学校发展”和“学生发展”，龙江职业技术学校办学绩效整体偏低。

（二）现场评估情况分析

1. 义务教育阶段办学绩效发展情况小结

（1）镇街办学绩效评估的优势：各镇（街道）发挥了对义务教育阶段教育管理积极的主体作用，取得一定的成效。

①义务教育阶段学校整体规范发展，势头良好，在学校发展的制度建设、德育安全管理等方面成效显著。

②各镇（街道）普遍重视教师发展，教师队伍建设取得一定成效。

③个别镇（街道）在探索提高教育教学质量方面取得成功，如均安的联盟办学，让初中整体质量提升，两所初中全面进入A等级学校。

（2）存在的问题。

①各镇（街道）办学绩效质量出现较大的不均衡现象。发挥镇（街道）的主体作用，必然伴随出现较大的参差。

②各镇（街道）普遍存在全面发展教育的统筹力度不足，引领学校未来发展的专业欠缺等弊端。具体体现在：A. 小初衔接渠道不畅，小学和初中绩效水平发展不均衡；B. 对未来人才培养模式的探索成效偏弱，小学段、初中段的“学生发展”“特色发展”均分差值最大，各校扣分情况严重；C. 对初中段办学引领专业能力偏弱，初中段办学绩效得分只有均安、大良、勒流总分平均分高于区平均值。顺德区义务教育阶段发展动力明显不足。

2. 高中段学校办学绩效情况小结

（1）高中段学校办学优势：在政府的重视下，“学校发展”“教师发展”“学生成长”均取得较好的成绩。各校办学理念鲜明，基本建立现代的办学制度，教师人才引进策略储备了较为厚实的基础，育人观念得到转变，学生健康成长。

（2）高中段学校办学存在不足：未能满足城市发展中群众对优质教育的需求，具体体现在“教学质量”和“特色发展”两项。其中“特色发展”与指标值的差值最大，证明高中段教育获取质量的手段仍停留在传统的“手工作坊”式的辛苦劳作上，付出和成效不成正比，未能把握未来教育发展形势要求，从而无法突破取得更高的“教育质量”的瓶颈。

3. 中职段学校办学绩效情况小结

（1）中职段学校办学优势：各校办学目标清晰、各具特色，“特色发展”成绩突出，“教师发展”注重企业实践，“双师型”教师队伍较强，学校基本能够把握社会发展的需求培养人才，学生“就业成才”比例高，“人才质量”得到认可。

（2）中职段学校存在问题：主要体现在创新能力不足方面。其中指标值差值最大的“教师发展”主要是在教师“技术创新”指标上扣分严重。职校的教师技术创新是职校发展的灵魂，教师技术创新能力的不足，与“学生发展”中“创新创业”指标扣分较大形成勾连。学校对教师的创新引领、教师对学生的创新引领是顺德区职校发展的瓶颈。

五、办学绩效评估效应分析

回顾首次评估工作，我们感到评估给学校及其管理者带来了很多观念上的冲击，引起了学校工作和管理者行为上不小的变化，主要表现在以下几方面：

1. 更新了学校的办学理念

办学绩效评估工作的开展已经使不少教育管理者有所触动，学校领导者的办学理念和部门管理者的管理理念开始有了一些积极的变化，较之以往他们增强了学校发展意识、办学质量意识、工作标杆意识和管理效能意识。这将有助于提升教育教学工作的科学化水平，从根本上保证学生、教师、学校和教育事业的健康持续发展。

2. 规范了学校的办学行为

对照评估方案和办学绩效评估指标体系，学校管理者开始审视学校办学行为和管理工作，对不规范的地方及时做出整改，这有助于全面推进、深入实施素质教育工作。譬如，办学绩效评估把学生成长分解为品德素养、学业水平、身心健康、社会实践等，紧紧围绕国家要求的学生素养的“文化基础、自主发展、社会参与”三个维度进行考核评价，从而引领学校、教师在关心学生的基础学业能力的同时，更要关心学生整体素质的提高。同时，为获得较高的教育增值，学校会更加关注大多数学生的发展。此外，评估也强化了学校的精细化过程管理，要求各项工作有计划、有总结、有实施过程记录，事事留有痕迹。

3. 激发了学校的办学热情

由于办学绩效评估将评估的重点放在了学校力应能及、力所能及的工作上以及对工作的主动积极、开拓创新上，尤其是放在学校的发展和进步上，这使校长们看到了希望。教育局把评估结果应用到先进学校评比和校长年度考核中，考核激励，奖优罚劣，激发了这些校长的办学热情，尤其调动了“二、三线”学校的办学积极性。

4. 加快了学校的发展步伐

办学绩效评估重视学校在原有基础上的增值性发展，使得学校管理者在关注教育质量和办学结果的同时，更加重视教育过程和办学效能。现在，处在各个办学层次上的学校管理者都在积极地思考如何科学地经营学校，主动开展各种创建活动，事事力求胸中有标（计划）、持续推进（执行力）、追求卓越（质量）、实现跨越（增值）。评估者面对不同评估结果，还需要进一步分析是什么原因导致学校办学效能高，又是什么原因导致学校办学效能低，诊断出学校发展中存在的问题，指导学校加快效能建设。所有这些努力必将推动各校在积极建设中加速发展，由低效学校迈向高效学校，由薄弱学校迈向优质学校，通过不断地提升自己的办学质量和品位，实现向全面优质、富有效能的学校甚至是品牌学校飞跃。

六、存在的问题与改进策略

1. 评估方案还存在一些不足，有待完善

2017 年，顺德区第一次开展办学绩效评估，目的是诊断中小学办学的优势和存在的问题，让“办学绩效评估”具有更大的合理性和较强的操作性。但是，该评估方案和指标体系还存在着许多不足，有待今后去逐步完善。

譬如，有些指标需要与中小学办学实际相对接；指标的权重还需要认真研究；有些指标增值容易，有些指标增值却很难，还需要对不同指标分值的等值性进行深入研究，必要时须设置上限，防止因“一白遮三丑”而模糊了被评估学校的优势和劣势。另外，对于学校的办学层次、办学规模、历史传统、师资水平和生源质量等客观存在的差异，在指标体系上还没有合理、科学地体现，这是评估学术研究中没有突破的一个难点，也是我们现阶段正在思考和研究的问题。

基于此，在总结本次评估基础上，我们将再次深入中小学广泛开展调查研究，进一步修改评估方案，对教研部门原有的教学质量监控办法、考试成绩统计方法进行调整，以反映学校在常态课堂、教学教研、校园文化和班集体建设等方面取得的进步，并与区教育局的中心工作对接，增强评估的可操作性。

2. 学校对办学绩效评估的认识还不到位，有待提高

办学绩效评估的确是对学校传统评价的一次突破，在新旧制度交替过程中必然会遭遇观念的冲突和原有评估思维的束缚。

（1）有些学校对绩效评估的认识远不到位，甚至曲解绩效评估的本意。有些校长没有完整地通读评估方案及评估体系，认为学校是老牌优质学校，硬件设施好，教学质量高，再怎么评也不可能进不了A等级。这些校长还没有形成办学增值发展意识，基本上是以占有优质教育资源的多少来认识学校，以教学质量的高低为唯一指标来静态地衡量学校。也有一些校长对绩效评估工作不太重视，认为评估将学校分成A、B、C等级，是顺德教育的落后，没有认识到评估对学校的诊断、指导功能是一种帮助，还不能从评估反馈中积极开展办学整改。

（2）有些学校自评工作不认真、不客观。有的学校在区级培训会后不传达，导致学校部门管理者在认识上有误，没有很好地总结并反映出所在部门的工作及成绩。有的学校不按照规定时间开展自评工作，迎评工作仓促，材料粗糙，没有按时将材料提交“绩效评估数据平台”，使现场评估与之对接不上，反映不出学校的办学过程和教育发展情况。

（3）有些学校重评估不重建设。开展评估工作，得出评估结果不是这项工作的主要目的。更为重要的是，通过评估诊断，甄别出学校办学质量的高低和优劣，来增强学校的成本意识和发展意识，加快学校效能建设，推动原有基础各不相同的学校又好又快地发展。然而，有少数校长重评不重建，认为只要迎评态度好，做好接待工作，评估结果也就差不到哪儿去。其实，在“评”与“建”之间，没有平时的“建”，哪有内容可“评”？

因此，我们必须进一步加大宣传力度，提高学校对办学绩效评估目的的认识。我们的宣传，要使学校认识到评估的本意是为了加快学校发展和

建设，以评整改，以评促建。我们要通过宣传，发挥绩效评估对学校办学的规范、激励和引领作用，持续推进学校教育改革和绩效建设，由“学有所教”向“学有优教”发展，由“规范办学”向“办出个性、办出特色”发展，引领学校内涵发展，争先进位，积极建树。同时，为了推动学校加快效能建设，强化精细化过程管理意识，全面了解学校教育教学发展情况，掌握学校办学动态，教育督导室将建立“评估、监测、督导一体化工作机制”，将办学绩效评估、质量监测与教育督导紧密结合。

3. 高素质的评估者队伍尚未形成，有待建设

目前，顺德区办学绩效评估工作所需要的高素质的评估者队伍尚未形成，还有待建设。一是评估者培训还要进一步加强；二是绩效评估需要采用定量的方法对大量的数据进行分析处理，而大多数评估者习惯于采用模糊评估法，使得评估结束后只有个别人在负责大量的评估数据处理，极容易产生技术性错误，也会引起个别学校的误解。首次办学绩效评估工作让我们看到了一支专兼结合、高素质的评估者队伍的重要性，这也是确保督导与评估工作科学精确、公平公正、合情合理的基本要求。在办学绩效评估常态化的工作机制下，我们将扎实做好评估的培训工作，提高评估者的评估技能与水平。通过培训，一要提高学校自评者对方案理解的准确性和对标准把握的适切性，帮助学校全面科学地回顾和总结年度工作，做好准备材料等迎评工作。二要提高区级评估者对绩效评估工作的认识水平，提高评估者的评估技能与水平，尤其是诊断分析和现场指导的水平，加快顺德区专兼结合的评估者队伍建设。

最后，需要强调的是，绩效评估工作在顺德区才刚刚开始，这样大规模、全覆盖的中小学办学绩效评估还不尽科学和完善，需要一个逐步成长、走向科学的过程。我们希望各中小学能积极认真对待此项工作，让评估为学校发展助力。

第二节　小学办学绩效评估分析报告

为了促进顺德区教育综合改革，遵循教育规律，全面提高教育质量和教学水平，促进顺德区教育的高位均衡发展，按照顺德区教育局印发《顺德区中小学办学绩效评估实施意见》（顺教〔2017〕28 号）文件要求，从

5 月 17 日至 6 月 9 日对全区 151 所小学进行了首次办学绩效评估。这次评估以《顺德区中小学办学绩效评估指标体系》为依据，采取查阅电子资料、现场考察、教室现场访谈、学生随机调查、问卷调查、现场反馈等形式进行，对 151 所小学一年来的办学情况进行了全面的评估。以下是本轮办学绩效评估情况总结。

一、主要成绩和特点

（一）依法治校，学校管理水平不断提高

1. 完善管理制度

各校高度重视管理制度的建设和实施，管理工作逐渐走向规范化、科学化、民主化、精细化。各校负责人能着眼未来和发展，在组织班子成员和全体教师认真讨论的基础上，制定了明确的办学目标和新一轮发展规划。规划不仅对学校发展做了整体设计，还对每一学年要完成的任务做了分解。

部分学校对内部治理结构进行了改革，建立了过程决策、实施和监控机制的民主决策机制，为正确履行校长职责、依法治教、按章治校提供了有力的保证。

2. 强化教学管理

各校坚持以教学为中心，加强了对备、教、批、辅、考、评等教学过程的量化管理，形成了较为科学的质量评价体系，教学管理逐步向效能化、精细化目标发展。各校通过各种方式，如抓好集体备课、随堂听课、多层次评课、练命题、写案例、写课后反思、跟踪检查等，促使教学观念在教学改革和实践中得到了进步与更新，让教学鲜活，让课堂灵动，让学生受益。有些学校还分学科或分年级提出了具体的教学规范，符合学科教学规范和学科素质教育的要求，较好地体现了新课程理念。各校都能落实教学常规管理制度，多数学校检查形成制度化，并能不断改进和完善检查的表格，并做到定期检查、及时小结，说明学校教学管理到位，维护了正常的教学秩序。辅导学生可以说是教师常做和必做的工作，有些学校做得很好：有开学初学生情况的具体分析；有学期中辅导学生的记录表，便于教师及时把辅导的情况进行记录；还有学期末辅导情况的小结。考试情况能正常开展，所有学校每学期末均参加区教育发展中心统一组织的教学质

量监控，有些学校还定期开展期中教学质量监控和月考，并做好质量分析工作。不少学校重视教学常规检查，并能对各环节的检查情况进行考核，与教师的绩效考核挂钩，激励教师按要求做好常规教学工作，保证了学校的教学质量。在检查中了解到大多数教师能认真备课，书写工整，制订详细的学科计划（含教学内容、教学目的、教学重难点、教材分析、教学建议、教学进度、学生情况分析、培优扶困措施等）、单元计划、每课时计划和复课计划，每课时教学过程详细，并能较好地体现新课改理念；一些教师还能及时认真地进行课后的教学反思，不断提高自身的教学水平。一些学校采取了电子备课。在抽查的部分学生作业中，学生书写工整，教师批改及时认真，每次有成绩评定、有批改日期，对作业有错的学生，教师能要求订正，并再次批改，多数学校语文教师能仔细批改学生的每一篇作文，并有激励性的批语、鼓励性的寄语，拉近了师生关系，提高了学生的学习兴趣和积极性。

3．加强安全与稳定工作

各校能根据本校实际建立健全各项安全制度，责任明确。各校积极开展平安校园创建活动，开展形式多样的安全教育活动，提高师生的安全意识。

（二）提高素质，队伍建设得到加强

1．加强学校领导班子建设

各校都能够实行领导班子成员分工协作制度，做到领导班子内分工明确，责任到人，同时又能顾全大局，互相协作，使得学校的各项工作落到实处。

2．加强师德师风建设

各校都制订了师德教育计划和具体的措施，在教师中继续广泛开展师德主题教育活动。从活动的记录、师德状况的分析及工作总结来看，大部分学校师德教育工作开展得很扎实，取得了较好的效果。

3．开展师资培训

各校都能做好校本培训工作，并能扎实有效地开展各类培训活动，将培训工作落到实处。

4．注重教师科研素养的提升

各校把教育质量作为立校之本，积极开展校本教研和课题研究活动。以教科研促教学质量，以校本课程和社会综合实践促学生的动手能力和创

新能力，使学生的综合素质和学业成绩都得到稳步上升，学校的整体教育质量稳步提高。多数学校申报了各级教科研课题，有国家级的、省级的和市级的；有些学校科研课题研究涉及面比较广，有教育科研课题，有陶研课题，还有信息技术课题。大部分学校的课题研究与实验都能做到人员有效落实、课题研究正常开展、专题性的研讨活动丰富、过程性资料归类整理，并能在教育教学中注重课题的研究，取得一定的成效。

（三）以人为本，办学行为不断规范

1. 严格执行课程方案，开足开齐课程

各校能严格执行省颁课程方案，落实课程标准，按照国家规定的教育教学内容和课程设置开展教学活动，开足开齐课程，不随意增减课程和课时，不随意提前结束新课。各校高度重视信息技术、艺术、体育、综合实践活动、健康教育等课程的开设。

2. 创新常规教育活动

各校贯彻执行《公民道德建设实施纲要》《中学生日常行为规范》《小学生日常行为规范》《小学生守则》工作。开展丰富多彩的德育活动和爱国主义读书活动，把社会主义核心价值观融入中小学生精神文化生活需求各方面。

3. 做好家庭社区教育

各校都成立了家长学校和家长委员会，定期开展家校联系活动。通过家长学校授课、素质教育开放周形式，多渠道、多方位、多角度地进行家校联系工作，学校、家庭、社会三结合教育工作在我区已见成效。各校基本上能积极配合街道（社区）开展社会实践活动和文明创建活动。

4. 重视学生心理健康教育

各校均建立了心理咨询室，配有心理咨询师，能开展相关活动。

5. 减轻学生课业负担

各校都有明确的减负规定，切实减轻学生课业负担，控制学生作业量。教师提高课堂教学效果，激发学生自主学习，精选作业内容，提高作业质量，提倡布置探究性、实践性、活动性的家庭作业，不布置大量机械性、重复性作业。各校采取不定期检查、家长问卷调查等方式，加强对各科作业的管理与协调。

6. 体卫艺工作进一步加强

各校十分重视体卫艺工作，制定了贯彻实施国家体育、卫生工作条例

和学校艺术教育工作的中长期规划，并按计划和实施方案开展体卫艺工作，保证学生每天有一小时的体育锻炼时间，积极开展阳光体育运动，每年都如期举行一次运动会，并积极推荐优秀选手参加上一级主管部门举办的各类体育比赛。各校都按要求组织学生进行健康体检，并对体检结果进行分析，同时结合本校学生实际存在的健康问题制定预防疾病的方案。各校在开设艺术课程的同时，根据本校学生的特长和兴趣爱好积极组织各类艺术兴趣小组开展活动，培养学生的爱好和艺术特长。许多学校在学生兴趣小组活动方面取得了显著成效。许多学生通过培养，将某些方面发展为特长，并代表学校在区、市、省各级各类比赛中取得优秀奖项。

7. 明确方向，形成办学特色

绝大多数学校能将创建办学特色作为办学的一个努力方向，已形成一些思路明确、参与面较广、有所成效的办学特色。

二、存在的主要问题和不足

1. 学校发展规划与学校发展不同步

各所学校虽然都制定了发展规划，也做了规划的年度分解，但是学校的实际工作与发展规划不同步，发展规划不能落地实施。教师对学校发展规划不了解，中层干部不明确发展规划的内涵。

2. 管理工作有待进一步加强

尽管学校管理工作得到了加强，但仍有一些学校需要加强对学校管理理念的更新。各校虽有一系列的管理制度，但有的学校的制度缺乏实效性，有的学校对制度的落实检查不到位，措施不得力，尤其是部分学校教学管理的最基本的备、上、批、辅、查环节的制度模糊，流程不清晰，教研制度得不到落实。

3. 师德教育缺乏创新途径和方法

各校虽然都广泛开展了师德教育，但有少数学校师德教育计划内容空洞，部分学校在师德建设上，开展的活动没有创新，都是老调重弹，没有根据学校实际情况来制定。在与学生的访谈中，个别教师仍存在体罚或变相体罚学生的现象。在班主任队伍建设上，不能以班主任例会形式来代替培训。

4. 对小学生心理健康教育重视不够

在学生心理健康教育工作中，部分学校处于停滞状态，心理健康教育工作流于形式。少数学校心理健康教育活动基本没有按照流程规范开展，资料收集也不够完整。

5. 课改和教科研工作有待进一步深化

少数教师还没有完全树立新的教学理念，从抽查备课笔记和听课笔记中了解到，少数教师教学设计缺乏课改理念，还有的教师听课笔记只是观课过程的记载，没有及时议课。部分学校教师的课堂教学观念陈旧，照本宣科，根本没有顾及学生的学习状态。个别学校还没有区、市级以上的科研课题，应该积极申报，依托课题研究来提升学校教科研水平和教育教学质量。

6. 进一步开展体卫艺工作

部分学校体卫艺工作需要加强。有的学校阳光体育运动和学生每天一小时体育活动落实不够，学校检查不力。有的学校学生艺术兴趣小组流于形式，只有学生兴趣小组名单，而没有活动内容的具体记载。

三、整改意见和建议

1. 强化校长的规划意识，让学校规划落地

制定和实施学校发展规划的根本目的是推动学校发展，因此，学校发展规划一定要针对学校发展中的内外环境变化制定。学校发展规划要得到各方对办学的支持，调动各方参与办学的积极性，并协调各方力量共同推进规划的落地实施。

2. 提高规范化管理水平，让学校管理有效

规范化管理通过确立一套价值观念体系来引导教职员工的意志行为选择。管理过程中要决策程序化、考核定量化、组织系统化、权责明晰化、奖惩有据化、目标计划化、业务流程化、措施具体化、行为标准化、控制过程化。学校管理不是校长心血来潮的冲动，要以制度的形式予以界定，强调的是事事有章可循的“法制”化管理。杜绝会议代替教研，变革课堂教师“一言堂”的教学方法，让学校管理制度不再停留在文本上。

3. 创新教师培训方式，让教师专业水平得到提高

常用的培训方式方法，内部培训包括专题讲座、角色情景演练、案例培训、训练培训、现场及时培训等；外部培训包括外出培训公开课、拓展训练、沙盘模拟、跟岗学习等。因此，学校要依据教师专业发展不同情况，有针对性地创新培训的方式和方法。

4. 遵循学生成长需要，让学生快乐成长

学校要依据学生成长需要以及社会发展的现实，在提供各种活动课的基础上，注重心理健康教育，顺应学生成长规律，开展特色教育活动。尤其是中高年段的学生，青春期教育、性别教育、家庭教育等是必须开展的主题活动。

5. 构建适合的教研模式，让教研成为提高教学质量的保障

一是搭建开放教研平台，引导教师拓宽视野、共建共享优质教育资源。各中小学校建立学习共同体，采用“走出去，请进来”的方式，为教师搭建更加开放的教研平台。同时，学校领导要大力支持教师参与各级教研活动，引导教师充分利用网络优势，进行跨校、跨区域沟通和交流，积极参与“区学科教研联盟”活动，实现资源共建共享。有条件的学校还应结合本校实际情况，建立起富有校本特色的资源库，不断提高教学资源的应用价值。

二是立足高位，引领教师的教学与科研方向。借助教研员的教研力量，不仅要帮助教师解决当下的问题，更应帮助教师明确课程改革的方向，努力做到站位更高、志向更远。引导教师尝试用科研的思维方式方法去解决学科教学的关键问题，推动教学质量不断提升。

第三节　初中办学绩效评估分析报告

一、初中评估工作综述

受顺德区教育局委派，顺德区中小学办学绩效评估初中组专家分成7组共35人，严格按照顺德区中小学办学绩效评估现场评估操作手册，遵守工作纪律，严格遵循评估程序，保障客观公正，于2017年6月26—30日对37所初中进行了现场评估工作。专家组通过网上查阅资料，现场听取自评报告，查看办学设施，进入课堂听课，观察师生面貌，查阅学校佐证材料，访谈行政干部、教师、学生等方式对学校办学情况进行全面诊断评估。在此基础上，专家组遵循“规范性、发展性、激励性、开放式”的原则，按照教育局的要求及评估指标体系，重点评估学校发展、教师发

展、学生发展、特色发展四大基本内容，经专家组闭门会议认真讨论和分析，达成共识，形成学校的口头反馈意见和建议后，再进一步完善形成书面评估报告。

二、办学绩效亮点

1. 文化兴校是学校打造标杆学校的追求方向

文化兴校包含理念、特色、文化三个层面，是在长期的办学实践过程中发挥优势、逐步改革形成的学校内涵与风格。初中部分学校校长已经开始着手打造包含办学理念在内的鲜明的校园文化，呈现出“定位准、内容实”的整体校园文化，比如“和美教育”“儒雅教育”“尚美教育”“贤德教育”等。

2. 聚焦课堂改革是学校实现“质量立校”的重要抓手

各校都把提高质量作为学校改革的核心任务，开始树立起“质量意识”，注重教育的内涵发展，聚焦课堂，关注课堂，关注教学管理，关注学生的综合素养。大部分初中进行了课堂教学改革，如“导（教）学案+小组合作式课堂”“2·3·7课堂”“和谐互助式课堂”“挑战性自主合作式课堂”“自主+合作+展示”“三步六环节课堂”“五四课堂”等课堂模式或形式，更加关注学生综合素养的培养和学业水平的提升。

3. 依法治校是学校现代化管理的有力保障

建立现代学校管理制度是各校努力实现依法治校的强有力保障。各初中都建立起学校的章程，健全教代会制度，将教职工参与学校民主管理落到实处，不断加强和提高领导班子的科学决策能力，推进课程改革的引导能力和促进学校可持续发展的能力。

4. 课程建设是学校逐步走向优质发展的助推剂

各校大胆地尝试课程改革和课程开发与建设，正在构建学校完整的三大课程体系结构，落实核心素养：一是基础课程（必修），如语、数、英等，做到国家课程校本化；二是特色课程（必修），如佛山民俗、顺德地理、顺德历史、镇街文化等，做到地方课程系列化；三是拓展课程（选修），以“课程超市”形式，实现学生自选课程，跨级跨班走学，多元兴致特色，涵盖多个板块，做到校本课程特色化。

5. 创新德育机制，丰富德育内容，全力实施“立德树人”

各校把“立德树人”作为学校教育的根本任务，明确德育工作是教学工作的保障，在德育“做什么”和“怎么做”这个问题上各学校都不断拓展思路，创新做法。比如有“学生成长导师制”“自主·实效·共享”德育管理、“自主管理、自我体验、自我建构”德育机制。无论哪种德育机制都更加强化全员育人机制、全面育人机制和德育创新机制，构筑课程平台、实践平台和家校平台，探究科学有效的德育评价机制，不断提升学校德育实效性。

三、存在的问题

存在的共性问题：缺编问题严重；学位逐年紧张；功能场室不足；课程建设专业师资不足；校园文化以及特色品牌的打造遇到资金瓶颈；等等。

1. 部分学校硬件水平难以满足现代办学需要

政府部门对部分学校硬件建设的投入与经济发展水平不匹配。如：龙江锦屏中学办学条件滞后，严重制约学校发展。学校占地面积小，建筑面积少，各种功能场室严重不足，许多正常的教学教研活动难以开展，难以满足师生发展的需求；陈村镇中学没有体育馆，部分活动受天气影响较大，因天气因素而导致某些活动无法开展或被迫中断；大良凤城中学2号教学楼为C级建筑，需要重点关注，按相关要求做好监测与加固，部分校舍破旧，外墙瓷砖脱落；杏坛潘祥中学周边环境不佳、校舍陈旧、硬件设施不足；容桂兴华中学暂未实现校内安全监控（已报批）；等等。而学校功能场室硬件配备不足，如电脑室、美术室、舞蹈室等场室空调硬件配备不足，夏天室内温度过高，这些也一定程度上影响着教育教学质量。

2. 部分学校行政班子、师资结构有待进一步优化

部分学校行政班子年龄结构和学科搭配不够合理。例如陈村镇中学现任班子成员平均年龄接近50岁，40岁以下行政人员只有1人，不利于学校的长远发展。容桂兴华中学有36个教学班，将近1 700个学生，行政共8人，校级领导2人，正副主任6人，难以满足教育管理和学校发展的需求。个别学校行政队伍学科搭配不够均衡也在一定程度上制约着学校的学科建设。个别学校教师的年龄结构、职称结构也不合理。例如容桂兴华中学教师平均年龄42.8岁，近三年没有招聘新教师，中级教师达到97名，占满了学校教师队伍的中级教师编制指标。因此，年轻教师职称的晋升被挤压。缺乏名师和骨干教师的学校不少，对学校的教育教学改革和教师专业发展是一大挑战。

3. 学校办学理念的内涵要进一步挖掘，品牌意识需要增强

部分学校的理念文化、特色品牌建设需要进一步加强和提升。在显性文化熏陶上，加大校园文化、走廊文化、班级文化、小组文化等微观设计与学校的宏观建设的有效融合。在隐性文化内涵打造方面，对学校历史文化的传承和品牌效应需要做大做强，增强初中办学美誉度和辐射影响力。

4. 课程建设与课堂教学改革工作需进一步落实

课程是育人的重要载体，课堂教学改革又是课程改革的核心。顺德区各初中均重视国家课程建设和校本课程的开发与实施，取得了显著的成效。但部分学校校本课程开发与实施上没有形成体系，较为零散，还没有校本课程的物化成果，课程开发不同形式交叉进行，个别学校开发了全校学生共同学习的某一门或几门特色课程，主要还是通过社团的方式推进，还未形成体系，在校本课程系列化方面有较大的提升空间，所以进一步提升国家课程校本化的质量，形成具有特色的校本课程体系是顺德区初中今后努力的方向。部分学校课堂教学改革推进的力度同样需要加强，评估组通过问卷调查和访谈，发现各学校在教学科研、教学督导、教学评价、质量监控等方面仍有较大的改进空间。

5. 优质生源的流失严重阻碍了初中公办学校优质发展

各镇（街道）都有小学升初中生源流失的现象，个别镇（街道）特别严重。如龙江镇的锦屏中学等，小学优质生源大量流向外地，包括流向南海九江镇的初中，造成学生外地求学成本增大的同时也导致学校规模难以扩大，办学效益受到影响，加上新教师引进少，教师梯队建设也深受影响。

四、对今后办学绩效评估的意见及建议

1. 指标体系中需修改完善的地方

对部分评价指标的界定需要进一步清晰。例如：B3. 2 教育科研（见附录），核心期刊与一般期刊需要有一个清晰的目录。D1. 1 品牌建设（见附录），级别的确定需要有一个统一的标准。成绩的计算要考虑到各个层面的学校，加大增值评价的权重。不同学校生源流失情况不同，例如勒流育贤实验学校、容桂外国语学校已经招收了一部分优生，镇内另外的公办初中的生源就受影响。

2. 上传资料、现场资料的准备不够规范和统一

学校网上上传资料、现场资料的准备不够规范和统一。原因一是学校

对指标体系的理解有偏差；二是学校整理资料的完整性和规范性不够；三是部分指标存在歧义，不够明晰，学校做了大量无用功，建议指标体系核心组完善并提供更加详尽具体的材料整理操作指引和材料样式。

3. 学校办学规模的差异性大，评价标准不易把握，师资力量、生均经费、后勤保障等都存在较大的差异性

建议可按照办学规模大小安排组别评估，如12个班（含12个班）以下学校、13～24个班学校、25～36个班学校、36个班以上学校等，办学规模相近的学校之间相对容易比较评估，另外，还需协调好组间评价标准的平衡。

4. 部分评估材料的设计和操作需进一步完善

如教师问卷设计的完善，建议学校打印后加盖公章，并在问卷设计上增加统计表，同时建议增加校长行政访谈记录表、教师代表访谈记录表、学生代表访谈记录表等原始材料。

5. 学校对评价结果的高利害关系的担忧

因学校办学绩效评估结果的应用涉及学校等级的确定以及对学校校长的评价，而这次评估组专家成员绝大多数来自一线小学校长、行政人员以及骨干教师，他们既是绩效评估的专家组成员，同时也是个体受评学校的代表，在评价中时常作茧自缚，建议启动第三方评价机构，并尽量在原有基础上缩减组别，减少组间偏差。

6. 有关评估时间和评估结果的发布（该项转达一线学校的建议）

有较多学校提出能否将评估流程安排得更加紧凑合理，评估时间压缩为半天内完成（上午8:00—11:30或下午2:00—5:30），主要目的一是减少对学校正常教育教学的影响；二是提高工作效率，减少评估小组数，减轻评估专家人力资源不足的压力。对评估结果的发布也建议采用点对点（一对一）的形式。

第四节　高中办学绩效评估分析报告

一、高中评估工作综述

受顺德区教育局委派，顺德区中小学办学绩效评估高中1组和2组共

10 位专家于 2017 年 6 月 13—23 日分别对 16 所普通高中 2016 学年的办学绩效进行了现场评估。专家组严格按照顺德区中小学办学绩效评估现场评估操作手册，遵守工作纪律，严格遵循评估程序，保障客观公正。专家组通过网上查阅资料，现场听取自评报告，查看设施设备、校园校貌，进入课堂听课，观察师生面貌，现场查阅学校佐证材料，访谈行政干部，召开教师和学生座谈会等方式对学校办学情况进行全面诊断评估。在此基础上，专家组按照教育局的要求及评估指标体系，重点评估学校发展、教师发展、学生成长（学生发展）、特色发展四大基本内容，经专家组闭门会议认真讨论和分析，达成共识，形成对学校的口头反馈意见和建议后，再进一步完善形成书面评估报告，并依时向区评估办上交各种评估资料。

二、办学主要亮点

1. 理念引领与规范管理并行，着眼学校未来发展

2016 学年恰逢公办普通高中行政换届，新班子上任后，各高中学校都能对学校的历史与传统、理念与文化、规划与制度进行梳理和提炼。有的学校保留了原来的办学理念；有的学校在传承历史的同时，结合形势的发展和学校的实际，提出了新的办学理念，使之更加具有引领性。绝大部分学校能根据教育改革的不断推进，进一步完善学校规章制度，做到规范管理，并根据教师行业的特点，将制度管理与人文关怀相结合，进一步激发教师队伍的活力。不少学校还利用行政换届的契机，调整了中层内设机构或更改了内设机构的名称，使管理职能更加明晰，常规管理更加规范，特别突出了狠抓教学质量的核心职能。每一所学校都在原有发展的基础上，制定了新的学校五年发展规划，提出了新的发展目标，并调动各种资源，着眼于学校未来的发展。

2. 课程建设与课堂改革同步，促进学校内涵发展

课程建设是保证教育教学质量和提升学生核心素养的关键，而深化课堂教学改革则是提高教学质量的根本。高中学校大都能认识到这一重要性，因此，顺德区各高中学校在课程建设和课堂教学改革中都有了积极的探索。

在课程建设方面，有的学校将国家课程校本化，有的学校将地方课程与本校实际结合起来开发了新的课程，大部分学校加大力度开发校本课程。例如，顺德一中正在构建基于中国学生核心素养的课程体系，伦教中

学开发多元课程体系，郑裕彤中学实施“如影计划校本课程”，国华纪念中学、乐从中学、勒流中学、杏坛中学等学校都将学生的各种活动课程化。

在课堂教学改革方面，不少学校起步较早，成效显著。比较突出的是乐从中学推行的“和谐课堂五环节教学模式”、罗定邦中学推行的“1 + 1”主体建构课堂教学模式、勒流中学的“融创理论指导下的课堂教学改革”、顺德一中的“生本教育理念下的课堂教学改革”、伦教中学的“基于魔灯平台信息技术与学科融合课堂教学改革”、青云中学的“361”教学新模式。

3. 思路创新与资源整合并举，实现学校特色发展

近年来，为解决普通高中办学同质化的问题，区教育局筹集资金启动了普通高中特色项目建设工作，各学校也不断创新工作思路，根据自身条件，在利用财政资金支持的同时，还充分利用和整合各种社会资源，开办各种特色项目，目前已初见成效。如顺德一中的“创新人才培养”，李兆基中学的“科技创新”，龙江中学的“一主两翼促进学生多元成长”，伦教中学的“传媒教育”，国华纪念中学的“IPC 特色教学”，华侨中学的“港澳台特色教学班”，罗定邦中学的“打造智慧校园”，郑裕彤中学和勒流中学牵手名校创办的“实验班”。其他学校的体育、艺术特色教学也开展得相当有特色。

4. 多元培养与激励机制发力，促进教师专业发展

教师队伍建设是学校发展的永恒话题。各学校都很重视这一工作，采取了多种多样的培养、培训措施，还建立了不少评价考核与激励机制，促进了教师队伍素质的提高。主要举措有：一是加强教师的师德修养培训，不断提升教师思想境界。二是以课题为引领，促进教研深化，提升教师专业技能。三是组织教师到各地参观学习，拓宽教师眼界，促进教师观念的转变和提升。四是邀请专家、学者到校讲课或组织骨干教师到高校开办的培训班学习。五是重视人文关怀，充分激发教师的内驱力。六是利用各类工作室，发挥名师的示范引领作用。七是实行导师制，为教师成长搭建平台。八是强化教师绩效考核管理，将目标完成与奖励挂钩。

5. 构建大德育体系，实现学生自主发展

普通高中基本能坚持德育为先，从积极培养学生核心素养出发，用课程理念指导学生管理、学生活动、学生集会、学生社会实践、研究性学习等，构建学校大德育体系，着力开展学生自主德育即自主认识、自主塑

造、自主发展和自主实现，从而实现学生自主发展。例如，国华纪念中学形成了六大德育体系，青云中学构建了“雅境、雅心、雅形、雅趣”四大自主德育体系，乐从中学构建了“3333”自主德育体系，罗定邦中学实施“1 +1”主体构建育人新模式。

6. 打造精品社团，实现学生全面发展

学生社团建设是实施素质教育的重要途径，是培养学生综合素质的重要载体，也是展示学校文化特色的重要窗口。目前，普通高中学校都非常重视学生社团建设，学生社团门类齐全，主要有学术文化类、艺术类、体育类、技能类、公益类等。学生根据自己的兴趣爱好和提升需求参加不同的社团活动，很多社团都是由学生自己组织、自己管理、自己授课，学生从中得到锻炼和提高，从而促进学生全面发展。例如，顺德一中开设了34个社团，计划建设6个精品社团，2017年5月还承办了顺德区首届中学生社团文化节；容山中学则是以社团保障学习兴趣，以课程规范社团活动；均安中学的国学和机器人社团成果突出；乐从中学和勒流中学则分别以打造“和文化节”与“紫金文化节”来统筹社团活动。

7. 重视心育工作，促进学生健康发展

由于发现学生的心理压力有渐增趋势，因此，各学校都把心理健康教育工作摆到了重要的位置。包括加大投入，专门建立心理活动室或学生健康成长指导中心；配备专职心理教师，开设心理课程，通过心理节、心理小报、心理咨询、朋辈互助等活动和途径提升学生的心理素质；加大班主任心理知识的学习与培训，加强特殊问题学生的个案跟踪指导等，取得了良好的效果。如杏坛中学开展的“235”心育模式，极大地促进了学生的健康成长。不少学校还成为省级的心理健康教育示范学校或特色学校，如顺德一中、容山中学等。乐从中学在2017年6月还成功入选第二批全国中小学心理健康教育特色学校（顺德仅此一所学校）。

8. 创新人才培养方式，促进学生特长发展

为推动普通高中多样化、特色化发展，我们欣喜地看到，很多校长都在想尽办法，开拓思路，寻找资源，根据校情、学情，探索创新人才培养的新路径和新方法，不断促进学生特长发展，目前也初见成效。不少学校依托政府资源或名校资源、校友等社会资源开办了各式各类的创新班或实验班，培养不同层次的创新人才；有的学校根据生源实际，开设了体育、美术、音乐、传媒、日语等特长班；华侨中学则主打“侨牌”，开办了“港澳台”特色班。

三、主要问题及建议

1. 公用经费不足制约了学校的发展

目前，顺德区公办普通高中的公用经费均来源于收取学生的学杂费和住宿费的返还，生均大约 3 000 元/年。而周边的东莞市同类学校生均公用经费比我区大约多一倍；深圳市普通高中生均公用经费，按 2017 年其政府工作报告公布的数据是每生每年 7 000 元（不含教育收费返还）。由此可见地区间差距较大。面对各种物价不断上涨，学校教室和宿舍安装空调后电费激增，在水费中加收排污费、军训费必须在公用经费中列支等现状，校长们普遍反映学校的公用经费更加紧张，基本只能保正常运作，根本没有多余的经费用于教师的高端培训和学生的多元发展。因此，建议顺德区改变公用经费依赖学校收费的现状（收多少用多少，原来的四所老区属高中由于实行小班制，公用经费就更少了），确定并提高生均公用经费的标准，每年由财政按此标准拨款，并提高住宿费的收费标准（顺德区公办学校最好条件的宿舍年收费为 1 080 元，而南海区和禅城区同类宿舍年收费为 1 600 元）。

2. 非高考科目普遍存在开设课时不足的现象

顺德区普通高中基本能按课标的要求开齐课程，但对于信息技术、通用技术、音乐、美术、体育等非高考科目，各学校在高一、高二基本上没有按照课标的要求开足课时，有的学校甚至整个学期或半个学期基本不开设上述课程，这对学生的全面发展、多样发展以及健康成长是不利的。建议加强日常督导工作，发现问题及时整改。

3. 专家型、研究型教师明显不足，名优教师培养亟待加强

由于各种原因，顺德区各普通高中现有的教师队伍中，省级以上的名师、特级教师、正高级教师以及教育教学研究成果突出的专家型教师非常稀少，这与顺德区要争创珠江西岸教育高地的地位很不对称。因此，建议各校在教师队伍建设中应该把名优教师的培养摆到更加突出和迫切的位置，充分利用顺德区现有的人才政策，采取引进和培养相结合的多种举措，切实培养一批专家型、研究型的名优教师。

4. 理论研究和经验总结有待进一步加强

尽管学校的行政干部在教育教学实践中积累了不少管理经验，但评估中发现，不少学校对理念文化、现代学校制度建设、课程建设与实施、课

堂教学改革的系统性与理论支撑、高初中教学衔接、特色项目实施的理论依据等方面还缺乏深入的研究，有的学校有比较成功的做法，但对其成功经验又缺乏系统的总结和推广，不能很好地起到示范辐射作用。因此建议如下：一是进一步加强学校行政干部的理论和业务培训。二是对办学绩效高的学校，组织精干的专家团队，深挖其成熟的经验，总结其成功的做法，在全区同类学校中推广。例如，乐从中学之所以近年来越办越好，教学质量越来越高，评估组认为这是学校从系统性的角度全盘思考和推行课堂教学改革的结果。三是收集各校工作的亮点，特别是某一方面具有可推广性和操作性的具体做法，提供给其他学校加以借鉴。例如，郑裕彤中学组织各学科力量花费近一年的时间研究高初中教学衔接，并形成了自己的校本教材，提供给 2017 年高一新生暑期使用，为高一的教学打下了基础，也赢得了时间。

5. 评估指标有待完善，评估程序有待优化

2017 年是顺德区首次推行普通高中办学绩效评估，在评估实施中，我们发现整个评估指标体系以及赋分、评估操作说明、项目的分类与界定、评估组之间标准的统一等方面还存在一些问题和不足；评估的程序和具体要求也过于烦琐，加重了学校的负担。如果这项工作以后每年成为常态的话，有如下建议：一是组织专家进一步修订和完善评估指标及操作说明，修订评估工作手册；二是明确学校只需提供电子档案材料，无须准备纸质材料；三是简化现场评估程序，不用校长做自评报告，适当增加评估组成员，分若干小组开展活动，将每所现场评估的时间缩短为半天；四是加大对专家库成员特别是评估组组长的评估业务培训，减少不同评估组之间的评估误差。

第五节　职业学校办学绩效评估分析报告

一、评估工作概况

2017 年 5 月 17 日至 6 月 6 日，顺德区中小学绩效评估中职组分别对北滘职业技术学校（5 月 17 日）、梁銶琚职业技术学校（5 月 18 日）、李

伟强职业技术学校（5月22日）、容桂职业技术学校（5月23日）、胡锦超职业技术学校（5月24日）、郑敬诒职业技术学校（5月25日）、顺德中等专业学校（5月26日）、陈村职业技术学校（5月27日）、勒流职业技术学校（5月31日）、陈登职业技术学校（6月1日）、龙江职业技术学校（6月2日）、胡宝星职业技术学校（6月5日）、均安职业技术学校（6月6日）共计13所职业技术学校进行了办学绩效现场评估。评估组在每所评估学校开展为期一天的现场评估工作，全体评估成员严格遵守工作纪律，在早上8:30进入评估学校现场，下午17:00之后结束全部评估流程。评估专家组按照《顺德区教育局关于开展2016学年中小学办学绩效评估督导工作的通知》（顺教〔2017〕148号）要求，对照《顺德区中小学办学绩效评估指标体系》中的各项指标，通过网上查阅验收资料，听取学校办学情况汇报，实地考察学校软硬件、课堂教学和师生精神面貌，查阅学校提供的佐证材料，并对相关人员进行访谈等，对学校办学情况进行全面评估。评估组全体成员工作认真负责，做到分工明确，按流程进行，深入分析研讨，挖掘亮点，指出存在问题，提出有建设性的建议。在此基础上，专家组本着实事求是的原则，按照教育局的要求及评估指标体系，经认真讨论和分析，达成共识，中肯地评价每所受评学校，最终针对每一所学校形成较为系统的评估意见并做现场口头反馈。中职组评估工作在全体评估成员的努力和受评学校的支持配合下，整体推进顺利、有序、高效。

二、受评学校评估工作的亮点、存在问题和发展建议

受评学校评估工作的亮点、存在问题和发展建议具体如表4－11所示。

表 4－11　受评学校评估工作的亮点、存在问题和发展建议

受评学校	主要亮点	存在问题	发展建议
北滘职业技术学校	（1）学校办学理念先进，定位明确，各项制度健全，校务公开工作落实到位。 （2）学校办学成效好，个别专业建设具有典型性，校企合作工作效果良好。 （3）德育、安全工作细致到位，活动形成了系列化、特色化、常规化，档案资料完整。 （4）能够结合学校的办学特色（会展专业、课件工作室）、产业需求（新协力的新能源汽车）和机制体制的创新（双元班的合作办学）方面开设特色项目，项目能够得到政府、企业、行业的认可和参与。 （5）教师发展方面，开展教师培训多，学校重视教师发展工作，能按要求安排教师下企业实践。 （6）积极组织教师参加“双师型”“双岗型”学习。 （7）学生发展方面，学生积极参与第三方考核，学生对口就业率 90.1%，跟岗实习对口率 82.3%。 （8）学校对外培训人数足、效果好，有良好的社会效益	（1）学校发展方面：学校缺乏资金投入，新兴专业建设力度有待加强，专业建设和品牌建设内涵有待丰富。 （2）教师发展方面：队伍的结构、水平有待改善与提高，新兴专业教师配置有待改良。没有教师参加行业大赛或进行行业作品展示；教师无技术创新或专利发明。 （3）学生发展方面：学生技能素质有待提高，学生参加第三方考核获得行业认可率低；参加技能竞赛获得的奖项等级不高；学生的创新创业成绩有待提升。 （4）学校对应部分工作的佐证材料特别是过程性材料不足	（1）建议学校多措并举，争取政府及企业行业的支持，加大投入，盘活资源，提升实训场所的硬件水平，改善师资队伍尤其是新兴专业队伍的结构，加大教师培训的力度，提升教师的专业水平及创新能力。 （2）建议学校围绕区域经济的发展及产业的转型升级，加大专业建设的力度，做大做强品牌专业与特色专业，淘汰落后专业，开发与新兴产业契合度高的专业。 （3）建议学校采取有效措施，强化学生的技能训练，提高学生的技能素质。 （4）建议学校加强档案管理，重视办学过程原始材料的积累，特别是建议加大信息化建设力度，力求全面实现管理数字化

续上表

受评学校	主要亮点	存在问题	发展建议
梁銶琚职业技术学校	（1）学校办学理念先进，人才培养模式灵活高效，办学成绩显著。学校各项管理制度健全、执行到位。 （2）学校德育工作主线分明，融合校企文化形成职场德育品牌，具有明显的辐射和引领作用。 （3）校企合作覆盖面广、专业对口性强，能把握新兴产业动向。 （4）立项项目能够结合办学特色（模具制造技术专业）、产业需求（工业机器人培养中心）和机制体制的创新（三元融合五年贯通人才培养模式），且项目能得到政府、行业的认可和参与。 （5）学校注重教师发展，组织教师参加各类业务学习、培训；重视校企合作，在校企合作中提升教师的专业素养；积极组织教师参加“双师型”“双岗型”学习。 （6）学生发展方面，第三方考核通过率高达 90.9%，顶岗实习专业对口率高达 90.5%，高质量顶岗占总人数的 25.2%。 （7）建立四个创客空间，鼓励学生开展创新创业活动	（1）学校发展方面：专业发展不均衡，文科类专业校企合作有待加强。 （2）教师发展方面：教师队伍结构有待改善，个别专业的专业教师数量偏少；教师参加各类技能竞赛的人数不多，获奖少。 （3）学生发展方面：学生的职业素养培养力度有待加强。 （4）学校对应部分工作的佐证材料特别是过程性材料不足	（1）建议学校围绕区域经济的发展及产业的转型升级，加大专业建设的力度，做大做强品牌专业与特色专业，淘汰落后专业，开发与新兴产业契合度高的专业。依托行业协会、商会，广泛寻求文科专业的合作企业，加大校企合作的力度。 （2）建议学校改善教师的结构，提高专业教师的比例，提升编外专业教师和实训指导教师的水平，增加兼职教师的数量；出台具体措施鼓励各专业教师多参加省级以上的科研课题和论文成果评比及技能竞赛，不断提高教师团队科研能力、教学能力和动手实践能力。 （3）建议学校加强档案管理工作的现代化，重视原始材料的采集和积累，特别建议加大信息化软件建设力度，以全面实现学校管理和资源的数字化

续上表

受评学校	主要亮点	存在问题	发展建议
李伟强职业技术学校	(1) 学校形成了以“出彩”为特点的学校文化，“出彩的价值追求”成为师生的共同目标，公益教育、法治教育、创业创新教育三驾马车并驱，并成为学校亮丽的品牌。 (2) 校企合作机制健全，国际合作成效显著。 (3) 立项项目能够结合学校的办学特色，如德育特色项目（义工服务 100 小时）、创新项目（全国首家职业类知识产权教育示范学校）展开，项目能够得到政府、行业的认可和参与。 (4) 学校重视教师下企业，分部门组织教师下企业，能落实教师下企业制度。组织教师参加各类培训，效果好，校本培训充分落实。 (5) 教师对学校校长、行政满意，对学校有信心，有归属感。 (6) 学生发展方面，两个专业第三方考核的效果较好。电商专业通过率 95.8%，高星级饭店专业通过率 100%	(1) 部分专业规模小，品牌效应不明显，内涵建设有待加强，现代学徒制还需不断完善。 (2) 教研教改和教育科研的力度有待进一步提升。 (3) 教师的平均年龄偏大，信息化教学能力有待加强；教师参加各类竞赛获奖成绩不理想。 (4) 学生的职业素养培养力度有待加强，技能大赛成绩不显著。 (5) 学校对应部分工作的佐证材料特别是过程性材料不足	(1) 继续加大对“出彩教育”品牌的打造力度，并针对出彩教育申报规划课题开展深入研究，力争尽快出典型成果。 (2) 部分专业需进一步加强与企业的交流合作，提高企业参与专业建设的积极性，建立完善校企合作运行长效机制。 (3) 继续强化对现有教师的培训培养力度，鼓励教师多参加各类竞赛，进一步提升师资队伍的整体水平。 (4) 建议学校加强档案管理工作的现代化，重视原始材料的收集，做到规范管理、跟踪有记录。 (5) 利用学校在软件设计方面的优势，自主开展学校整体发展云平台软件建设，做到学校管理、资源和品牌数字化，以实现全面信息化

续上表

受评学校	主要亮点	存在问题	发展建议
容桂职业技术学校	（1）学校以“车间课堂，岗位学徒”为特征的现代学徒制人才培养模式改革落到实处，成效好。 （2）校企合作，产教一体，校企合作成效显著，校企共建了基于现代学徒制的模具实训车间、3D打印实训基地，校企共建有教材。 （3）立项项目能够结合学校的办学特色，如体育特色项目（排球）、创新项目（3D打印大师工作室）和办学机制体制项目（校企共建汽修实训基地）开展，项目能够得到政府、行业的认可和参与。 （4）能落实教师下企业制度，教师下企业人数较多。教师参与各类竞赛获奖较多，成绩较好。 （5）有教师获得多项专利。 （6）积极组织学生参加第三方考核，成绩较好	（1）学校资金投入不够，信息化办学条件一般，专业建设和品牌建设内涵有待进一步加强。 （2）教师队伍的结构有待改善，高星级饭店专业教师配置不足，骨干教师不多，有待培养。教研教改和教育科研的力度有待进一步提升。 （3）学生技能素质有待提高，模具专业学生参加第三方考核获得行业认可率低，参加技能竞赛获得的奖项等级不高；学生的创新创业成绩不显著。 （4）学校对应部分工作的佐证材料特别是过程性材料不足	（1）建议重视办学经验的提炼与品牌的传播，加大核心竞争力和品牌影响力的建设力度，进一步做强做大骨干专业并打造品牌特色。 （2）进一步加强学科带头人和骨干教师的培养力度；加大教师参与教研教改和教育科研的力度；教师培训要加强针对性与实效性，推行精准培训；进一步提升教师下企业实践的效果。 （3）强化学生参与各类技能竞赛和创新创业工作，争取更优异的成绩。 （4）建议学校加强档案管理工作，重视原始材料的收集，做到规范管理、跟踪有记录，佐证材料有效

续上表

受评学校	主要亮点	存在问题	发展建议
胡锦超职业技术学校	（1）学校的专业特色明显，围绕计算机技术形成了在全国具有一定影响力的专业群，技能竞赛成绩良好。 （2）教学模式改革成效好。数媒专业独创的包班搭课项目在省内有一定的影响力。 （3）职业素养培养、学校艺术团取得很好的成绩。 （4）立项项目能够结合学校的办学特色，如信息技术类项目（体育教学信息化资源开发与应用、中职计算机类微课程共建与应用研究等）、特色课程项目（职业素养课程、包班搭课、社区教育）。企业积极参与学校的办学，共建实训室。 （5）学校重视教师队伍建设，积极组织教师参加各类培训、学习，效果好。教师获奖多，成绩好。 （6）教师对学校有归属感，对学校行政队伍满意、认可。 （7）学生参加技能大赛，成绩优异；电子商务专业参加第三方考核，通过率100%	（1）校企合作的深度方面还不够。骨干专业校企共建教学标准、共建实训基地、共同实施教学、共同组织评价等还有待强化。 （2）学生创新创业成果不够典型，发明专利及创业奖项等业绩不够显著。 （3）部分评估指标的佐证材料特别是过程性材料不足，部分指标佐证材料有效性欠缺	（1）建议充分发挥各专业建设指导委员会的作用，通过职业能力分析会等形式让企业尽可能多地参与到专业建设中来，真正实现校企共育人才。 （2）建议学校重视师生创新创业及发明专利工作，在人、财、物、时方面给予充分保障。 （3）建议学校重视对各项活动、各项工作原始材料的采集和积累，做到规范管理，跟踪有记录，佐证材料有效

续上表

受评学校	主要亮点	存在问题	发展建议
郑敬诒职业技术学校	(1) 学校各项规章制度健全，校务公开落实到位，档案资料归类清晰，具有示范性。 (2) 学校德育工作有五年规划、有年度分解目标，学校德育活动形成特色化、系列化。 (3) 学校教师下企业实践工作推进扎实，资料齐全。 (4) 结合学校的特色专业开展立项，如珠宝玉石加工专业特色项目；国际化办学项目不断深入，如津巴布韦国际合作办学项目；企业积极参与合作立项项目。 (5) 学校十分重视师资队伍建设，激励机制、培养机制健全，队伍建设成效显著，教师参加技能竞赛成绩优异，参加各类评比获奖项目多。 (6) 学生发展方面，“五个坚持”抓技能竞赛，成绩优异；校企合作形式多样，工作室建设有成效，重视学生创业教育	(1) 学校服务社会能力需要进一步增强。 (2) 教师参与技术创新面不广，骨干名师的梯级培养力度有待加强。 (3) 学生发明专利及创业奖项等业绩不够显著，汽修专业第三方考核通过率不达标。 (4) 对学校的办学成果、典型经验宣传力度不足，教师的信息化综合应用水平需要提升	(1) 进一步加强与行业企业的联系，发挥好学校在师资、设备等方面的优势，主动服务企业和社会，提供更多更优质的培训项目。 (2) 学校需要出台具体措施，鼓励教师积极参与技术创新。 (3) 建议学校构建老、中、青教师成长的激励机制，实施名师梯级培养工程。 (4) 加强学生在发明专利或创业奖项方面的培养力度，重视第三方考核工作，提高参与率和通过率。 (5) 建立专门的宣传部门和学校宣传工作体系，增强校内宣传力度，大力宣传报道学校办学成果。进一步提升教师信息化综合应用能力

续上表

受评学校	主要亮点	存在问题	发展建议
顺德中等专业学校	(1) 学校各项规章制度健全，校务公开工作落实到位，学校工程建设、经费预算等重大事项程序规范。 (2) 学校德育活动有创新性、有特色，形成了区优质德育品牌。 (3) 学校面向社会培训项目丰富，培训效果显著。 (4) 学校注重教师发展，积极组织教师参加各类业务学习、培训。 (5) 教师对学校有归属感，对学校领导、行政队伍满意。 (6) 学生发展方面，汽修专业学生参加第三方考核，参与率达标，通过率为100%。学生技能竞赛成绩突出。学生对口就业率高达86.2%。 (7) 能结合学校的特色专业开展立项，如汽修专业公共实训中心和新能源汽车实训基地特色项目。企业积极参与合作立项项目，项目能够得到政府、行业的认可和参与	(1) 产教融合方面仍需加强，人才培养需要进一步贴合。 (2) 教师参与技术创新面不广，学生发明专利及创业奖项等业绩不多。 (3) 部分佐证材料不足或缺乏有效性	(1) 学校需要出台具体措施，鼓励教师积极参与技术创新；加强学生创新创业教育，指导学生积极申报发明专利。 (2) 建议加大市级以上优秀学生的培养力度。 (3) 建议加强产教融合相关工作，进一步贴合地区产业发展需求，加大人才培养力度。 (4) 建议加强学校本学年常规工作原始材料的积累，完善补充佐证材料。 (5) 建议建立专门的宣传部门和学校宣传工作体系，大力宣传报道学校办学成果

续上表

受评学校	主要亮点	存在问题	发展建议
陈村职业技术学校	（1）学校各项规章制度健全，校务公开工作落实到位，学校工程建设、经费预算等重大事项程序规范。 （2）学校德育活动引入社会、社区资源，突出“精细化”“精品化”，形成了区优质德育品牌，学生常规管理具有示范性。 （3）充分利用职业技能鉴定所及成人文化技术学校等资质，积极开展各类社会培训。 （4）学校注重教师发展，积极组织教师参加各类业务学习、培训。 （5）教师对学校有归属感，对学校领导、行政队伍满意。 （6）学校注重学生技能培养，技能竞赛成绩突出。电商专业学生参加第三方考核通过率达100%。 （7）企业积极参与合作立项项目。如科达公司的机电专业现代学徒制项目。项目能够得到政府、行业的认可和参与	（1）教师的专业化发展和自主提升的动力有待提高；教师参与生产性锻炼的广度和深度有待加强。 （2）资金投入不足，集团化办学背景下学校的专业发展与品牌发展定位不够清晰。 （3）反映学校工作的佐证材料特别是过程性材料不足	（1）进一步加强师资队伍的建设，优化师资队伍结构，引培并举，强化实践，推进教师专业发展。加大专业带头人与骨干教师培养力度，打造更多的名师。 （2）以集团化办学为契机，积极盘活政府、学校、企业的资源，提升硬件水平。根据区域经济发展的特点，调整办学思路，优化专业结构，深化人才培养模式改革，努力打造骨干专业、特色专业的核心竞争力，加强品牌的建设与传播。 （3）建议学校加强档案管理，重视办学过程原始材料的积累，努力提高材料的质量

续上表

受评学校	主要亮点	存在问题	发展建议
勒流职业技术学校	（1）学校德育活动丰富多彩，心理健康教育、学长制管理方式在省内有一定的知名度。社团品牌建设成效显著，微电影社团享誉全国。 （2）现代学徒制人才培养模式改革初见成效，构建了基于现代学徒制的智能制造技术应用工程中心，中心运作良好。 （3）能组织社会资源参与合作立项项目。如顺德区智能制造应用工程中心项目。项目能够得到政府、行业的认可和参与。 （4）学校领导班子注重教师发展，积极组织教师参加各类业务学习、培训。 （5）教师对学校有归属感，对学校新领导、行政队伍满意。 （6）学校重视第三方考核工作，组织三个专业的学生参加了第三方考核，其中电子商务专业通过率高达92%。重视搭建平台培养学生技能，技能竞赛成绩优异。校园活动丰富多彩，学生满意度高	（1）学校设施设备资金投入不足，硬件基础较为薄弱，设施设备老化严重；课室、实训室不足。 （2）学生顶岗实习、校企共建教学标准、共同评价、社会培训等过程性材料欠缺；教师下企业、专业对口学习等材料不齐。 （3）学校教师社会影响佐证材料不充分	（1）学校充分发挥资源整合优势，争取得到行业企业、政府等各方更多的支持，加大投入，改善实习实训条件，为专业教学改革提供保障。 （2）建议加强教师队伍建设的力度，大力提升学校科研水平，增加学校科研课题和论文成果获奖数量和质量。 （3）建议学校重视师生创新创业及发明专利工作，在人、财、物、时方面给予充分保障。 （4）建议学校重视对各项活动、工作原始材料的采集和积累，做到规范管理，跟踪有记录，佐证材料有效

续上表

受评学校	主要亮点	存在问题	发展建议
陈登职业技术学校	（1）学校的社团活动、参与文明风采竞赛、国防教育等方面亮点纷呈，成效显著，在全省乃至全国有一定的影响力。 （2）教师下企业实践落到实处，成效好。 （3）学校注重各类教育教学科研课题的申报工作。积极组织社会资源参与合作立项项目。项目能够得到政府、行业的认可和参与，有配套资金支持。 （4）学校重视教师的发展，积极组织教师参加各类业务培训和竞赛。 （5）教师对学校有归属感，对学校领导、行政队伍满意。 （6）学生发展方面，会计专业参加从业资格考证，通过率高达 75.5%。注重学生技能培养，技能竞赛成绩优异。 （7）学生就业成才典型多，毕业生受用人单位青睐。学校活动丰富多彩，学生满意度高	（1）学校校企合作的深度与广度有待加强。 （2）学校的整体特色品牌和校园文化打造有待进一步完善。 （3）教师参与技术创新面不广，学生发明专利及创业奖项等业绩不多。 （4）教师参加行业的竞赛活动不多。 （5）对学校的办学成果、典型经验宣传力度不足	（1）学校需要出台具体措施，鼓励教师积极参与技术创新，参加各类行业竞赛活动；加强学生创新创业教育，指导学生积极申报发明专利。 （2）建议继续加强教师队伍建设的力度，大力提升学校科研水平，增加学校科研课题和论文成果获奖层次和数量。 （3）建议学校加大校企深层次的合作力度，校企合作向深度融合转变。 （4）建议大力打造学校的整体特色品牌和校园文化，同时建立专门的宣传部门和学校宣传工作体系，增强校内宣传力度，大力宣传报道学校办学成果

续上表

受评学校	主要亮点	存在问题	发展建议
龙江职业技术学校	（1）学校引企入校，校企共建实训中心，建起了多个“双师多徒”、集产学研于一体的专业工作室，体现了校企合作、产教一体。 （2）家具设计与制造、电子商务专业特色明显，与产业契合度高。 （3）学校重视教师的发展，积极组织教师参加各类业务培训和社会实践。 （4）教师对学校有归属感，对学校领导、行政队伍满意。 （5）学校十分重视学生专业发展，校企合作深入，努力提高学生的专业素质和技能水平。学校开展各类学生活动，大力发展学生社团，为学生身心健康成长提供帮助	（1）学校的整体特色品牌和校园文化打造有待进一步提炼，对学校的办学成果、典型经验宣传力度不足。 （2）队伍建设有待加强，部分专业教师的转型有待加快。学校的社会培训数量不达标。 （3）教师参加信息化大赛、技能大赛等项目不多；省级以上教育科研荣誉欠缺；教师成为行业、媒体重大影响人物欠缺。 （4）学生技能竞赛成绩和获市级以上荣誉不多。 （5）部分工作佐证材料不足	（1）建议以集团化办学为契机，准确定位学校的发展，大力打造学校的整体特色品牌和校园文化，同时构建学校宣传工作体系，增强学校宣传力度，大力宣传报道学校办学成果。 （2）建议加强教师队伍建设的力度，提振士气，以校企合作为平台，提高教师的专业实践能力和“双师”比例。积极盘活各类资源，面向社会大力开展技能培训，提高社会培训人次。 （3）建议大力提升学校教育科研水平，增加学校科研课题和论文成果获奖数量和质量。培养一批成为行业、媒体重大影响人物的教师。 （4）建议学校加大师生技能竞赛的支持工作，在人、财、物、时方面给予充分保障。 （5）建议学校重视对各项工作原始材料的积累，做到跟踪有记录，佐证材料有效

续上表

受评学校	主要亮点	存在问题	发展建议
胡宝星职业技术学校	（1）学校主动合理调整专业结构，建设骨干示范性专业，机器人应用与维护专业在区域内有一定的影响力。 （2）全面推进素质教育，社团活动走出了一条求新求特的发展道路，科学微电影扬名海外。 （3）学校特色项目具有示范性，如基于云平台的职校数字化教学资源应用项目。 （4）学校注重教师发展，积极组织教师参加各类业务学习、培训。 （5）教师对学校有归属感，对学校领导、行政队伍满意。 （6）学校注重学生技能培训，技能竞赛成绩较好。“臻美·匠星”教育理念深得人心，重视学生创新与发明专利教育。汽修专业学生参加第三方考核，参与率与通过率均达标。 （7）校园活动丰富多彩，学生满意度高	（1）学校的设备设施有待进一步完善。学校获得荣誉数量不多，品牌项目虽已取得一定成效，但未形成合力，品牌项目的建设有待加强。 （2）教师成为行业、媒体重大影响人物不多，学校的名师、名班主任欠缺。 （3）省级以上教育科研荣誉欠缺；教师参加行业大赛材料待补充；教师技术创新佐证材料不足。 （4）学校对自身的办学成果、典型经验宣传力度不足，获得政府及行业、企业协会立项支持的项目较少	（1）建议以集团化办学为契机，利用“互联网＋职教”技术，大力打造学校的整体特色品牌和校园文化，同时构建学校宣传工作体系，加大力度，大力宣传报道学校办学成果，力争获得更多政府及行业、企业协会支持，改善学校设备设施状况。 （2）建议学校加大教育科研和名师培养力度，出台具体措施鼓励各专业教师多参加省级以上的科研课题和论文成果评比及各类技能竞赛，不断提高教师团队科研能力、教育教学能力，培养一批教师成为行业、媒体重大影响人物。 （3）建议学校进一步发挥专业优势，创建特色办学项目，围绕“产业与人才培养质量”这一主题，打造学校的核心竞争力与发展特色，并形成品牌，增强学校的影响力。 （4）建议学校重视对各项工作原始材料的积累，做到跟踪有记录，佐证材料有效

续上表

受评学校	主要亮点	存在问题	发展建议
均安职业技术学校	（1）学校规章制度健全，校务公开程序规范。 （2）德育工作以“阳光德育”为核心，大力开展特色德育活动。 （3）引企入校，校企合作工作有特色。能积极开展各类社会培训。 （4）特色项目具有先进性，如“职业生涯规划”获广东省优质课程建设专项资助，成功引入美国亨特底盘培训中心项目等。 （5）学校重视教师发展，积极组织教师参加各类业务培训。 （6）教师对学校有归属感，对学校领导、行政队伍满意。 （7）学校十分重视学生安全工作，安全教育细致有效。校园活动丰富，大力发展学生社团，为学生身心健康成长提供帮助。 （8）学生对学校管理、教学认可，评价较高	（1）学校品牌项目虽已取得一定成效，但未形成合力，标志性成果及品牌效应不足，学校对自身的办学成果、典型经验宣传力度不足。 （2）学生获市级以上荣誉不足。 （3）省级以上教育科研成果荣誉欠缺；教师参加行业大赛获奖不多。 （4）部分项目缺少原始佐证材料	（1）建议以集团化办学为契机，大力打造学校的整体特色品牌和校园文化，同时构建学校宣传工作体系，加大力度，大力宣传报道学校办学成果，力争获得更多政府及行业、企业协会的支持。 （2）建议学校加大教育科研力度，出台具体措施鼓励各专业教师多参加省级以上的科研课题和论文成果评比，不断提高教师团队科研能力。 （3）建议学校加大对优秀学生干部的培养支持力度。 （4）建议学校重视对各项工作原始材料的积累，做到跟踪有记录，佐证材料有效

三、评估工作中出现的问题及完善意见

（1）在整个评估过程中最早出现的问题是评估组成员对评估标准和评估指标的理解不一。中职评估组通过内部多次研讨，并请制定评估标准的专家进行深度解读，同时组建微信群保持随时联系和时刻在线交流，最终达成对评估标准和评估指标完全一致的解读。

（2）在评估之前中职评估组会及时通知受评学校，进行提前沟通。一般会提前一天将现场评估基本要求发到受评学校联络人手机上，并与对方

取得联系。这样一来，有效地保证了现场评估过程的顺利进行。

（3）评估过程中，中职评估组注重组内分工，按评估体系中的 A、B、C、D 模块，结合各位评估成员平时最擅长的工作，确保每位成员分工明确、业务熟悉、水平专业，同时为保证公平、公正，还针对每个模块设置了 A、B 角，进行联动评估。这样一来，做到每项评估工作都有专人负责，决不出现纰漏，而且保证了评估的公平、公正性。

（4）现场评估过程中，评估组注重挖掘受评学校的亮点与特色，并中肯地指出受评学校存在的不足。评估组成员会在学校自己总结汇报的亮点与特色基础上帮助其归纳总结、提升拔高，事实证明各受评学校亮点与特色的类型各不一样，精彩纷呈，评估时尽量用欣赏的眼光去看待。评估组在发现受评学校的不足时，也会诚意对话，给出建设性意见和建议，最终达到以评估促发展的评估目的。

（5）顺德中等职业学校办学绩效评估指标体系（2016 学年）以学校发展、教师发展、学生发展、特色发展为主框架，并设置了具体操作层面的二级指标和三级指标，操作说明较为详尽，总体不错。不过通过对 13 所学校的评估之后再反思，还是有个别地方设定得不太合理，建议对相关指标进行适当修订，以促进评估体系更科学、更完善。具体建议主要有：①建议对办学成果里面的品牌建设、专业建设和其他典型成效做详细的解读，以免引起受评学校的误读；②建议对教师获奖方面进行详细的分类解读；③建议降低科研成果的加分设置档次，应修订为获区二等以上便可加分，否则很容易导致全部学校不得分；④建议对教师成为行业、媒体重大影响人物进行详细的界定。

第六节　镇（街道）办学绩效评估分析报告

顺德区共有十个镇（街道），在 2017 年（2016 学年度）的办学绩效评估中，十个镇（街道）绩效评估呈现出参差不齐的现象。

本节遴选容桂和杏坛两个镇的中小学办学绩效评估分析报告，仅从展示顺德办学绩效评估的工作经验和工作程序的角度，提供中小学办学绩效评估的操作范例。

为了促进顺德区教育综合改革，全面提升顺德教育质量和办学水平，促进顺德区教育高位均衡发展，按照顺德区教育局印发《顺德区中小学办学绩效评估实施意见》（顺教〔2017〕28 号）文件要求，从 5 月 17 日至 6 月 9 日对全区 227 所中小学进行了首次办学绩效评估。此次评估的目的是通过开展中小学办学绩效评估工作，指导中小学加强办学内涵建设，促进学生全面发展，推动教师专业发展和学校自主发展，全面提升顺德区教育教学质量，最终实现“树立标杆，面向广深，打造珠三角教育高地”的教育发展总目标。

一、容桂街道中小学办学绩效评估总结报告

（一）基本情况

顺德区中小学办学绩效评估以学年为单位，本学年评估时间跨度为 2016 年 8 月至 2017 年 7 月。评估工作以区教育局教育督导室为主导，由区教育发展中心组建评估专家组，安排、实施评估工作。按照普通高中、中等职业学校、初中、小学和特殊教育学校分类，共组建了 29 个评估小组。每个评估小组由 5 位专家组成。评估专家主要从中小学行政、镇（街道）教育局管理人员、区教育发展中心行政及教研人员中挑选，其中正、副校长的比例最大。各评估小组通过网上查阅资料、现场查看、现场访谈、随机调查、问卷调查、现场反馈等形式进行。在本次评估过程中，容桂街道教育局十分重视，安排专人跟进评估工作。评估组对容桂街道 24 所小学、8 所初级中学 2016 学年度的办学情况进行了全面的评估。

（二）评估结果分析

本次评估，从学校发展、教师发展、学生发展、特色发展四个维度进行，每个维度分若干个指标进行评价。现依次呈现评估结果并进行相关分析。具体见表 4－12 至表 4－19 及图 4－28 至图 4－35 所示。

表 4－12　容桂街道小学“学校发展”评估分析表

单位：分

项目	办学理念与发展规划（5 分）	制度建设（5 分）	课程建设（5 分）	德育安全（5 分）	社会认同（10 分）	合计（30 分）
顺德区平均分	4.984	4.990	4.456	4.973	8.679	28.082
容桂平均分	4.960	4.958	4.354	4.971	8.950	28.193

表 4－13　容桂街道初中“学校发展”评估分析表

单位：分

项目	办学理念与发展规划（5 分）	制度建设（5 分）	课程建设（4 分）	德育与安全（6 分）	社会认同（10 分）	合计（30 分）
顺德区平均分	4. 944	4. 978	4. 000	6. 000	9. 250	29. 172
容桂平均分	4. 750	4. 938	4. 000	6. 000	9. 438	29. 126

从表 4－12 和表 4－13 可知，在“学校发展”系列指标中，容桂街道的小学与初中在“社会认同”方面均高于顺德区的平均水平。在资料查阅中发现容桂街道的学校获得教育行政部门颁发的集体荣誉相对较多。在评估访谈中了解到容桂街道教育局推行的宣传教育政策与措施得到各校的积极响应，纷纷开展系列主题活动，展示办学成果，宣传成功经验，从而得到了社会各界对学校教育工作的广泛认同与支持。容桂街道各校“学校发展”项评估结果详见图 4－28 及图 4－29。

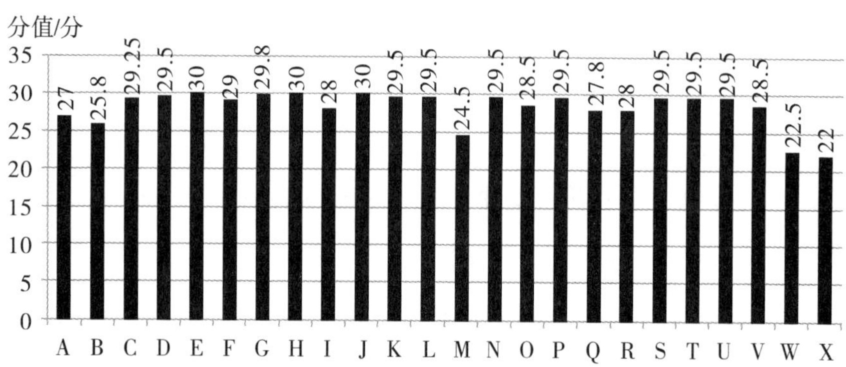

图 4－28　容桂街道各小学“学校发展”项评估结果分析图

A：广东实验中学顺德学校附属小学　B：容桂马冈小学　C：容桂瑞英小学
D：容桂泰安小学　E：容桂海尾小学　F：容桂细滘小学
G：容桂红旗小学　H：容桂城西小学　I：容桂四基小学
J：容桂幸福陈占梅小学　K：容桂容里小学　L：容桂上佳市小学
M：容桂南区小学　N：容桂小黄圃小学　O：容桂华口小学
P：容桂容边小学　Q：容桂扁滘小学　R：容桂高黎小学
S：容桂小学　T：容桂南环小学　U：容桂容山小学
V：容桂振华小学　W：容桂实验学校　X：容桂新蕾学校

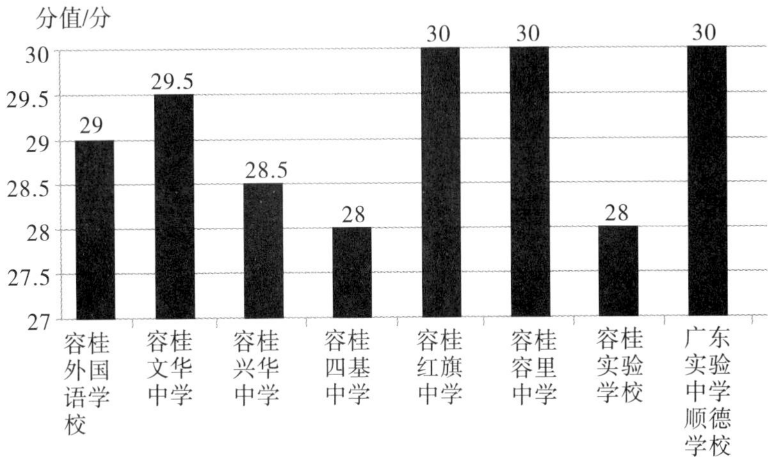

图 4－29　容桂街道初级中学“学校发展”项评估结果分析图

表 4－14　容桂街道小学“教师发展”项评估分析表

单位：分

项目	职业道德（3分）	教学能力（5分）	管理组织能力（3分）	教科研能力（5分）	合作与执行（4分）	合计（20分）
顺德区平均分	2.994	4.944	2.978	4.385	3.925	19.226
容桂平均分	2.958	4.927	2.958	4.438	3.916	19.197

表 4－15　容桂街道初中“教师发展”项评估分析表

单位：分

项目	师德师风（3分）	学科知识（3分）	教学技能（3分）	教育科研（6分）	课程开发（2分）	培训提高（3分）	合计（20分）
顺德区平均分	3.000	3.000	2.967	4.998	1.933	2.933	18.831
容桂平均分	3.000	3.000	2.963	3.713	1.750	2.875	17.301

从表 4－14 和表 4－15 可知，在“教师发展”方面，容桂街道的小学与初中都低于顺德区的平均水平，尤其是初级中学，在教育科研、课程开发与培训提高等方面差距明显。从容桂街道各小学绩效评估反馈报告中可以看到，基本上每所学校在“教师发展”方面的设想与做法都受到点赞。该项的扣分主要是一些学校教学常规落实不到位，如备课、学生作业等方面。在初中，容桂街道教育局基础教育股组织各中心教研组在各校开展的教研活动形式多样，富有针对性与实效，但结合实际形成科研课题进行立

项研究的学校不多。因此，在初级中学绩效评估反馈报告中，涉及“教师发展”方面的赞言犹如凤毛麟角，着墨不多，而建议加强教育科研、促进教师专业成长方面的呼声较多。容桂街道各校“教师发展”方面的具体评估结果详见图 4－30 和图 4－31。

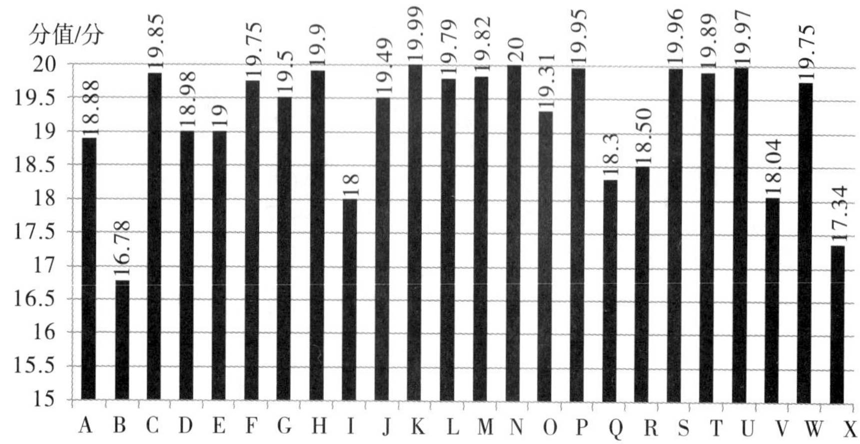

图 4－30　容桂街道各小学“教师发展”项评估结果分析图

A：广东实验中学顺德学校附属小学　B：容桂马冈小学　C：容桂瑞英小学

D：容桂泰安小学　E：容桂海尾小学　F：容桂细滘小学

G：容桂红旗小学　H：容桂城西小学　I：容桂四基小学

J：容桂幸福陈占梅小学　K：容桂容里小学　L：容桂上佳市小学

M：容桂南区小学　N：容桂小黄圃小学　O：容桂华口小学

P：容桂容边小学　Q：容桂扁滘小学　R：容桂高黎小学

S：容桂小学　T：容桂南环小学　U：容桂容山小学

V：容桂振华小学　W：容桂实验学校　X：容桂新蕾学校

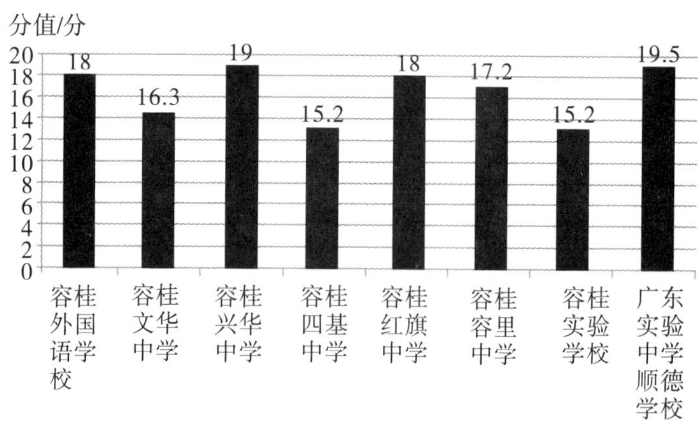

图 4－31　容桂街道初中“教师发展”项评估结果分析图

表 4－16　容桂街道小学“学生发展”项评估分析表

单位：分

项目	体质健康（3 分）	心理健康（3 分）	公民素养（6 分）	核心知识与技能（30 分）	科学素养（2 分）	特长培养（6 分）	合计（50 分）
顺德区平均分	2.990	2.991	5.989	22.158	1.977	5.992	42.097
容桂平均分	2.992	2.979	5.969	21.971	1.946	6.000	41.857

表 4－17　容桂街道初中“学生发展”项评估分析表

单位：分

项目	品德素养（4 分）	学业水平			身心发展（4 分）	社会实践（4 分）	合计（50 分）
		七年级（10 分）	八年级（10 分）	九年级（18 分）			
顺德区平均分	3.639	4.844	4.848	9.016	3.980	3.918	30.245
容桂平均分	3.500	4.225	5.300	9.625	3.938	3.813	30.401

从表 4－16 和表 4－17 的数据中可以看到，容桂教育在义务教育阶段一到七年级注重促进学生综合素养的提升，重视学生个性特长的培养。在各校的绩效评估反馈报告中提得较多的是社团活动丰富多彩，学生集体或个人参加教育行政部门的竞赛成果多，获奖层次高。这方面成了容桂很多校长津津乐道的卖点，也是评估反馈报告中专家们点赞最多的亮点。而在八、九年级，提升学业成绩成了重中之重，从各校的绩效评估反馈报告中点赞各校课改模式的比比皆是，如广东实验中学顺德学校的“三高四动五环节课堂模式”，容里中学在探索课堂“小组合作”模式基础上形成的“自主与互助、合作与竞争”的课堂管理机制，四基中学的“自主学习—合作探究—展示交流—检测反馈”课堂教学模式，文华中学的“互联网＋小组合作”模式，红旗中学的“和谐互助”课堂模式等。这些可圈可点的教改经验，是撑起 2016 学年度容桂八、九年级学生学业成绩远远高于顺德区平均线的重要基石。容桂街道各校“学生发展”评估结果详见图 4－32 和图 4－33。

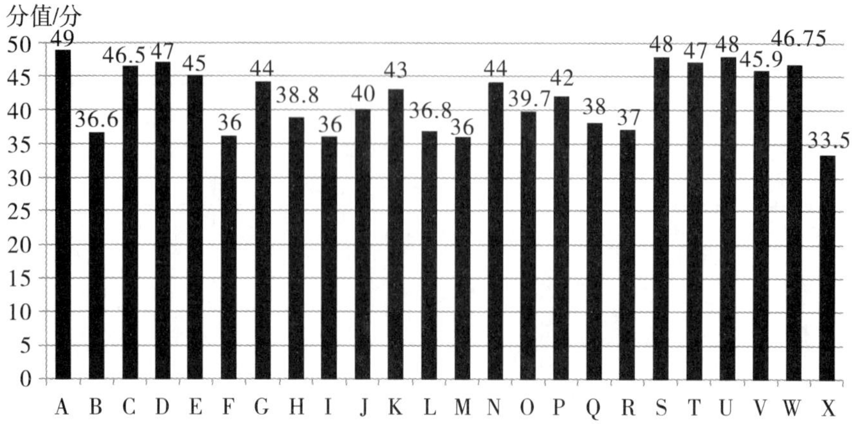

图 4－32　容桂街道各小学“学生发展”项评估结果分析图

A：广东实验中学顺德学校附属小学　B：容桂马冈小学　C：容桂瑞英小学

D：容桂泰安小学　E：容桂海尾小学　F：容桂细滘小学

G：容桂红旗小学　H：容桂城西小学　I：容桂四基小学

J：容桂幸福陈占梅小学　K：容桂容里小学　L：容桂上佳市小学

M：容桂南区小学　N：容桂小黄圃小学　O：容桂华口小学

P：容桂容边小学　Q：容桂扁滘小学　R：容桂高黎小学

S：容桂小学　T：容桂南环小学　U：容桂容山小学

V：容桂振华小学　W：容桂实验学校　X：容桂新蕾学校

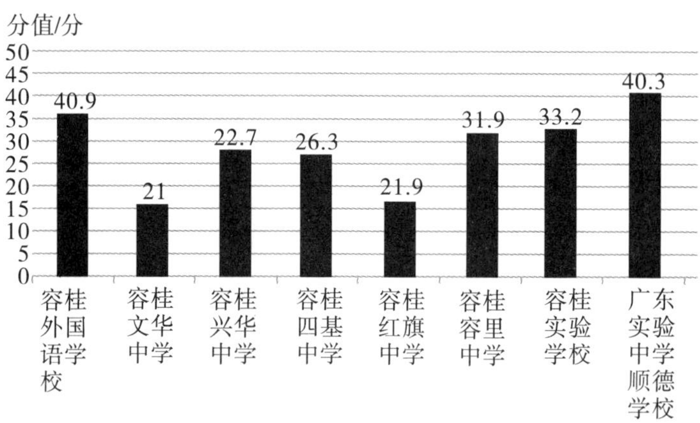

图 4－33　容桂街道初中“学生发展”项评估结果分析图

表 4－18　容桂街道小学“特色发展”项评估分析表

单位：分

项目	品牌建设（4 分）	竞赛成绩（3 分）	综合荣誉（3 分）	合计（10 分）
顺德区平均分	2.282	2.050	1.621	5.953
容桂平均分	2.854	2.158	1.896	6.908

表 4－19　容桂街道初中“特色发展”项评估分析表

单位：分

项目	品牌建设（2 分）	品学优秀（7 分）	体艺特长（1 分）	合计（10 分）
顺德区平均分	1.811	3.858	0.773	6.442
容桂平均分	1.813	3.788	0.950	6.551

从表 4－18 和表 4－19 可知，容桂街道各小学与初中“特色发展”的各项指标都远远高于区的均值。从查阅材料与访谈中了解到容桂街道教育局开设的“学校品牌建设培训班”，培养了一批德才兼备的干部，为各校“特色发展”奠定了坚实基础。在此基础上，容桂街道教育局牵线搭桥，联系华东师范大学，促使其送“教”上门，促成了容桂多间学校与华东师范大学联姻，成了华东师范大学指导下的课程改革实验学校。容桂街道教育局此二项举措，造就了一批名校长与名学校，并以他们为核心，组建容桂育美教育集团、东部联盟、西部联盟。这样，容桂教育走集团化办学之路，集团学校资源共享，抱团发展，充分发挥了名校的辐射功能，为名校长、名教师们施展才干提供了宽广的天地，有效地促进容桂教育高效、持续发展，为容桂教育特色发展赢来了蓬勃发展的春天。容桂街道各校“特色发展”的具体评估结果详见图 4－34 和图 4－35。

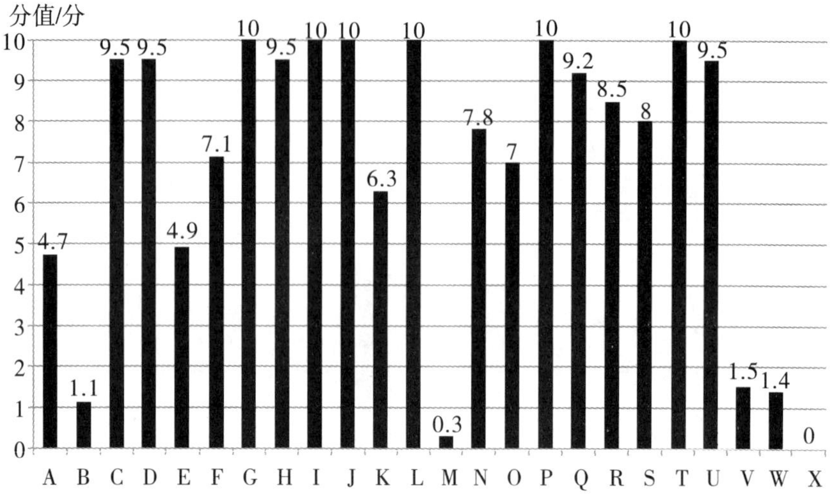

图4－34　容桂街道各小学“特色发展”项评估结果分析图

A：广东实验中学顺德学校附属小学　B：容桂马冈小学　C：容桂瑞英小学
D：容桂泰安小学　E：容桂海尾小学　F：容桂细滘小学
G：容桂红旗小学　H：容桂城西小学　I：容桂四基小学
J：容桂幸福陈占梅小学　K：容桂容里小学　L：容桂上佳市小学
M：容桂南区小学　N：容桂小黄圃小学　O：容桂华口小学
P：容桂容边小学　Q：容桂扁滘小学　R：容桂高黎小学
S：容桂小学　T：容桂南环小学　U：容桂容山小学
V：容桂振华小学　W：容桂实验学校　X：容桂新蕾学校

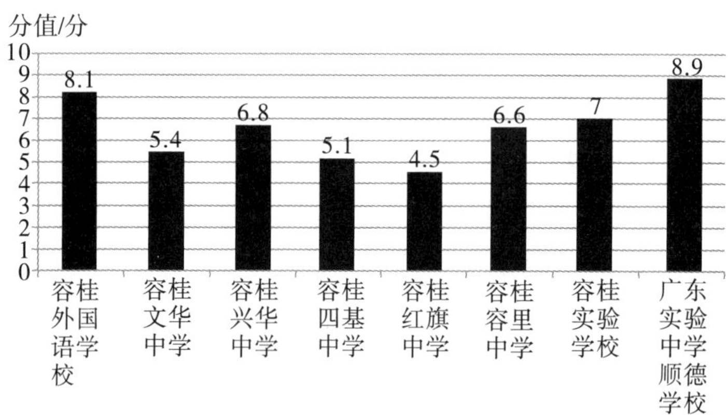

图4－35　容桂街道初中“特色发展”项评估结果分析图

表 4 - 20　顺德区容桂街道小学办学绩效评估项目分析表

单位：分

项目	学校发展（30 分）	教师发展（20 分）	学生发展（50 分）	特色发展（10 分）	合计（110 分）
顺德区平均分	28.082	19.226	42.097	5.954	95.359
容桂平均分	28.194	19.198	41.856	6.908	96.156

表 4 - 21　顺德区容桂街道初中办学绩效评估项目分析表

单位：分

项目	学校发展（30 分）	教师发展（20 分）	学生发展（50 分）	特色发展（10 分）	合计（110 分）
顺德区平均分	29.172	18.831	29.737	6.168	83.908
容桂平均分	29.125	17.300	30.400	6.550	83.375

从表 4 - 20 和表 4 - 21 可知，容桂街道各小学办学绩效评估均值（96.156 分）高于顺德区的平均水平（95.359 分），而初级中学的均值（83.375 分）低于顺德区的平均水平（83.908 分）。从查阅各校绩效评估的反馈报告来分析，容桂街道的小学开展丰富多彩的主题活动与形式多样的教科研活动，但在教学常规的管理、学业水平的提升等方面略显薄弱。而容桂街道的初级中学着重抓学生的学业成绩，在教学科研方面投入不足，教师发展后劲乏力。因此，科研兴教，科研与教研密切联系，融为一体，全力促进学生的综合素养与学业水平齐头并进，便是容桂教育更上一层楼的迫切需求。顺德各镇街与容桂各校办学绩效评估结果分布情况详见图 4 - 36 至图 4 - 38。

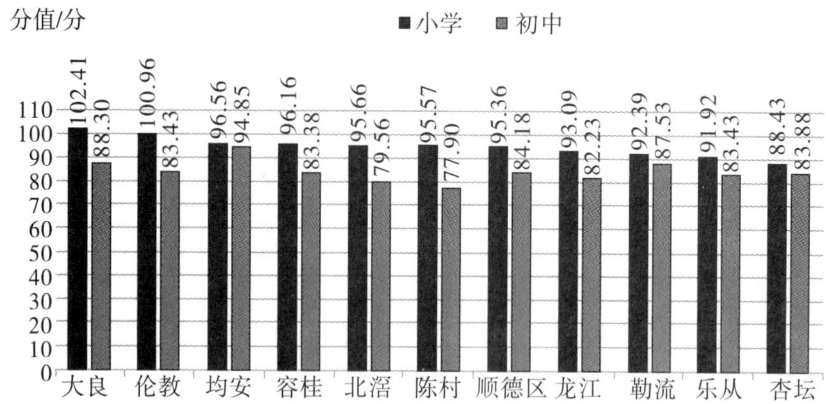

图 4-36　2016 学年度顺德区义务教育阶段学校办学绩效评估结果分析图

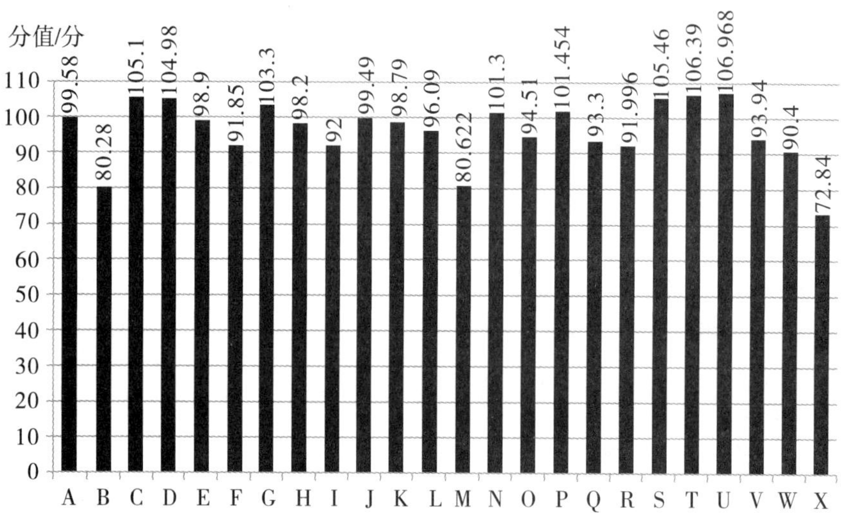

图 4-37　2016 学年度容桂街道各小学办学绩效评估结果分析图

A：广东实验中学顺德学校附属小学　B：容桂马冈小学　C：容桂瑞英小学
D：容桂泰安小学　E：容桂海尾小学　F：容桂细滘小学
G：容桂红旗小学　H：容桂城西小学　I：容桂四基小学
J：容桂幸福陈占梅小学　K：容桂容里小学　L：容桂上佳市小学
M：容桂南区小学　N：容桂小黄圃小学　O：容桂华口小学
P：容桂容边小学　Q：容桂扁滘小学　R：容桂高黎小学
S：容桂小学　T：容桂南环小学　U：容桂容山小学
V：容桂振华小学　W：容桂实验学校　X：容桂新蕾学校

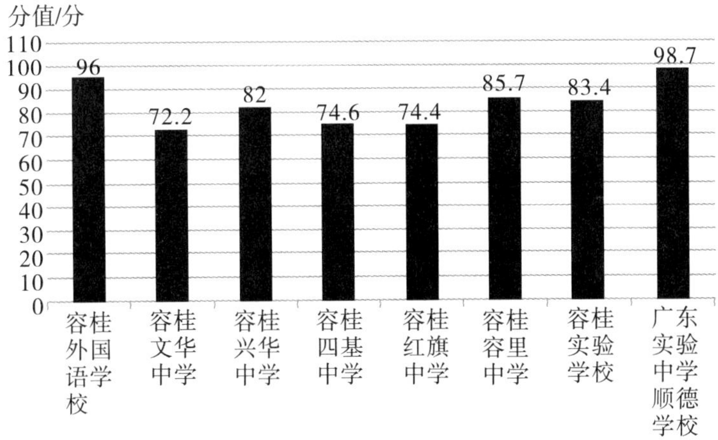

图 4－38　2016 学年度容桂街道各初中办学绩效评估结果分析图

表 4－22　容桂街道小学办学绩效评估结果分析表

类别	A 等级		B 等级		C 等级	
	学校数/所	百分比/%	学校数/所	百分比/%	学校数/所	百分比/%
顺德区	47	30	63	40	47	30
容桂	8	33. 3	13	54. 2	3	12. 5

表 4－23　容桂街道初中办学绩效评估结果分析表

类别	A 等级		B 等级		C 等级	
	学校数/所	百分比/%	学校数/所	百分比/%	学校数/所	百分比/%
顺德区	15	33	18	40	12	27
容桂	2	25	3	37. 5	3	37. 5

容桂街道 A 类学校分别是容山小学、南环小学、容桂小学、瑞英小学、泰安小学、红旗小学、容边小学、小黄圃小学、广东实验中学顺德学校附属小学、容桂外国语学校。

（三）综合评述

顺德区首次开展 2016 学年度中小学办学绩效评估工作，旗帜鲜明地将办学力量导向学校内涵发展、教师专业发展，促使各中小学充分利用各种资源营造良好的育人环境，发展特色项目，创建特色学校、品牌学校，更好地促进学生身心健康成长。

本次评估，评估指标是“导向”，评估专家是“指导”，评估过程是努力促进学校自我完善、自主发展的过程，也是顺德区教育局组织力量把脉顺德教育、服务顺德教育、提升顺德教育的过程。

在这种思想的引领下，评估组的专家们走进了容桂街道24所小学与8所初级中学，开展了艰巨而又光荣的评估工作。现将容桂街道中小学绩效评估工作总结如下：

1. 学校发展有榜样

2016学年度，容桂街道各中小学校开始走集团化办学之路。容桂中部的9间中小学隶属于容桂育美教育集团，容山小学刘伦斌校长为理事长，容桂小学欧阳琳校长与瑞英小学刘琳校长为副理事长。容桂东部的中小学集结为东部联盟学校，容里中学许进昌校长为该联盟的理事长。容桂西部的中小学集结为西部联盟学校，容桂外国语学校李升旺校长为该联盟的理事长。各集团或联盟由容桂街道教育局组建，容桂街道教育局聘任的正、副理事长均为容桂或省、市、区级的名校长，所治理的学校可谓名校。这样，在名校与名校长的引领下，容桂街道各中小学在自主发展的路上，有了榜样学校的引领，有了优秀人才的流动，有了先进经验的传播，有了一系列资源共建、共享的机制……

有了这些，相对薄弱的学校从办学理念的构想与实施到课程的建设与管理等方面都可以得到传、帮、带。在取长补短、携手合作的过程中，各校站立在“巨人的肩膀上”，高位、均衡、迅速发展。

2. 教师发展有希望

容桂街道中小学校在本次办学绩效评估项目中“教师发展”项相对于其他三项来说比较薄弱，小学与初中的指标都低于顺德区的平均水平，但从剖析容桂街道中小学校2016学年度各校“教师发展”方面的想法与做法来看，容桂街道教师迅速发展依然充满希望。

（1）学校发展“以师为本”成为共识。在查阅资料与现场评估的过程中发现，“以师为本”基本上每所学校在书面上或口头上都以不同的形式多次出现，反复强调，并有相应的措施。

（2）师德师风建设已见成效。容桂街道中小学多渠道、多方法开展教师职业道德建设，立足教师专业发展，全面提升教师综合素养。如小黄圃小学形成了“德育无痕，大爱有方”的教师队伍建设理念，且已深入人心，“责润生命”的教风，“育人之心、六条纪律、六倡导、三个六”等要求已内化为教师的良好行为。

（3）课题引领教师的专业成长。为更好地促进教师专业成长，容桂街道各中小学不断深化教育改革，实施科研兴校战略，以研促教、以研兴校，全方位提高教师的专业素养。如容桂外国语学校抓实研修，以教师持续发展为宗旨强化师资队伍建设。上佳市小学开展各级课题研究，让教师立足课题，结合日常的教育教学工作开展研究，在实践与研究中有效地促进了教师的专业成长。红旗小学结合时代特点，以“微”研究为主，形成一条“微课—微课程—微论文—微课题”的研究路线，这些都是促进教育专业发展行之有效的路径。

（4）搭建平台提升教师的专业素养。容桂街道各中小学注重“青蓝工程”“名师工程”的实施，分布在各校的街道中心教研组成员，积极参与容桂街道教育局基础教育股组织的教学视导工作，并有计划地在“青蓝工程”“名师工程”的主题活动中主动承担示范课与讲座。容桂街道各学科中心教研组的引领与示范，为各校教科研工作提供了可操作的新模式，有效地激发各校搭建平台促进教师专业成长的热情。如容山小学努力为教师搭建专业发展的平台，组织开展主题校本教研活动，有科组工作坊、容教育讲坛，成立青年教师读书会、教师读书沙龙，等等。容里小学根据教师的个人发展规划意愿，成立了7个校级名师工作室，以名师引领学校教师的发展。

……

这一系列促进教育专业发展的措施，应该得到进一步的强化，扩大其影响力。尤其是容桂街道的初级中学，更应该在教师发展方面焕发活力，奋起直追。有了这样的决心与行动，容桂街道教师的发展充满希望，容桂教育必将异彩纷呈！

3. 学生发展有舞台

容桂街道的中小学校重视学生综合素养的发展，并形成了系列促进学生发展的相关制度，以制度育人，以环境育人，以活动育人，以课程育人。从查阅的材料显示，容桂街道中小学校基本上开设了适合学生发展的拓展性课程或社团活动。如容里中学开展“青春学堂”，教师们结合学生实际与自身特长，开设了45门“特色课程”给学生自由选修。容桂小学的“和韵”课程、容里小学的“润”课程、上佳市小学的科普创客课程等，丰富了学生的生活，开阔了学生的视野，为学生的身心健康成长提供了广阔的舞台。容桂的体艺文化远近闻名，当地学校丰富多彩的校园生活功不可没。从容桂街道各中小学提供的获奖佐证材料来看，容桂的中小学生在摄影、绘画、版画、音乐、舞蹈、击剑、跆拳道、毽球、足球、羽毛球、游泳、武术等方面的个性特长得到较好的发展，容桂街道中小学校培育了一批又一批“德艺双馨”的好学生。

4. 特色发展有规划

从容桂街道中小学校提交的材料来看，基本上每所学校都有自己特色建设的规划与实施方案。有的已坚持多年，持之以恒地走创特色发展之路。如兴华中学大型“亲子亲情心连心”的亲子体验活动，从普通的德育活动发展为德育研究课题（已结题），至今仍然坚持不懈，充满活力，经常为兄弟学校举办观摩体验活动，深受社会各界的好评。有的刚刚起步，却取得骄人成绩，如四基小学开展了“绳乐飞扬，打造活力校园”的学校特色建设，有长远的规划与近期的计划，在实践过程中用“三个一”加以落实，即每天一节跳绳大课间，每个月一次跳绳测试（简称跳绳月考），每个学期一次全校师生共同参与的跳绳比赛，在较短的时间里，参加了省内外跳绳联赛或总决赛，成绩斐然，其中在2016年全国跳绳联赛南宁站比赛中获得了2座金杯，9枚金牌、6枚银牌、5枚铜牌的成绩，同时获全国跳绳推广中心颁发的“2016—2017年度全国跳绳示范学校”和国家体育总局社会体育指导中心颁发的“体育道德风尚奖”。

（四）意见和建议

容桂街道是闻名全国的千亿大镇，历史文化底蕴深厚。多年来，容桂教育一直位居顺德各镇街的前列。但随着社会发展，顺德各镇街纷纷加大教育的投入，大力推进教育改革。在新形势下，容桂教育不进则退。容桂街道的中小学校应有危机感，更要有使命感，要再接再厉，做出新成绩，创出新经验，打造教育新高地。为此，综合2016学年度容桂街道各中小学校办学绩效评估的反馈报告，提出以下建议。

1. 加大教育投入，促进文化建设

学校是育人的地方，良好的育人环境，需要大量的投入。有的评估组在现场评估容桂街道中小学办学绩效时多次指出“场室不足，设备落后”“校园校舍陈旧”（有些已定为危楼，目前正在进行加固改造）等问题。

学校是育人的地方，校园的一草一物都应起到教化之效。容桂街道需要进一步加大教育投入，注重校园环境的整体规划，抓好校园文化建设，营造校园文化的隐性教育功能，提升容桂街道中小学校的办学品位。

2. 开发人力资源，提高办学质量

在评估过程中，容桂街道中小学校的行政给评估组的印象是能力强、任务重。多个评估组反映容桂中小学校行政班子人数偏少，各校教师平均年龄相差过大。有的学校平均年龄仅有 33 岁，有的学校教师平均年龄已超 43 岁，甚至有的学校“从 2008 年开始至今近 10 年都没有新教师加入”，在体现教师队伍稳定的同时，也暴露了教师年龄偏大的事实，这在一定程度上给学校推进教育教学改革增加了难度。

因此，加大教师的交流力度，促进学校优质均衡发展相对于容桂教育部门来说任重道远，后备干部与名师的培养刻不容缓。从容桂街道教育局到各中小学校，都应不断探索引进人才、培养人才、使用人才之良策，不断创新方式方法以更好地激发教师队伍工作与学习的动力与活力，更好地达到开发人力资源、提升办学质量的目的。

3. 夯实常规工作，提高教育科研质量

本次办学绩效评估，容桂街道中小学的总体成绩没能名列前茅，影响因素是多方面的，但部分学校的常规工作不扎实、教科研工作不深入是关键因素。从容桂街道中小学 2016 学年度课题立项的数量与质量来看，容桂教育向科研要质量、以科研促发展的力度不够大，步伐不够稳，针对性不够强。

教育科研与学业成绩的相关性虽然没做 T 检验，但从这两项评估成绩来看，容桂街道的优势不明显。学校领导与教师缺乏科研态度与方法往往造成常规工作不扎实，教学研究不深入，学校管理不到位。如占用术科的教学时间，校本教研流于形式等。各评估组反馈意见也坦诚指出——“在观课中发现个别教师占用品德、美术等学科课程的时间上英语课”“学校的总课表与教室课表有不吻合现象”“有个别班级的某学科课程编排不太科学”“校本教研要保证活动时间和质量”等。

因此，建议容桂街道教育局从“提质量，树标杆”的角度，一方面，组织力量，统筹安排，进一步做好教科研的引领示范与评价督促工作；另一方面，校长要有质量意识，重视课堂，研究课堂，向课堂要质量，同时以课堂为核心抓实教育科研管理，落实校本教研，夯实教学常规，立项有针对性的课题，展开深入的实践与研究工作。这样的教研与科研将更接地气，更能提升课堂教学质量，更好地促进学生身心健康成长与学业水平的提升。

4. 提炼办学理念，促进内涵发展

容桂街道的中小学校都有自己的办学理念，引领学校的发展。在评估过程中发现，一些学校的办学理念需要与时俱进，需要进一步提炼，才能更好地引领学校发展。因此，建议容桂街道的中小学校根据“树立标杆，面向广深，打造珠三角教育高地”的新使命，结合学校的地域文化与特色（品牌）建设，回顾过去，立足当下，面向未来，提炼富有学校个性的精神文化，切实做到办学理念与“一训三风”融为一体，传承历史，开创未来，不断丰富学校发展内涵，引导学校持续发展。

二、杏坛镇中小学办学绩效评估总结报告

（一）基本情况

顺德区中小学办学绩效评估以学年为单位，本学年评估时间跨度为2016年8月至2017年7月。评估工作以区教育局教育督导室为主导，由区教育发展中心负责组织开展，通过网上资料查阅、现场考察、教室现场访谈、学生随机调查、问卷调查、现场反馈等形式进行，对全区中小学2016学年度办学情况进行了全面的评估。杏坛镇有18所小学、5所初中接受了这次办学绩效评估。

全区10个镇（街道）办学绩效评估结果如图4－39所示。

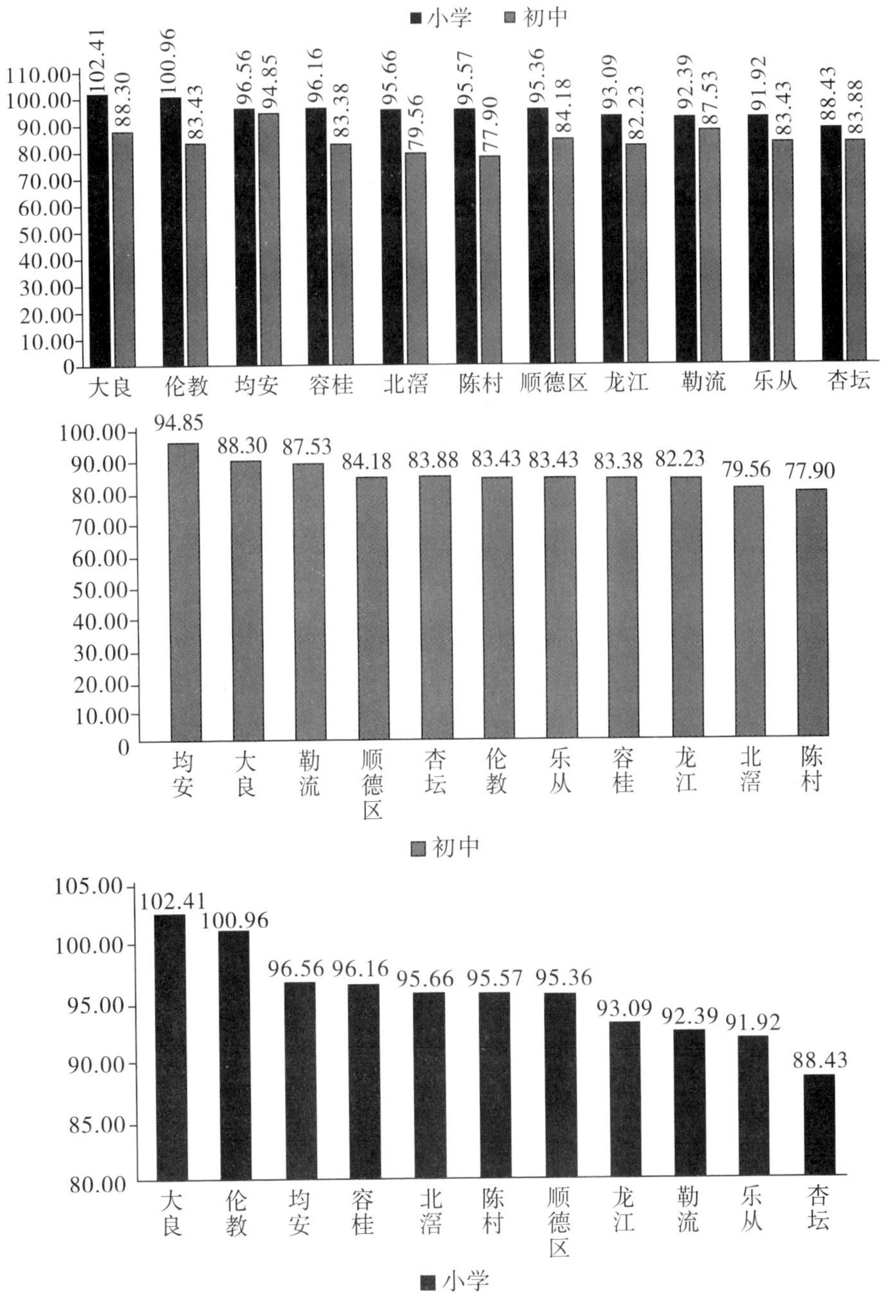

图 4－39　2016 年各镇（街道）中小学绩效平均分比较

全区小学 157 所，其中 A 类 47 所，B 类 63 所，C 类 47 所；初中 45 所，A 类学校 15 所，B 类 18 所，C 类 12 所。

（二）小学办学绩效评估结果分析

1. 数据分析

（1）平均分：杏坛镇18所小学办学绩效评估成绩总平均分与全区157所小学绩效成绩平均分对比（见图4-40及图4-39所示）。

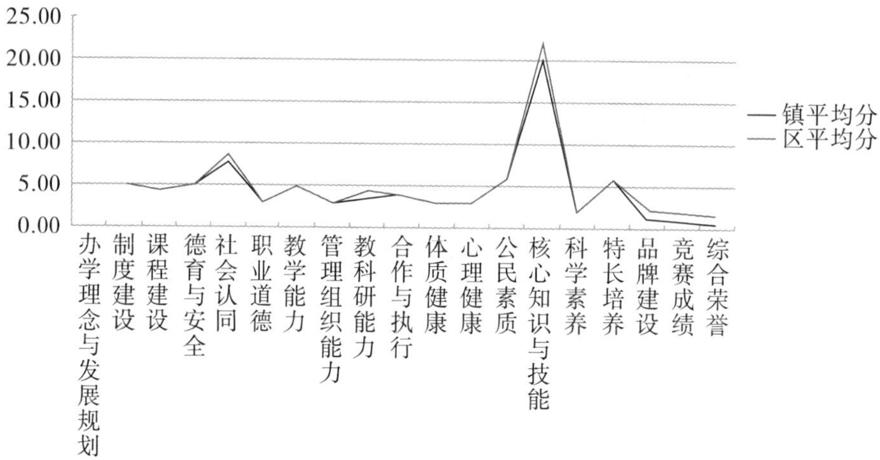

图4-40　杏坛镇小学办学绩效评估成绩总平均分与区的对比

从图4-40数据分析显示，杏坛18所小学的单项平均分低于（或接近）区单项平均分。图4-39的具体数据显示：区157所小学办学绩效评估总平均分是95.36分，杏坛镇18所小学办学绩效评估总平均分88.43，差距为6.93分。高于全区平均分的学校有杏坛中心小学、杏坛东马宁小学、杏坛昌教小学三所学校，15所学校低于全区平均分，最低分为杏坛上地小学的78.34分。

单项平均分与区平均分差距较大的项目：一是教师教科研能力，差距为0.94分；二是核心知识与技能（学业成绩），差距为2.27分；三是品牌建设，差距为1.14分；四是竞赛成绩，差距为0.83分；五是综合荣誉，差距为1.01分。

（2）各等级学校占有率：杏坛镇18所小学在各等级分布情况如表4-24所示。

表 4-24 杏坛镇小学各等级分布情况

项目	A 等级	B 等级	C 等级
学校数量/所	2	2	14
占有率/%	11	11	78

统计显示，杏坛镇 18 所小学 C 等级学校占有率较大。

（3）主要扣分点：数据显示，从总体来看，杏坛镇 18 所小学扣分点集中在指标体系中的社会认同、教师教科研能力、核心知识与技能、品牌建设、竞赛成绩、综合荣誉等几个项目。C 类学校在品牌建设指标体系项目平均得分 0.06 分，该项的总分是 10 分；C 类学校核心知识与技能项目得分低于镇的平均分，只有 18.3 分，该项满分为 30 分。C 类学校中，上地小学、右滩胡兆炽学校整体办学水平偏低。

2. 各小学评估反馈报告情况汇总

（1）办学亮点。绩效评估专家组现场评估报告反映出杏坛镇 18 所小学在办学理念、学校发展规划、校园文化创建、特色校园活动的开展、师资队伍建设上有鲜明的特色，充分利用地域文化资源，打造学校文化特色，并有计划地落实，走校本课程特色化发展之路。例如：昌教小学"乐学每一天，创新每一事，发展每一人"的办学思想实实在在，目标明确、醒目。东马宁小学梳理、提炼咏春文化，修建了以咏春为主题的小公园，以"崇文尚武"为校训，把咏春拳训练分为"趣味型""普及型""提高型"三个层次，组织全校师生练习，制作的咏春拳特色网站获得国家级一等奖。桑麻小学将"棋艺教学"与"校园足球"作为学校的办学特色，有序地将其打造成学校品牌。逢简小学利用逢简村居丰富的历史文化底蕴、旅游资源，组建的水乡小小导赏队很有创意。如能继续拓展、深入挖掘，定能形成一门很好的德育校本课程。

（2）办学存在问题

第一，部分学校的发展规划不能落地。对学校未来几年的发展走势没有清晰的分析。例如：高赞小学专家组给出的意见是"学校发展的规划、办学理念、特色打造、课程建设方面需要进一步梳理、提炼"。

第二，师资队伍结构不合理。有的学校教师年龄偏大；有的学校学科教师配备不齐，音乐、美术等学科教师严重不足。例如杏坛上地小学教师结构不合理。

第三，学校教师教科研能力弱，教学方法陈旧。有的学校规模小，教育研究的氛围不足，不具备开展教育科研的条件。杏坛镇虽然有 18 所小学，但是部分学校规模小，比如逢简小学、上地小学等，学科教师人数少，不足以形成集体备课、教育科研的氛围，缺少教育科研的骨干、带头人。

第四，部分学校特色品牌建设意识不足。有的学校在此项目上基本没有得分。究其原因，一是学校对学校发展优势和短板不清晰，二是学校管理者对教育发展的新趋势、新形式缺乏敏感性和研究性。

（三）初中办学绩效评估结果分析

1. 数据分析

杏坛镇 5 所初级中学办学绩效评估成绩总平均分与全区 45 所初中绩效成绩平均分对比，如图 4－41 及图 4－39 所示。

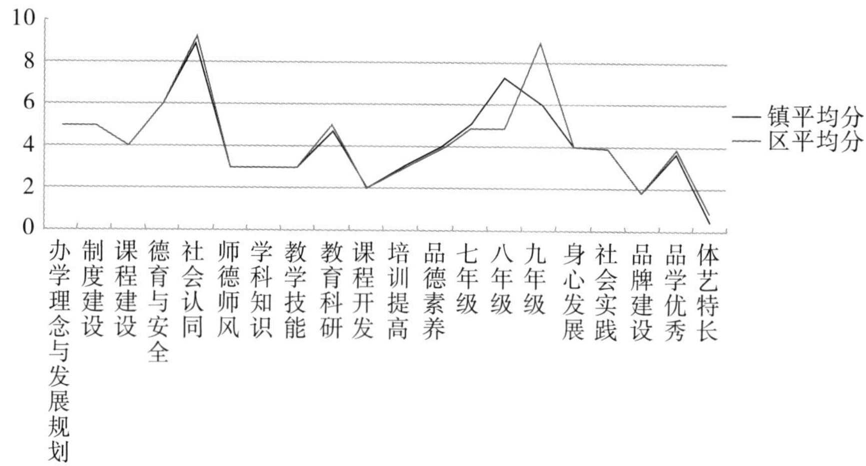

图 4－41　杏坛镇初级中学办学绩效评估成绩总平均分与区的对比

图 4－39 的数据分析显示：杏坛镇 5 所初级中学办学绩效评估总分平均分为 83. 88 分，全区初中办学绩效评估总分平均分为 84. 18 分。高于全区总分平均分的学校有杏坛梁銶琚中学、杏坛杏联中学。

从图 4－41 的数据分析显示，杏坛镇初中办学绩效评估各单项平均分与区平均分差距不大，品德素养、七年级、八年级三个单项平均分高于区平均分，九年级学业水平与区平均分有 2. 82 分的差距。

（1）各等级学校占有率。

顺德区初中办学绩效评估等级情况如表 4－25 所示。

表 4-25　顺德区初中办学绩效评估等级情况

镇（街道）	学校数/所	A 等级		B 等级		C 等级	
		学校数/所	占比/%	学校数/所	占比/%	学校数/所	占比/%
大良	4	2	50.0	2	50.0	0	0
容桂	8	2	25.0	3	37.5	3	37.5
伦教	3	0	0	2	66.7	1	33.3
北滘	5	1	20.0	2	40.0	2	40.0
陈村	3	0	0	2	66.7	1	33.3
乐从	3	2	66.7	0	0	1	33.3
勒流	4	1	25.0	3	75.0	0	0
龙江	4	1	25.0	2	50.0	1	25.0
杏坛	5	1	20.0	3	60.0	1	20.0
均安	2	2	100.0	0	0	0	0

杏坛镇 5 所初级中学在各等级的占比情况如表 4-26 所示。

表 4-26　杏坛镇 5 所初级中学在各等级的占比情况

项目	A 等级	B 等级	C 等级
学校数量/所	1	3	1
占有率/%	20	60	20

表 4-26 统计显示，杏坛初级中学 1 所学校进入 A 等级，3 所学校进入 B 等级，其中杏联中学与 A 等级学校仅差 1.3 分，林文恩中学在 C 等级学校排位比较靠前，初中办学成效有明显的优势。

（2）主要扣分点：杏坛镇初级中学绩效评估主要扣分点集中在七年级、八年级、九年级三项，此三项指标满分分别是 10 分、10 分、18 分，杏坛镇初中得分为 5.06 分、7.34 分、6.2 分，尽管高于区这三项指标的平均分，但是与 A 等级学校比较，差距较大，导致杏坛初级中学总分不高。也就是说，杏坛的初中办学绩效水平在学校管理、制度建设等方面规范、管理到位，但是在学生学业水平上存在差异，拉低了整体成绩。

2. 反馈报告汇总

（1）办学亮点。从专家评估反馈报告中可以看出，杏坛镇 5 所初级中学在此次评估呈现出的亮点有以下几点。

一是学校有明晰的办学理念、发展规划，办学取得一定效益。例如：潘祥中学的“人龙舞·洪拳”特色品牌突出，传承地方历史文化，培养文武兼修的学生；梁銶琚中学继承和发扬了梁銶琚博士的“古人风”和“天下雨”精神，把“立德、立言、立身、立行、立功”的“立人教育”作为学校的办学特色，抓住了“立人教育”的核心，有目的、有计划、分阶段地开展了德育系列性的教育活动；伍蒋惠芳中学秉承“以礼育人，弘德博学”的办学理念，开发悦读课程体系，建设书香校园文化，取得良好的办学业绩和社会效益；杏联中学以水乡传统文化为主线的德育系列教育活动为学生“立品”；林文恩中学管理规范、制度健全，能有效整合和利用各种资源，重视教师培训，课堂教学改革扎实推进，“导学案＋小组”合作学习模式卓有成效，注重学生的身心健康教育与全面发展，教学质量稳步提升。

二是注重教师队伍建设，能够利用有效的资源促进教师专业发展。例如：伍蒋惠芳中学为建立教师专业成长的有效机制，设立教师阅读吧，以填写“个人专业发展规划书”等形式，落实科组建设的“八个一工程”和教师专业发展的“八个一工程”，调动了教师在教学常规和个人专业提升方面的积极性，促使教师专业素养整体提升。杏联中学以项目推动的方式促进青年教师专业发展。青年教师主动学习、主动提高，有效促进青年教师专业成长的能动性。

三是在学生培养上，以积极的人生态度引领学生发展。伍蒋惠芳中学从根源上挖掘学生的学习动力，以初中职业生涯教育课程的开发为重点，培养积极的人生态度。梁銶琚中学有目的、有计划地开展特色项目培养和拓展课程，引导学生结合自己的个性需求和兴趣爱好选定项目，系统地开展培养。该校的特色项目和拓展课程共有12大类66个项目，可供选择的面广，学生参与的面大，有利于提升学生的综合素养。杏联中学以“目标、导学、测练”教学模式拓展学生“求知”思维；以多样性的特色活动为学生“显个性”。潘祥中学以“学案引领、自主学习、小组合作”为主题进行课堂教学改革。

（2）办学存在问题。

一是学校教师发展不平衡。有的学校缺乏学科带头人，进而导致学校学科发展不平衡。

二是有课堂教学改革的意识，但是改革的方法不得当。

三是学校与家庭沟通和共建方面还存在体系不完善、联系不紧密的问题。

四是在学生培养方法上缺乏针对性。外来工子弟比例不断增加，基础知识薄弱、行为习惯不规范等现象对学校教育构成新的挑战，采取何种策略应对，如何提高学业成绩，尖子生如何培养，这些方面都需要着重思考。

（三）综合评述

此次顺德区中小学办学绩效评估的目的，是通过评估“指导中小学加强学校办学内涵建设，促进学生全面发展，推动教师专业发展和学校自主发展，全面提升顺德区教育教学质量”。综合本次评估工作看，整个评估的组织、操作比较规范，评估组专家的工作态度认真负责、严谨公正，评估结果比较准确地反映了杏坛镇义务教育阶段 23 所中小学的实际办学状况。

通过这次评估，我们看到，杏坛镇义务教育发展有长足进步，尤其在初中办学质量和办学水平的提升上，表现出良好的上升态势。其主要表现有：一是办学方向逐步明确。杏坛镇中小学对办学方向、办学目标有清晰的认识，并能依照办学目标制定合理的发展规划，制定较为完善的制度体系。二是师资队伍素质有所提高。各中小学认识到教师专业素质与人才培养关系密切，注重教师学习、培训。三是注重学校发展规划、校园文化、制度体系的建设。四是能够针对学生发展的实际情况开展教育教学方法的改革。

杏坛镇的教育发展有发展的优胜趋势，有引领发展的榜样学校。例如梁銶琚中学，办学水平排在全区前茅，位于公办初级中学第一。这是杏坛镇教育发展的示范校，也是杏坛镇教育发展的一个代表。

但是，此次办学绩效评估中，杏坛镇位于 10 个镇的后位，存在的问题主要是：

一是学校的办学规划不能够落地实施。评估中每所学校都有发展规划，但是规划不能落地，对学校制度建设、教学管理的指导性不强。尤其是 C 等级学校，在学校制度管理上不完善，不能用制度或者机制引领教师发展。

二是教师的教科研能力有待加强。杏坛镇各中小学教师普遍采取“请进来、走出去”的培训学习方式，以此提升教师队伍的专业水平，但从扣分项目可见，教师的课题研究、论文撰写等教研能力不足，尤其是部分小学，研究成果乏善可陈。

三是学生学业水平偏低。杏坛镇规模小的学校偏多，在教研上没有制度约束，在课堂教学改革上也缺乏动力，没有针对生源的特殊性采取相应措施，导致学业水平偏低。上地小学、古朗小学、新联小学只有 15 ~ 16 分（计算标准是凡是参加区统测就有 15 分，13 分用于等级评估）。

（四）意见和建议

（1）教育行政部门要加强对学校办学理念、办学思想的指引。政府要承担对区域教育发展的管理职责，承担学校规划、学校发展布局、教育投入等方面的使命；教育行政部门要加强教育发展研究，致力于对学校办学水平的引领和专业指引。

（2）加强教师专业技能培养。师资队伍的专业水平是提升教育质量的核心要素。教师专业技能的提升要有针对性，要从区域师资队伍实际情况出发，采取有效的策略和方法。例如，建立教师专业发展团队，发挥杏坛镇各中小学骨干教师的核心作用，为教师发展创建平台，同时要加强教师专业发展的制度和机制建设，实现“示范引领、激励发展、合作共赢”的专业发展模式。

（3）加强提升教学质量的专业研究。教学质量是学校发展的生命，是政府办“人民满意教育”的核心。提升质量是杏坛镇教育局面临的核心任务。教学质量的提升取决于对教学对象的研究，对教材和课程标准、教学方法的专业研究。杏坛镇教育局要成立专业研究团队，建立“内外结合”的研究机制，建立“基于发展的发展联盟”，探索教学质量提升途径和方法。

希望通过此次评估找出杏坛镇发展的潜力，提供发展思路。办学绩效评估不仅是“评”，更重要的是促进发展，为镇（街道）、学校发展提供策略。我们将会整合顺德区教育、教学、教研专家力量和资源，为杏坛镇的教育发展提供支持，促进杏坛镇教育实现跨越式发展。

第五章

办学绩效评估的延伸——责任督学挂牌督导

第一节　建立“监测、评价、督导一体化”工作机制

根据《教育部办公厅关于确定教育管办评分离改革试点单位和试点任务的通知》（教政法厅函〔2015〕49 号），顺德区教育局被教育部确定为全国教育管办评分离改革 12 个试点单位之一。按照教育部要求，顺德区将在“加大简政放权力度，加强和完善政府服务机制”“健全学校自主发展、自我约束的运行机制”“完善监督制约机制，做好事中、事后监管”三个单项上进行改革探索。结合顺德区教育综合改革的实际情况，制定“监测、评价、督导一体化”的事中、事后监管工作方案，推进教育管办评分离改革工作。

一、指导思想

以国家《教育督导条例》《顺德区中小学校办学绩效评估实施意见》为依据，创新教育督导体制，构建“决策、执行、监督”相互制约的现代管理体制，转变政府职能，促进教育事业健康发展，为教育改革与发展保驾护航。

二、工作目标

通过“监测、评价、督导一体化”的事中、事后监管立体督导评估模

式建构，实现监测、评价、督导一体化，促进学校自主办学健康发展。

三、工作任务

（一）“监测、评价、督导一体化”工作模式的建立

1. 监测

基于顺德区教育发展中心教研室对全区中小学校学生学习情况的测试，对测试的数据进行充分、全面、仔细的分析，把握全区中小学校教育质量状况。包含两部分内容：一是教育部义务教育质量监测；二是顺德区教育发展中心教研室组织的区域中小学校教学质量检测。

2. 评价

通过开展中小学办学绩效评估工作，指导中小学校加强学校办学内涵建设，促进学生全面发展，推动教师专业发展和学校自主发展，全面提升顺德区教育教学质量。

3. 督导

责任督学根据本国的有关教育方针、政策、法规和制度对各镇（街道）教育局和各级各类学校进行监督、检查、评估、指导和帮助，旨在加强顺德区政府对中小学校自主办学全面管理，以保障教育方针和政策的贯彻执行，提高教育质量，促进教育事业的健康发展。

4. “监测、评价、督导一体化”工作模式

以质量监测（检测）、办学绩效评估、责任督学挂牌督导为一体的教育督导管理体制，实现学校自主办学的“事中、事后监管”的最佳工作模式。工作模式核心：一是通过质量监测（检测）后数据分析，找到制约学校教学质量的问题；二是通过中小学办学绩效评估诊断学校管理、教师专业发展、学生成长的问题；三是将数据分析、绩效评诊断的问题汇总给责任督学，责任督学有针对性地实施经常督导和专项督导；四是责任督学形成督导报告反馈给区教育督导室，形成区域督导评估报告，为政府提出教育发展决策的意见和建议。

（二）搭建“一体化”工作架构

1. 成立“一体化”工作组织机构

建立由区教育督导室、教育发展中心、镇（街道）教育局共同组成的

工作小组，由区教育督导室统筹工作，做好顶层设计。

2. 加强质量监测队伍建设

以区教育发展中心教研室教研员为核心力量，各镇（街道）教育局教研室配合，共同完成教育部义务教育质量监测中心、顺德区教学质量检测工作任务。依托顺德区教育发展中心“大教研”工作体系，定期组织区、镇两级教研员开展质量监测（检测）教研活动。

3. 组建办学绩效专家团队

顺德区中小学校办学绩效专家库成员每年实施中小学办学绩效评估时，抽取组成评估专家组。

4. 建设督导工作团队

按照佛山市顺德区人民政府下发的《关于全面推进中小学校责任督学挂牌督导实施意见》（顺府发〔2017〕26 号）要求，组建专、兼职督导队伍，并对督学进行专业化培训。

（三）完善制度建设

1. 建立协作、联动的工作机制

质量监测（检测）的工作主体是教育发展中心，绩效评估设计主体是区教育督导室，实施主体是教育发展中心，责任督学挂牌督导实施主体是区教育督导室及各镇（街道）教育局。因此，在开展“监测、评价、督导一体化”工作过程中，要明确职责，相互协作，建立“协作、互助、联动”工作机制。

2. 制定“一体化”工作制度

建立一套完整的制度体系，并坚持按制度办事，是确保“一体化”工作优质运行的重要条件。

（四）“一体化”工作具体实施时间安排

每年 3 月份组织开展教育部义务教育质量监测中心发布的国家层面质量监测，7 月份组织开展区域教学质量检测。

3 月份启动中小学办学绩效评估，5 月份完成现场评估。

全面开展责任督学挂牌督导工作。每月一次深入学校实施经常督导。3、9 月份开展春秋专项督导；11 月份组织开展主题督导，重点研究“质量检测、办学绩效评估”中的问题解决方案和策略。

四、工作要求

（1）提高思想认识，推进“一体化”工作落地实施。

（2）明确责任，加强领导。本方案对“一体化”任务进行了分解，并明确了牵头处室组，明确了工作时间节点，各单位要认真履行各自的职责，细化任务，明确措施，保质保量完成各项工作。

（3）强化统筹指导。区教育督导室在统筹开展工作中，及时发现、解决工作中的困难与问题，确保各项工作落到实处。

第二节　强化责任督学队伍建设

根据《教育督导条例》文件精神，为进一步贯彻落实《国务院教育督导委员会办公室关于印发〈中小学校责任督学挂牌督导办法〉的通知》和《教育部关于加强督学责任区建设的意见》，发挥教育督导在推进中小学校（含幼儿园，下同）规范办学行为、提高教育教学质量、推动顺德区教育现代化建设等方面的积极作用，现就进一步加强顺德区中小学校责任督学队伍建设提出如下实施意见。

一、指导思想

以《教育督导条例》《顺德区教育事业发展“十三五”规划》为指引，以强化教育督导为核心，以培养督导专家团队为重点，以构建顺德区教育督导工作网络为导向，全面提升顺德区教育质量。

二、工作目标

为切实加强教育督导工作，及时掌握学校情况、服务教育决策，推动顺德区教育综合改革与发展，决定组建顺德区人民政府教育督导团，打造一支专业的责任督学队伍，通过加强督学工作的制度化、常态化，促进和保障教育法律、法规、方针、政策的贯彻执行，规范学校依法治校、自主发展的办学行为，提高学校办学质量和水平。

三、组织架构

(1) 形成工作网络：顺德区227所中小学将划分为10个责任片区44个责任区。每一个镇（街道）为一个责任片区，每个责任片区分为4个责任区，区属学校分为4个责任区。责任区划分以分片和分类相结合的原则，按镇（街道）或学校划片组建，形成了分工明确、功能完善的督学责任区工作网络。

(2) 选聘兼职督学：区政府教育督导团由区专职督学、责任区专职督学、责任督学组成。选聘区专职督学11名，责任区专职督学44名，兼职督学90名，打造“1 +1 +4 +4”（每个责任片区由1名区专职督学、1名镇督导专干、4名责任区专职督学、4名兼职督学实施区域内学校督导工作）工作模式。

区政府教育督导室负责选聘11名区专职督学、44名责任区专职督学；90名兼职督学由镇（街道）教育局推选，区教育督导室和镇（街道）教育局联合聘任。

四、职责范围

区政府教育督导室主要职能是指导区、镇两级督学责任区工作，对区属学校、镇（街道）教育局有关工作和中小学校的教育教学工作进行随机检查、指导，同时对镇（街道）督学责任区建设工作进行监督、指导。

镇（街道）教育局督导工作主要职能是对镇（街道）九年义务教育及以下学校（含民办）进行随机督导检查，同时要积极配合区政府教育督导室完成各项督导工作。

五、保障机制

(1) 完善责任督学聘任制度，按照责任督学的任职条件，将政治素质高、业务能力强、熟悉基础教育工作、年富力强的同志充实到督学队伍中来。

(2) 建立区、镇两级督学督导责任区制度，明确责任，分区开展督导工作。加强对督学的培训工作，提高督学专业水平，严格遵守督学行为准则，廉洁奉公，求真务实，树立督学的良好形象。

（3）建立和完善督学工作考评制度，健全激励机制，作为对督学工作开展的评价依据，把督学的任职经历及考评作为职务晋升的条件之一。

（4）完善责任督学工作平台。充分发挥基于大数据及“互联网 +”功能的数据平台，建立信息化环境下的督导结果交流沟通、反馈平台，高效开展督学工作。

（5）加强教育督导经费投入。区政府设立督学工作专项经费投入机制，按照《教育督导条例》，切实落实督学办公地点、福利待遇及设施设备的配备。镇（街道）教育局要完善督学工作场所建设，保障必要的办公设备和设施。

附

督学工作职责

一、主任督学

1. 负责对顺德区贯彻执行国家教育法律、法规、规章的情况进行督导。

2. 指导顺德区教育督导工作，制定区教育发展政策、规划。

3. 负责督促顺德区人民政府教育督导委员会对教育发展政策、规划的落实。

4. 对顺德区有关行政部门履行教育工作职责的情况进行督导。

二、区专职督学

1. 负责对顺德区贯彻执行国家教育法律、法规、规章的情况进行督导，协组主任督学工作。

2. 对镇街教育工作履责情况展开督导。

3. 对教育经费的拨付、管理、使用情况和教育收费情况进行督导。

4. 定期检查指导专职督学的工作，组织专职督学学习和培训活动。

5. 对所负责的片区、学段的教育督导工作进行全方位的督导跟踪。

6. 对教育工作中的重大问题进行调查研究，向顺德区政府教育督导室反映情况，提出意见和建议。

三、责任区专职督学

1. 每个人负责所在责任区的全部学校的教育督导工作，并具体担任2所学校的责任督学挂牌督导工作。

2. 了解和掌握责任区内的学校实际情况和教育发展状况，查找薄弱环节，明确工作重点，确定督导要点。

3. 指导学校管理工作，引导学校确立发展目标，挖掘办学优势，帮助学校不断提高管理水平，逐步形成学校品牌和办学特色。

4. 参与责任区学校的各种重大教育教学活动，依法对责任区内的各级各类学校贯彻执行教育方针政策、法律法规及办学行为情况进行经常性的检查和随机督查。

5. 结合随机督导、专项督导、综合督导和学校年度工作目标对学校发展情况进行跟踪式动态评价。

6. 对责任区内教育工作中存在的方向性、普遍性和倾向性的问题及热点、难点问题进行专题调研，撰写调研报告，提出合理化建议。

7. 每年向区教育局提交责任区督导工作报告，及时通报责任区工作情况和学习典型经验，对可能影响学校正常教学秩序、群众反映强烈的焦点问题随时报告。

8. 完成上级教育督导部门交办的其他任务。

9. 定期提交责任区督导工作报告和随访报告。

10. 责任区督学到责任区学校督查和指导工作一学期不少于4次。随访督导和专题督导相结合，要求每学期结束前向区政府教育督导室提交一份调研报告。

四、责任督学

1. 在责任区督学负责人的指导下开展工作，中小学责任督学5所中小学或1名幼儿园责任督学负责8所幼儿园的挂牌督导工作。

2. 参加顺德区人民政府教育督导室、教育行政部门、督导机构组织的教育督导活动，积极完成分担的工作任务。

3. 协助责任区督学负责人总结和推广学校的工作经验，调查研究和分析有关教育的情况及存在的问题。

4. 积极收集和倾听基层干部、群众的意见和建议，及时反映给专职督学，配合专职督学做好学校督导的材料整理、工作纪实、材料上传等工作。

5. 完成顺德区政府教育督导室及其专职督学、区督学指派的具体工作。

6. 完成教育督导部门分配的有关教育督导科研任务，协助专职督学完成所负责挂牌督导学校的督导工作。

7. 加强自身政治、业务学习，提高督导水平，增强督导能力。

8. 责任督学工作计入年度考核中，作为职务晋升的重要依据。

第三节　责任督学挂牌督导对办学绩效的促进作用

中小学校责任督学挂牌督导工作是转变政府管理职能、健全学校督导制度、促进学校实施素质教育、提高教育质量、实现内涵发展的重要举措。责任督学公开对学校进行监督、检查、指导和服务，肩负着非常重大的责任。教育督导作为专门进行监督、检查、评估、指导的机构，既是监督系统之一，又是反馈系统之一，它可以监督、控制和保证有关教育方针、政策、法规等准确执行，还可经常获得执行过程中的反馈信息，并以此为据，督促、指导、改进、服务教育工作。

责任督学作为教育行政机关的派出代表，受区政府教育督导室委托，依法行使督政、督学权力。在实施挂牌督导的过程中，督学一要成为学校管理的“合作方”。责任督学代表教育行政部门对学校办学行为进行监督，这是其基本职责。学校是督学的“责任田”，因此争取学校的支持配合尤为重要，要充分尊重和理解学校工作，把要求学校进一步改进和发展的意见与校方进行充分沟通和协商，寻求共识。二要成为处理关系的“协调方”。责任督学在履行岗位职责的过程中要本着“为学校服务、为校长分忧”的心态，深入现场，重实地考察，跟踪督查，以掌握最真实的数据，发现最实质性的问题，同时和学校共同寻找整改办法，做联系学校和社会各界的桥梁，善于和各层面领导进行沟通互动，善于和校长、教师、学生、家长、社会及政府进行沟通互动。这种沟通与协调的互动能力是一名督学的关键能力，必须在实际工作中加以切实提高。三要成为学校发展的

"推介方"。作为责任督学，常年联系着几所学校，对学校的办学特色有着相对深刻的感知，建立在责任督学各自的平台上，就可以将学校间的办学经验和文化特色相互传递，彼此互补、吸收和借鉴。从这个意义上说，责任督学又是学校发展的"推介方"。

责任督学督导案例

强化组织管理　推动课堂改革

沙滘中学责任督学　黄成忠

沙滘中学以"五环七步"慧雅课堂为目标，深化教育内涵，提升教学质量。学校以小组合作学习为基础，以导学案为抓手，在教学实践中逐步探索"五环七步"慧雅课堂。"五环"即导、学、展、测、思五个教学大环节，"七步"即目标导学、入境独学、互助对学、小组探学、全班展学、达标测评、总结反思等七个小步骤。五个大环节、七个小步骤根据不同学科特点，有固式，也有变式。教育愿景是把女生培养成兰心蕙质的窈窕淑女，把男生培养成风度翩翩的谦谦君子，把教师培养成智慧儒雅的人中之师。

学期初，我和镇教育局领导到沙滘中学督导课程建设和课改推进情况，通过巡课、听课、座谈和检查教师听课记录本等常规工作，发现如下问题：个别教师对新课改的认识程度深浅不一，自觉、自愿参与课改的内驱力不足，课改的韧性、定力和执行力有待加强。针对以上存在问题，建议学校通过强化组织，提升课堂改革执行力。

一、强化课改组织领导，优化课改过程管理

学校成立以张方骤校长为核心的课改领导小组，统筹管理，分工协作，分步推进。张方骤校长为组长，每周定期在行政会议反馈平时巡课情况，布置课改工作；李德锋副校长负责课改简讯，负责课改氛围营造和课改工作宣传；林日文副校长负责落实小组建设和培训；黄卫华主任分管课改工作，负责制订课改推进计划、总结和评价，具体实施课改工作；黎艳梅副主任负责导学案的编制、印刷、检查等课改常规工作；李集春副主任、何家富副主任负责优秀小组长、优秀学科班长、展示之星、质疑之

星、优秀小组等表彰和宣传；彭杏洲主任、罗家潼副主任负责做好课改后勤保障和服务；科备组长负责优化导学案的质量，逐步建立系统、完善的学科资源库，组织探讨课堂环节和节奏的细节；级组长加强班主任队伍建设，增强小组合作学习的实效性和执行力。

厘清课改总体思路“一个中心、两项基本点、三条主线、四种标准”。“一个中心”是指促进学校内涵式可持续发展；“两项基本点”是指优化导学案编写和强化小组建设；“三条主线”是指以课改领导小组为主线、以科备课组长为主线、以级长班主任为主线；“四种标准”具体指“以学为主、先学后教、以学定教、以学评教”的课堂评价标准。

学校领导以身作则、率先垂范、勤于学习、勇于创新，每位驻一个年级和学科组，负责教研活动考勤，多深入课堂第一线，掌握教育教学主动权，提高领导力、执行力和公信力。

二、实行年级主管行政负责制，分级推进和落实课改工作

各年级主管行政组织驻级行政、级长、级长助理、备课组长和骨干教师带头上研讨课，定期巡课，同时年级会定期反馈，肯定优点，指出不足；不定期举行年级“小组建设”论坛，让大家畅所欲言，出谋划策，形成合力。

三、实行学科主管行政负责制，分学科推进和落实课改工作

各驻科行政驻级行政负责考勤，提高教研活动的实效性；各驻科行政驻级行政、科长、备课组长和骨干教师定期举行主题教研活动，提升教师的专业素养和技能，提高教研活动的针对性；开展科备组长课改管理绩效评价，提高科备组长课改推进的执行力。

另外，学校坚持“请进来”和“走出去”原则，邀请领导专家到校讲授当代教育发展形势、教育教学理论和基本教学技能，聘请课改名校教师到校指导，组织教师到课改名校观摩学习。学校采取“换脑子、搭台子、结对子、压担子、铺路子、树旗子”措施，发挥骨干教师的传、帮、带作用，培养青年教师“有为才有位”的工作信仰，抓两头，促中间，以老带新，以新促老，新老互学，整体向前。每年举办一届校园艺术节，在艺术节中规定每个学生必须参加一项艺术比赛；学校每季度按时定期举办师生书画作品展览活动，将师生书画作品悬挂于学校的各个场所，使整个学校充满了艺术的氛围；每学期带领学生到广州、佛山等地观看各种艺术

展览，提高学生的艺术修养。一系列方案推进学校课堂改革，成效初显。

全校课堂教学改革有条不紊推进，教师质量意识加强，七、八年级区联盟测试成绩列区前列；连南寨岗中学、寨岗中心学校等莅临学校开展教学交流活动，听取九年级备课组长的备考经验；2016 学年，学校荣获“顺德区先进学校”“顺德区初中教学质量优秀奖”“2016 年顺德区青少年科技创新大赛优秀组织奖”“2016 年顺德区中小学生文艺汇演初中组声乐类学习节目一等奖”“乐从镇学校体育突出贡献奖”等奖项。

【案例反思】

沙滘中学以小组合作学习为基础，以导学案为抓手，在教学实践中逐步探索“五环七步”慧雅课堂。课堂改革要严格执行国家和地方课程计划，开齐课程、开足课时，同时积极开发校本课程，体现办学特色。

教学质量是学校的生命线。学校管理和教育教学活动都应该遵循以人为本的原则，构建愿景，规划方案，建立激励评价机制才能形成合力，创造成绩。同样，教育督导也应建立一种和谐、互信关系，充分认识教育督导的共同目标，做到教育督学和学校发展齐步向前。

第六章 责任督学挂牌督导的创新与实践

第一节 责任督学挂牌督导的策略与方法

教育决策、执行和监督是保障和促进区域教育高位均衡发展的三个重要环节。其中在教育监督上，责任督学挂牌督导是教育监督最为有效的手段，既为教育科学决策提供依据，又保障教育决策执行的效果。基于这样的认识，顺德区积极贯彻落实《国务院教育督导委员会办公室关于印发〈中小学校责任督学挂牌督导办法〉的通知》（国教督办〔2013〕2号）、《广东省教育厅关于建立和实施督导责任制度的意见》等相关文件要求，解放思想、改革创新、科学督导、依法治教，走出了一条具有顺德特色的责任督学挂牌督导之路。

一、统一思想，加强领导，夯实责任督学挂牌督导基础

1. 提高认识，明确挂牌督导的意义

开展中小学校责任督学挂牌督导，是国家深化教育领域综合改革的重要举措，也是坚持依法办学、落实国家教育方针政策、规范办学行为、全面实施素质教育的有力手段。实施中小学校责任督学挂牌督导制度是对现有督学责任区建设的深化和完善，是督学责任区制度建设的创新举措，是进一步推进和加强督学责任区制度的有效手段和有力抓手。

2. 领导重视，健全教育督导领导机构

顺德区政府非常重视教育督导工作，设立了教育督导委员会，由分管

教育常委、宣传部长任主任。委员会下设办公室主任由教育局副局长担任。教育督导委员会办公室有7名专职工作人员，统筹协调各项教育督导工作，组织开展中小学校责任督学挂牌督导工作。每年定期召开会议，专题研究，工作部署，明确要求，落实责任督学挂牌督导工作。

3. 制度先行，完善督导规范与细则

制度建设是责任督学挂牌督导工作的重要保证措施，制度先行既是责任督学的工作准则，也是中小学校接受督导的引领文件。因此，顺德区先后印发《顺德区中小学责任督学挂牌督导工作实施方案》《顺德区责任督学挂牌督导制度》《顺德区督学管理细则》等制度文件，规范全区中学、小学、幼儿园责任督学挂牌督导工作，更好地对学校（幼儿园）的规范办学、提升内涵、形成特色、建设品牌等工作进行常态化、公开化的监督、检查、评估与指导，以此推进学校（幼儿园）素质教育的全面实施，促进学生的全面发展与个性成长。

二、科学督导，踏实践行，深化责任督学挂牌督导内涵

为构建全覆盖、全方位、全过程的常态化、开放化的挂牌督导工作机制，顺德区责任督学立足改革、努力创新、科学督导，依法履行“监督、检查、评估、指导”的职能，凸显教育督导的引领性、指导性和服务性，努力形成了挂牌督导“五个一”的特色，具体如下：

1. 构筑一个网络

目前，全区共有幼儿园297所、中小学227所，其中普通高中22所，职业技术学校13所，园、校共524所。按照全面覆盖、相对就近、注重均衡、推动工作等原则，划分中小学责任督学挂牌督导片区14个，幼儿园责任督学挂牌督导片区14个。每个片区学校控制在4所，确保督导工作质量。各片区配备专职督学1名，两名兼职督学担任责任区组长。各片区实行组长负责制，专职督学任片区组长，统筹责任区内部工作，专职督学联合办公，构建了区域督学挂牌督导工作网络。

2. 建立一套机制

挂牌责任督学工作是适应新形势发展的一项新的工作。要高质量地完成这项工作，规章、制度、机制的建立和不断完善是必不可少的重要前提。顺德区教育督导委员会、区教育局印发了关于《规范责任督学挂牌督导工作系列制度》，包括：责任督学的权利义务；责任督学的管理保障；

责任督学的工作职责；责任督学的工作任务；责任督学的工作要求；责任督学开展经常性督导的基本形式和要求。在制度建设上，抓住如下三个关键点：

首先，明确督学职责。每一名督学要明确责任督学的五项基本职责：对学校依法依规办学进行监督；对学校管理和教育教学进行指导；受理、核实相关举报和投诉；发现问题并督促学校整改；向教育督导部门报告情况，并向政府有关部门提出意见。同时规定，责任督学有权对学校管理、招生收费、课程开设、教育教学、教师师德、学生学习和课业负担及学校安全卫生、校风、教风、学风等情况进行督导。

其次，细化工作流程。编制了《顺德区责任督学工作指引》，明确具体工作任务，每个责任督学挂牌督导片区每学期初要制订挂牌督导计划，每月要召开工作例会不少于1次，每学期末要撰写工作小结。责任督学每月开展随访督导不少于1次，随访督导前，要明确督导重点、要求与程序；随访督导时，可采取"随机听课、查阅资料、列席会议、座谈走访、问卷调查、校园巡视、来电接听"等多种形式进行；随访督导后，要及时向学校反馈。顺德区教育督导委员会定期听取责任督学工作汇报，研究处理相关问题。

最后，加强督学考核。顺德区教育督导委员会建立了责任督学、兼职督学考核制度，对责任督学、兼职督学履行职责、开展工作和完成任务情况进行考核，实行责任督学、兼职督学定期交流制度。对责任督学工作的考核与评价是促进挂牌督导工作质量提升的有效方法。

3. 锻造一支队伍

督学素质的高低，直接关系到督学责任区工作水平的高低。抓好队伍，就是抓住了教育督导工作的"牛鼻子"。顺德区责任督学队伍在建立之初，就定位于打造一支模范执行责任督学挂牌督导工作守则的团队：依法履职，规范督导；公平诚信，恪尽职守；公正客观，常态真诚；公开透明，勤廉自律。目前，顺德区有专职督学13人，兼职督学100人。在队伍建设上，重点抓了下面几项工作：

（1）塑形象，增强内功。督学在执行督导时，做到依法依规，坚持标准；科学实施，遵守程序；实事求是，公平公正；改进作风，服务群众。

（2）强学习，提升素质。督学将学习作为生活常态，认真学习，积极参加各类培训，熟悉国家、省、市教育法律、法规、规章和教育方针、政策，掌握学校教育教学规律，了解各地教育督导经验、教育管理专业知识以及最新教育动态等，不断提升综合素质，提高督导能力，更好地指导服务下层教育。

（3）重科研，涵养底气。督学注重开展工作研究与总结提炼，及时提炼学校在教育教学方面的典型做法与实效，努力成为管理型与专家型的督学。

4. 建立一套流程

责任督学在挂牌督导的工作过程中，简明扼要的操作流程能促进挂牌督学工作不断优化。

（1）重指导。各责任督学各司其职，发挥优势，做到“每月一主题”。例如，有学生学习、体育锻炼、课业负担、教师师德和专业发展、食堂食品安全等主题，对学校进行全面督查与指导。立足课堂，重点指导，落实学校教学常规，做到督与导相结合、督导与研训教相结合、有形与无形相结合。

（2）重服务。顺应教育就是服务的转型发展趋势，呼应师生、家长和社会的教育期盼，拓宽教育诉求渠道，开辟群众咨询投诉的绿色通道。从微观层面化解热点、难点问题，了解教育舆情，为教育行政科学决策服务。

（3）重发展。引领学校立足校情，主动反思办学行为，进一步突出工作重点、优化管理策略、突破发展瓶颈、提升亮点特色，全面提高教育质量。

（4）重落实。每次督导后，各责任督学都要及时将督查意见建议反馈给学校。为避免学校出现“两张皮”的现象，责任督学开展督导回访，敦促学校及时整改。

（5）重创新。充分利用区、镇（街道）两级督导资源，发挥专家、高校专业团队的优势，将现场督导、第三方评价和社会评价与质量检测的数据分析有机结合，综合和反馈督导评价结果，推进责任督学挂牌督导立体化、全方位督导作用。

5. 夯实一道屏障

（1）注重宣传引导。顺德区注重对责任督学挂牌督导工作的宣传报道，利用好各种媒体及教育督导网等宣传阵地，及时总结、提炼、推广责任督学挂牌督导的工作经验与实践成效，扩大影响。各校（园）利用教工大会、学生家长会等，介绍、宣传责任督学挂牌督导工作，使学校教师、家长等能够自觉、主动地支持、配合好责任督学挂牌督导工作，为挂牌督导工作创造良好的工作氛围。

（2）注重督导问责。督学在开展挂牌督导的过程中充分挖掘、提炼校（园）办学优势与特色，向校（园）提出合理、可行的办学意见建议；对在督导过程中发现的重大问题要及时上报，特别是对发现的违法违规办学行为或者危及师生生命安全的重大隐患等，及时督促校（园）和相关部门进行处理。将挂牌督导结果与学校自主办学绩效、考核学校目标相结合，并作为对学校主要负责人考评问责的重要依据，在校（园）评优评先、干部任免、教师考核等方面，充分听取责任督学的意见。

（3）注重工作保障。顺德区教育督导委员会为责任督学挂牌督导工作提供必要的工作保障。

在工作条件上，下发《关于为中小学校责任督学开展督导工作提供保障条件的通知》，要求各责任区驻点学校要为责任督学提供独立的办公场所及其他办公条件，确保挂牌督导工作顺利开展。

在专业提升上，顺德区严格规定责任督学人员从选定后到上岗前，必须参加区里统一组织的督学资格培训，每年组织多形式、多层次的督学培训，先后进行了《教育督导实务操作》《〈顺德区责任区督学工作实施条例（草案）〉解读》《如何正确评价学校发展规划》《顺德区深化教育综合改革规划》《关于学校章程制定与实践》《学校学生学情诊断分析》等，不断提升责任督学的政策理论水平和督导业务水平。经过区督学的专业培训并经考核合格，由教育督导机构颁发证书后持证上岗，责任督学们既充分了解了督学工作的专业要求，又增强了开展工作的荣誉感和责任心。通过系列培训，顺德区的责任督学对定好位、尽好责、守好门、开好方有了自己的体会，对当好一名合格的责任督学，发挥有效的指导作用，有了自己清晰、规范的做法。

在经费投入上，印发《关于发放2015学年度顺德区责任督学挂牌督导工作补贴的通知》，依照有关规定和标准，确保督学交通、误餐补贴等费用投入。

（4）注重工作方式引导。顺德区教育督导部门、责任督学和学校建立了良好的网络沟通方式。一是建立督学“工作群”，通过“工作群”发布工作信息、月工作主题指引等，指导督学工作；二是建立片区责任工作组，组内组织交流；三是建立“教育督导网”，公示教育督导动态工作信息、学习资料。网络与区教育信息网、镇（街道）教育信息网连通，实现区教育督导部门与学校的网络连通；四是建立责任督学提交的材料的网络提交指引，教育督导部门和责任督学网络渠道畅通；五是责任督学公示牌公布个人网络联系方式。上述工作方式的引导，使顺德区教育督导工作部署、工作交流、信息报送和意见反馈等均可利用互联网轻松实现。

三、立足发展，总结推广，重视教育督导结果的应用

1．依据办学绩效评估结果有针对性督导

指导学校领悟评估数据中隐含的道理，找到基于问题改进的解决方法、策略，从而对存在问题进行专项督导，体现督导工作的客观性和科学性。

2．根据评估结果，实现精准督导

明确学校办学中存在的问题所在，懂得问题的关键，找准问题的成因，做到深化认识、明确主线、瞄准症结。在此基础上，对那些具有个体性、特殊性问题的学校，进行针对性强、准确性高的督导，使之不留久疾、不拖后腿。

3．针对问题高效督导

从问题发现到问题整改，时间周期一般是一个学期或一个学年不等，大部分学校的问题整改就能收到初步的效果，个别学校的效果还比较明显。这对于区域教育质量的整体提升起到了十分积极的作用。

4．将评估结果作为多向督导指引

各部门、各学校紧密合作，依据评估出现的区域的共同性问题，采用资源整合、协同整改的多向督导，形成立足发展的督导工作机制，促进学校办学水平提升。

四、发挥特长，着力创新，引导学校走特色发展之路

顺德区在实施责任督学挂牌督导工作中，注重发挥督学的专业特长，将责任督学挂牌督导与学校特色建设有机结合，帮助学校解决改革发展中出现的问题，推动学校端正办学思想，规范办学行为，实施素质教育，提高教育教学质量。

1．遵循“特长＋特色”的工作原则

在责任区划分上，注重将责任督学专业特长与督导学校凸显的办学特色结合。将参与改革的深度联盟学校、优质教育资源带学校都分到同一责

任区。责任督学参与制定责任区学校发展规划、管理章程和议事规则，参与研究、协调、统筹改革事项推进等工作。通过责任督学直接参与责任区工作，一方面督学可以及时了解教育改革的方针政策；另一方面可以将学校难以解决的问题在责任区层面进行交流、研讨，也可以将责任区教育督导问题与建议向学校进行反馈说明，提高督导实效性。

2. 采取“督导+指导”的方式

实行挂牌督导后，延伸教育督导的触角，责任督学的角色也相应发生了变化，由原来（专项）综合督导检查中的“裁判”演变成学校发展过程中的“谋士”。责任督学，可以随时深入基层学校，没有以往的迎检过程，展现出来的是学校的“本色”，这样更加有利于及时发现问题。

作为责任督学，不仅仅是发现问题，督导整改，更重要的是树立与基层学校“同呼吸、共命运、想办法、找出路”的思想，利用自己的专业优势，及时把其他学校（或者自己学校）的成功做法和优秀案例传授给对接学校，促进学校间“取长补短”，引领学校走上特色发展之路。

第二节　责任督学挂牌督导的创新实践

2015 年，在区委、区政府的强力推动下，顺德吹响了全面深化教育综合改革的号角，对标广州和深圳，提出“树立标杆，面向广深，打造珠三角教育高地”的目标，把教育作为城市竞争力的核心要素摆在了前所未有的战略地位。在深化教育综合改革的进程中，区委、区政府始终将教育督导工作作为落实国家教育政策、法规的保障，作为促进教育综合改革的“助推器”，不断加强领导、健全制度、培养队伍，形成了“区统筹，镇协助，部门联动”的督导工作机制，并且紧紧围绕“创新实践，规范管理，服务改革，促进发展”的工作思路，全面推进中小学责任督学挂牌督导工作，助推教育综合改革的深入开展，助推区域教育水平的提升。

一、健全机构，加强领导，为挂牌督导工作提供组织保障

1. 成立区教育督导委员会

区委、区政府非常重视教育督导工作，于 2016 年成立顺德区人民政

府教育督导委员会，11 个区属部门、10 个镇（街道）为主要成员单位，由区委副书记任主任。委员会办公室设在教育督导室，办公室主任由教育局主管副局长担任，办公室有 7 名专职工作人员。教育督导委员会每年定期召开会议，部署当年督导工作，提出要求，制定和落实责任督学挂牌督导各项相关保障措施，形成政府相关部门之间联动工作机制。

2. 构建责任督学挂牌督导工作网络

顺德区共有 227 所中小学（含跨学段学校），按照“以学段为主、兼顾地域”的原则，将全区中小学划分为 11 个责任区（区属学校为一个责任区，每个镇为一个责任区），每个责任区下设 4 个督导组，每个督导组两名督学，每个督学负责 4 ~ 5 所学校，构建了顺德区责任督学挂牌督导工作网络。

二、完善制度建设，构建制度体系，为挂牌督导工作提供制度保障

责任督学挂牌督导工作是适应新形势发展的一项新的工作，建立一套完整的制度体系，并坚持按制度办事，是确保挂牌督导工作优质运行的重要手段。在制度建设上，我们分三个层次：

1. 构建督学管理和工作制度体系

区教育督导委员会、区教育局印发了《责任督学挂牌督导工作制度汇编》，从责任督学职责、工作任务、会议制度、报告制度到责任督学挂牌督导工作流程、工作指引等方面予以规定，确保责任督学工作有章可依、指引明确。

制定责任督学管理制度。包括对责任督学的选聘、培训等内容，要求责任督学做到“四个一”，实施经常性督导每个月不少于一次，专项督导每学期不少于一次，协作督导每学期至少参加一次，参加综合督导每学期至少一次；并对责任督学校园巡视、随堂听课、查阅资料、问卷调查、座谈走访等工作方式和方法提出明确要求。制度体系的建立和完善，夯实了责任督学挂牌督导的基础。

2. 制定责任区组织建设制度

责任区是挂牌督导工作的直接管理单位，起到布置工作、组织协调的作用。制定督学责任区管理制度，就是明确责任区的设置、工作职责、工作方式。责任区则通过责任督学月报制度、研讨制度、协作督导等制度强化组织建设，协助区教育督导室完成各项挂牌督导工作。例如：在 2017

年的办学绩效督导评估工作中，各个责任区作为协调组，在区教育督导室的统筹安排下，组织责任督学参加办学绩效督导评估工作。责任区组长通过组织责任督学研读指标、细化评估标准、审阅评估材料、现场督导评估、反馈评估结果等系列工作，整体提升了责任督学的综合督导评估水平，强化了责任区团队意识。

3. 督学考核制度

制定区、镇两级责任督学考评制度是区、镇两级督导管理机构联动开展工作的重要环节。区教育督导室负责对专兼职督学考评，镇（街道）教育局负责对兼职督学的履职情况、开展工作和完成任务情况进行工作效果评议，通过考评了解和掌握责任督学的工作情况，促进督学进行工作反思，提高工作效率和工作质量。

三、合理配置，研训并举，为挂牌督导工作提供人力资源保障

督学素质的高低，直接关系到督学责任区工作水平的高低。在顺德区责任督学队伍建立之初，我们就定位于打造一支执行力强、业务水平高的优秀督学团队。

1. 合理配置，加强督学队伍建设

建设一支强有力的督学队伍，就是抓住了教育督导工作的“牛鼻子”。目前，顺德有区专职督学 7 人、镇（街道）专职督学 10 人，兼职督学 99 人；其中中学高级教师 78 人、特级教师 3 人，督学的专业覆盖了各个学科，形成了一支年龄、专业、职称结构合理，数量充足，经验丰富，年富力强的责任督学队伍，具体见表 6 – 1 所示。

表 6 – 1　责任督学队伍建设

项　目	专职督学数	兼职督学数
行政人员数/人	10	86
教研人员数/人	7	13
总人数/人	17	99
平均年龄/岁	47. 1	47. 3

2. 研训并举，促进督学队伍专业化

责任督学到校督导需要有较强的专业水平。为提高责任督学专业化水

平，顺德区制定了《顺德区责任督学三年培训规划》，保证督学上岗前接受面授培训不少于15学时，聘任周期内每名责任督学面授培训累计不少于40学时。

近三年来，顺德区先后开展了五类培训：一是督学督导专业技能培训，专注于督学到校工作技能学习，先后邀请了国家督学尹后庆、深圳南山区督学李莹为全体督学进行专业技能培训；二是举办顺德区督学教育大讲堂，着重于法律法规、政策制度等学习，邀请了上海虹口区督导室主任郑万瑜进行了教育法律法规的培训；三是责任督学专题培训，先后组织80多名督学到南京市、成都青羊区和成华区学习现代化学校制度建设经验；四是评估督导培训，2016年组织部分督学到合肥、青岛参观学习教育督导评价；五是对督导课堂教学评价的培训，通过"走出去、请进来"，三年来培训人数达1 000余人次，使督学的培训常态化，提升了督学的专业水平，促进责任督学专业化发展。

四、多措并举，改革创新，确保挂牌督导工作取得实效

责任督学挂牌督导工作是否有效，取决于工作措施是否得当。顺德在中小学责任督学挂牌督导工作中既注重常规工作落实到位，又致力于创新突破。

1. 优化设计，实现督导主题创新

区教育督导室认真学习、贯彻落实相关文件精神，切实做到"真学、真懂、真用、真做"，结合顺德区教育年度重点工作，优化整体设计。2016学年度，除经常性督导外，还开展了春秋季安全卫生、校园欺凌、学校社团建设、艺术与美育、心理健康教育、减轻学业负担等六大类针对学生健康发展的专项督导，并开展了中小学办学绩效督导评估，对全区所有中小学进行了全覆盖的综合性督导评价。这是顺德区教育史上第一次，从评估指标体系设计、评估方案出台到评估实施全过程基本实现本土化。99名督学不同程度、不同范围地参与了这项大规模督导评估工作。可以说，这是主题式综合督导的一次创新，同时为学校整体发展、局部建设提出合理意见和建议，是一项影响深远的工作。

2. 规范督导程序，创新督导工作方式

严格规范责任督学进校督导工作程序，要求主动出示督学证，督导工作规范，监督指导到位。督导结束后，及时向学校反馈督导意见，督促整

改并撰写整改报告。责任督学通过“亮证督评、明察暗访、推门听课、校园巡视”等，看学校常态化管理，督促学校按管理规范运行，依法治校，抓实常规督导工作程序。

在实际工作中，顺德探索将督学专业特长直接对接督导学校，形成了“督导＋指导”的创新性督导工作方式。安排责任督学与督导学校配对时，将督学的专业特长与学校发展特色项目紧密结合，责任督学从进校督导开始，就深度介入学校教育教学改革、特色品牌创建工作中，利用自己的专业优势，及时把其他学校（或者自己学校）的成功做法和优秀案例，传授给督导学校，帮助学校确立特色发展项目，解决特色发展中出现的问题，引导学校走特色化发展。

案例1：张东升督学在“思维导图引领学生核心素质发展”上有深入的研究，所督导的学校龙山中学、里海中学、华东小学、苏溪小学成为“思维导图提升学生学习力”的实验基地，鼓励学校参加“思维导图”的课题研究，促进学校办学质量提升，让学校特色更加鲜明。

案例2：刘彦督学是罗定邦中学德育副校长，也是南江中学、顺峰中学、顺德一中外国语学校责任督学，在“学生体验教育”方面有深入研究。在督导工作中，他注重引领学校关注学生生活体验、劳动体验，将“体验德育”传授给督导学校，丰富学校发展的内涵，使得顺峰中学“和美教育”特色更加鲜明。

案例3：刁小东责任督学作为均安责任区负责人，积极引领均安镇“共同体联盟”发展，打造均安联盟教育特色发展。

“督导＋指导”是顺德区责任督学挂牌督导工作方式的创新，责任督学到校不仅是“督”，更重要的是“导”，“导”不仅是指导常规管理薄弱环节，更重要的是引领学校特色化、专业化发展。

3. 反馈指导到位，创新结果呈现方式

无论是常规性督导，还是专项督导，各位责任督学都以严谨的工作作风为学校提出有针对性的反馈意见。在2016学年的中小学办学绩效督导评估中，责任督学以责任区为单位，给顺德区每所学校都出具一份详细的诊断报告，为每个镇（街道）撰写了一份“镇（街道）中小学办学绩效分析报告”，还分析了每个学段的绩效评估情况，形成“学段报告”“顺德区中小学办学绩效督导评估总报告”，从不同层次、不同角度总结了顺德区目前中小学办学实际状况，既给学校提出有针对性的整改意见和建议，也给政府决策提供了实证依据。242份督导评估报告呈现了不同侧面的教育现状，这种呈现方式是以往督导评估所没有的，是一次结果呈现方式的创新。

4. 建立督导经费投入的保障机制

顺德区教育督导委员会为责任督学挂牌督导工作提供必要的工作保障。下发《关于为中小学校责任督学开展督导工作提供保障条件的通知》，要求各责任区驻点学校要为责任督学提供办公室所及其他办公条件，确保挂牌督导工作顺利开展。2017 年顺德区政府下发了《顺德区责任督学队伍建设实施意见》，进一步明确了政府责任督学选聘、培训等要求，特别是将责任督学经费投入明确列入预算。仅区政府财政投入上，2015 年就投入 20 万元，2016 年和 2017 年连续两年投入 34 万元，确保督学交通、误餐补贴到位，镇（街道）财政也拨出相应经费支持镇（街道）督导工作。顺德区 2018 年预算投入 180 万元，用于责任督学工作设备设施改善、责任督学网络平台的建设、督学培训等项目上，进一步提高责任督学挂牌督导工作实效。

5. 搭建信息化督导工作平台

大数据时代，信息化是必要的工作手段。在责任督学挂牌督导工作上，依托信息化平台是常规督导工作必备手段。2015 年顺德自主开发了“顺德区教育督导网”，督学通过教育信息网办公系统上传督导工作资料，学校可以从督导网上看到督学的反馈意见，该系统基本满足工作需要。2017 年 9 月，顺德启用深圳市开维公司开发的“顺德区中小学校责任督学挂牌督导工作平台”。为了更便捷地开展工作，还建立了顺德督学 QQ 群、顺德督学工作微信群，通过 QQ 群、微信群发布工作信息、月工作主题指引，交流工作经验等。

6. 立足发展，重视教育督导结果运用

责任督学挂牌督导评估结果运用是促进学校发展的行政手段，没有这个行政手段，其效果将大打折扣。顺德区将责任督学督导结果纳入到中小学办学绩效评估指标体系中，占总分 10% 的比例，办学绩效督导评估结果是学校评优的重要依据，是校长绩效考评的重要内容，也是镇（街道）政府教育工作考核指标之一。

五、工作成效及亮点

（一）工作成效

1. 解决了学校自主发展的问题

正是得益于督导工作的有效开展，顺德区逐步形成了对学校的教研指导—评估诊断—反馈指导的服务体系，各镇（街道）政府、学校通过督导评估，重新审视自身存在的问题，并在督学的指导下有针对性地解决，促进学校自主发展。

2. 营造一种依法办学、规范化发展的氛围

顺德是教育部教育管办评12个试点单位之一，重点探索了教育管理体制改革，下放学校办学自主权，实施事中、事后监管机制。责任督学挂牌督导恰恰是政府下放学校办学自主权后，监管学校的重要手段，在一定程度上实现了事中、事后监管职能，促进学校依法办学，规范化发展。

3. 助力区域教育管理队伍水平的提升

兼职督学大部分是校长、学校行政，走出学校作为督学挂牌督导其他学校，在督导和处理问题过程中，换位思考，不断反思，提高作为办学者的理论和实践水平。顺德还实现了对幼儿园的全覆盖挂牌督导，有一支55人的幼儿园督学团队，担负全区315所幼儿园的挂牌督导工作，间接地提高了学前教育管理水平。

4. 促进顺德教育综合改革向纵深发展

中小学挂牌督导是督学站在第三方角度，观察学校办学效果，能更清晰地发现顺德教育存在的问题，并帮助学校、政府解决问题。责任督学是建立在政府、学校、社会和家长之间的纽带，促进顺德教育改革走向深入。

（二）工作亮点

1. 构建了“区统筹、镇协助、部门联动”的工作机制

顺德区政府教育督导室统筹规划，顶层设计区域教育督导工作，各镇（街道）教育局督导工作组落实。在督导工作中，形成部门联动工作机制，即政府部门之间相互配合，做好特约督导角色；区教育局科室之间相互协作，在专项督导、综合督导工作中联合行动，创新了责任督学挂牌督导工作机制，将责任督学挂牌督导纳入了区教育发展整体运行大背景中。

2. 实现了主题督导创新

在督导主题设计上，既重视经常性督导，又精心策划主题督导。在主题督导上，融合区教育重点工作，实施“专项督导+重点工作”，用主题督导推进教育综合改革。

3. 创新督导工作方式，实现“督导+指导”工作

在责任督学与督导学校分配上，不仅要考虑区域特点，更重要的是将

责任督学专业特长与学校特色工作、品牌建设相结合，发挥督学的专长，为学校特色发展提供服务和支持。

4. 创新督导结果反馈方式

以往的督导工作结果只是面对学校一对一反馈，2019 年我们改变了以往的反馈方式，综合督导结束后，我们分别给区政府、镇（街道）教育局、学校督导反馈报告，从不同层次、不同范围将督导工作结果呈现出来，立体反映教育现状，为教育决策提供依据。

六、努力方向

责任督学挂牌督导制度实施以来，我们虽然进行了不少有益的摸索，取得了一定的成效，但仍然存在不足之处，需要在实践中进一步完善。

1. 进一步强化督导结果的运用

教育督导工作能否取得实效，最终取决于督导结果能否得到充分运用。在责任督学挂牌督导实践中，我们觉得，督导结果运用仍有不完善的方面，比如结果与学校评优、校长绩效挂钩是否就能促进办学者反思，是否能激发学校发展的内驱力，这有待实践论证。今后，我们将进一步探索督导结果如何更有效地运用，强化教育督导的导向和激励功能，增强学校的自主发展能力，推动责任督学挂牌督导工作的顺利开展。

2. 进一步完善教育督导保障制度

尽管顺德区已设立教育督导专项经费，但顺德区教育规模相当于一个市的教育规模总量，经费的投入仍然跟不上教育发展大幅度提升的需要。顺德区将逐年加大对教育督导工作的投入，不断创新督导工作机制，促进顺德区教育水平提升。

3. 进一步加强教育督导信息化建设

尽管顺德区已实现区教育督导部门—责任区联系人—责任督学—学校的网络互联互通，但是责任督学在应用信息平台处理日常工作的能力有待提高。今后，应在进一步加强区教育督导网建设的基础上，建成区责任督学挂牌督导信息系统，将“互联网 +”的概念引入责任督学挂牌督导工作中，以更好地适应教育督导现代化发展的需要。

第七章 办学绩效评估与责任督学挂牌督导案例

第一节　中小学办学绩效评估促进学校发展案例

一、小学办学绩效评估案例

顺德区北滘承德小学评估报告

一、评估工作描述

6月8日，顺德区中小学绩效评估组小学9组对北滘承德小学进行了为期一天的评估，评估组全员全程参加了评估。评估组听取了北滘承德小学的自评汇报，进行了观课、查阅资料，召开了行政、教师、学生座谈会，巡视了校园，观摩了学生活动，举行了闭门会议，汇总形成了评估意见要点，最后召开评估反馈会，向校方阐述反馈了评估意见。

二、学校概况

佛山市顺德区北滘镇承德小学创办于1921年，办学历史悠久，文化底蕴厚实。学校几次易地重建，先后更名，于2014年9月正式命名为承德小学，是北滘镇一所高起点、高标准的学校。学校拥有一支爱岗敬业、师德高尚、业务精湛的师资队伍，教师队伍团结合作、业务扎实、富有创新精神。

三、办学绩效评价

（一）学校发展工作评价

（1）承德小学以“承天之德，正己之行”的“正行教育”为办学理念，把“立德树人”作为学校的根本任务，把培养小学生优良的道德品行、学习品质、心理品格等三大核心素质作为“正行教育”的办学目标和育人方向。学校优整特色，科学管理；课改领航，内涵发展；规范行为，加强班主任建设，促进学生自主管理；培养阳光、自信、有担当、具备创新意识的学生和境界高远的教师团队。

（2）承德小学加强了规章制度建设，依法办学，自主管理，建立“校长室—教导处、德育处、总务处—年级组、教研组、班集体”“三级”自主管理体系，明确了校长、主任、科组长、任课教师与学生各个层面的职责；构建“学校与教师”“学校与家庭”“教师与家长”之间的合作体系，进一步完善了学校、家庭、社区三位联动的教育网络。

（3）承德小学把德育工作放在首位，抓好师德建设，强化德育意识。学校重视环境熏陶，有经典长廊、英语长廊、书香阁等，有橱窗、板报、展板等宣传媒介，通过主题班会、队会、国旗下讲话、手抄报、黑板报、体育运动等活动，创设良好的德育环境，让好的思想和行为影响学生。

（二）教师发展工作评价

（1）承德小学重视师德师风建设，以“德为人先、学为人师、行为世范”为准则，以树教育形象，办人民满意的教育为目标，以提高教师队伍的整体素质为核心，把教师队伍建设提高到日常重要管理工作，培养“正行”教师队伍。

（2）承德小学以教学为中心，立足学生实际，面向全体学生，面向全部学科，深入开展课堂教学改革，完善适合学生实际的教学策略和课堂教学模式，注重教学效果。搭建展示平台，营造“智行”教科研氛围，在各个层面开展公开课、研讨课活动，进行各类业务竞赛和评比等，让教师在教学实践摸爬滚打中练就教学基本功，在竞争磨砺中提升业务水平，充分发挥骨干教师的辐射作用，通过“师徒结对、成长互助、专业引领”等形式，带动促进青年教师迅速成长。

（三）学生发展工作评价

（1）承德小学开齐课程，上足课时，重视学生健康发展，引进“阳光俱乐部”和“恒大足球青训基地”，克服运动场地不足的困难，创造性地开展大课间活动，确保学生每天运动不少于一小时。学校结合不同年级学生发展特点每学期全校举行一次社会综合实践活动，倡导学生积极参加集体活动和社会交往，逐步让学生形成自尊、自爱、自信、自制的良好心理品质和积极乐观的心态。

（2）承德小学注重培养学生的科学素养，建立了科学课程资源库，成立了家庭科学实验室，每年开展以“科技畅想未来、文化浸润心灵”为主题的科技文化节，通过活动普及科学知识，增强探究意识，激发学生爱科学、学科学、用科学的积极性。

（四）学校特色工作评价

（1）承德小学与广东省何享健慈善基金会、北滘镇文化站合力打造了少儿粤剧培训基地，实施传统粤剧校本课程，通过编辑粤剧校本、聘请专家讲课、搭建“娃娃唱大戏”艺术平台、与粤剧名家对话和同台献艺等活动，不断夯实学生粤剧基本功，不断拓宽传统艺术教育路径。

（2）承德小学充分利用网点学校的优势，开展适合学生发展的社团课程，不断提高学生对体育运动的兴趣，取得了较好的成绩。

（3）承德小学充分利用周边丰富社会资源的优势，建设校外综合实践基地，让学生有更多实地体验和亲自动手操作的机会。

四、存在问题与建议

（1）学校办学底蕴深厚，成绩突出，但学校还可以在顶层设计上下大功夫，科学规划，定能使承德小学整体办学水平再上一个台阶。

（2）学校有较为丰富的校园文化，建议根据学校实际，做细做精，形成主题化，最后形成学校文化品牌。

（3）学校德育教育已初步形成，但特色不够明显，亮点不够鲜明，德育课程建设、德育系列主题活动有待加强研究，长远规划。

五、特别推介

（1）学校社团活动丰富多彩，扎实有效，特别是粤剧社团更显特色，充分利用社会资源，引进粤剧名家参与辅导，科学训练，成绩突出。

（2）以“谌永锋广东省名师工作室”为支点，开设科学课程，与家庭教育相结合，普及科学知识，培养学生科学素养，成效显著。

大良西山小学绩效评估报告

一、评估工作综述

受顺德区教育发展中心的委派，顺德区办学绩效评估第 4 小组一行 5 人，于 2017 年 6 月 2 日对大良西山小学办学绩效评估（2016 年）工作进行了为期一天的督导评估。评估组按照既定流程，听取了西山小学的自评报告；召开了学校中层、教师代表和学生代表 3 个座谈会；专访了学校副校长；实地考察了校园；观摩学校大课间和社团活动；查阅了相关的档案资料和佐证材料；进入课堂听课并检查教师的备课、学生的作业等。评估组在多渠道、多形式核查了学校实际情况的基础上，对照《顺德区小学办学绩效评估指标评分操作说明（2016 学年）》的各项指标，对大良西山小学从学校发展、教师发展、学生发展、特色发展四个维度以及学校的整体工作进行了分析和讨论，形成评估意见。

二、学校概况

西山小学创办于清朝光绪三十年（1904 年），原名“广兴学堂”，经多次易名，1956 年正式定名为西山小学，是一所名副其实的百年名校。西山小学现有 54 个教学班，学生 2 458 人，教师 120 人。学校总投入 8 800 万元，占地面积 53 亩，建筑面积 11 000 平方米，绿地面积 20 000 平方米。学校环境幽雅，文脉氤氲。教学设施先进，设备齐全。

西山小学以其历史底蕴、树大根深、花繁叶茂、硕果累累而独树一帜。学校多次被评为区先进学校、国家教育教学重点课题实验学校、省级校本培训示范学校等，还被人民日报誉为“顺德教育品牌”，入选“中国名校六百家”，成为广东省 15 所全国名优小学之一。

三、办学绩效评价

（1）学校环境优美，底蕴深厚，师生气质儒雅阳光，步入校园，一片和谐有礼、宁静致远的书香气息。

（2）学校办学理念鲜明，以简洁、开放、高效的办学方式，全面实施绿色教育，充分尊重教育和学生身心发展规律，开展低负、高效课堂，强调可持续发展。

（3）学校以现代学校的高标准要求，《中小学校办学章程》建设完善，教代会机制健全，每年征集各项建议提案，充分发挥教师的民主管理，提升教师主人翁意识。

（4）学校构建了“一会、三心、五纵、七横”的现代学校内部治理模式。行政队伍团结有力，管理职责明确，每位行政都能独当一面，为减少管理层级，并引入“小学校”和“小校长”的概念，充分发挥级长、科组长工作职能，既能使管理效率短、平、快，又能培养教师的组织管理能力，为干部人才的阶梯培养打下坚实的基础。

（5）学校的教育教研气氛浓烈，以大课题引领，分解成若干小课题，让每位教师参与到每个小课题的研究中。高效、低负、自然、生动的课堂背后，凝聚了教师们的刻苦钻研、集体教研的心血。师徒结队的“青蓝工程”更体现了团队合作、文化传承的校园精神。青年教师的展示课不但是本人的创新精神，更有年级备课组集体备课的影子和团队的力量。

（6）注重学生的发展，实施绿色德育管理。通过经典诵读、“小黄帽在行动”、咏春操、社团等系列活动，学生在实践体验中形成良好的品行，促进个性发展。

（7）学校办学特色亮点纷呈，大胆整合外部优质资源，办没有围墙的学校，科技、艺术、体育、安全等各类社团组织活动丰富多彩，18 个水准高的社团在全国、省、市级的比赛中成绩斐然。

（8）桃李不言，下自成蹊。西山小学在绿色教育理念指导下，师资队伍强劲，教学质量过硬，学生素质全面发展，是顺德教育的品牌典范。

四、发展与建议

（1）作为百年老校、顺德品牌，可继续深化绿色教育，增强区域辐射作用，寻求更大突破，为社会提供更多优质学位，在区域内起到辐射、引领作用。

（2）作为顺德区标杆学校，可擦亮特色亮点，使办学特色更鲜明。

（3）课程与办学理念统一并深化，通过课程的设置实现理念的落实。

二、初中办学绩效评估案例

大良镇（街道）顺峰初级中学评估报告

一、评估工作综述

2017年6月26日评估组专家5人通过听取学校自评报告，深入课堂听课，查阅学校办学资料，召开校长、中层、师生座谈会，巡视校园校貌，以及听取关于第二课堂、社团活动方面的汇报，较为系统、全面地了解了学校的宏观规划和落实情况及办学成绩与特色。评估组专家多次交流、讨论，形成了对学校的基本评价意见及建议。

二、学校概况

佛山市顺德区大良顺峰初级中学是一所全日制公办初级中学，现有49个教学班，学生近2 500人，在编教师188人。

学校以“践行和美教育，成就和美人生”为办学宗旨，推进“和乐校园”“和心德育”“和合教学”，推动学校整体发展和特色发展，塑造“和美顺中”学校文化品牌。

学校曾获得广东省中学德育重点课题实验学校、顺德区先进学校、顺德区教育综合改革试点学校、大良街道先进学校等荣誉，被中央电化教育馆授予“智慧校园”“实验学校”和“动漫教育实验学校”称号。

三、办学绩效评价

1. 亮点与经验

(1) 立足文化引领，打造可持续发展的和美教育。

从中国传统文化中萃取养分，确立立意高远、一脉相承的“和美”文化主题，并以此统领德育、教学、管理、后勤、校舍及校园文化建设，形成和心、和合、和乐为一体的学校特色文化，推动学校在短时间内迅速升格为环境优美、高端大气、起点高、品质优的窗口单位。（主题文化墙、文化馆、才艺场馆、心理剧场）

(2) 推动学校管理改革，打造自主管理、奋进有为的和谐师资队伍。

重视教师专业水平的提升，推进师友互助课堂改革，与华南师范大学合作成立“微课程”，以学科单位开发适合学生成长的校本课程，如观鸟课程、机器人社团、创客课程等。学校十分了解师情，千方百计地为教师成才成名搭建广阔平台（版画工作室），提升教师的归属感。学校不断加强机构管理改革，努力探索激活教师内驱力的有效机制，打造一支业务精湛、具有“开荒牛”精神的师资队伍。

（3）推进师友互助课堂改革，形成互助合作、生动活泼的和合教学。

构建和馨、和善、美心、美行课程体系，并在这一体系引领下，通过课堂教学改革，借力“互联网＋教学”，利用“阅课”软件，解放师生，提高课堂效率，提升教育教学质量。

（4）抓实“三生教育”校本德育，构建具有鲜明育人特色的和心德育。

以服务学生成长为宗旨，致力于学生的身心健康，将和美人的八大标准融入德育活动中，积极开展“三生教育”系列活动，建设心理咨询室，大规模开展第二课堂系列活动，如星空观测、定向越野等，形成特色心育校本体系。

（5）紧跟时代脉搏，学校特色品牌建设卓有成效。

以六个品牌项目建设为支撑，建设和创美客中心，开发创客课程项目，构建互联网教学平台，积极培育创新人才，挖掘特长学生，为帮助学生多元发展搭建优质平台。

（6）扩大开放办学，引入社会资源拓宽办学渠道。

注重开放办学，建立和美促进会，开辟学生社会实践基地，建设真人图书馆，借助蚂蚁慧学平台，开展“一带一路”知识共同体，与国际接轨，引资引智，建立立体化办学格局。（家委会、家长义工队、家长讲坛）

2. 意见与建议

（1）精准定位，进一步明晰未来发展目标。

今天的顺峰中学已经发展到一个高度，下一步的发展目标如何定位？建议进一步提出未来学校在高起点上的奋斗目标，并进行精准定位，作为全体师生共同努力的美好愿景。如未来四年，致力于把顺峰中学建设成为一所享誉珠三角、具有国际资源互通特色的名校。

（2）求真务实，进一步开发和美课程内涵。

从和美人八大标准出发，进一步完善课程研究“微团队”，深挖和馨、和善、美心、美行课程内涵，做细做全课程结构，以和美课程开发促进教师的专业研究和专业成长，夯实学生的发展基础。

(3) 持之以恒，进一步强化教育教学改革。

持之以恒地推进课堂教学改革，进一步解放教师的教育观念，转变教学方式和学生的学习方式，将“师友互助”变成一种师生的课堂教学理念。加强课堂教学改革的顶层设计，结合和美教育和学科核心素养，通过经验总结和提炼，建立可具推广的课堂教学改革路径，同时进一步推进学校机构改革，强化自主管理，增强行政责任意识和服务意识。

容桂镇（街道）容桂外国语学校绩效评估报告

一、评估工作综述

2017 年 6 月 28 日，评估组专家 5 人通过听取学校自评报告，深入课堂听课（共计节数），查阅学校办学资料，召开校长、中层、师生座谈会，巡视校园校貌，以及听取关于第二课堂、社团活动方面的汇报，较为系统、全面地了解了学校的宏观规划和落实情况及办学成绩与特色。评估组专家多次交流、讨论，形成了对学校的基本评价意见及建议。

二、学校概况

佛山市顺德区容桂外国语学校（原容桂中学，2016 年 12 月 18 日更名）创办于 1998 年，是一所全寄宿制公办初级中学。现有 54 个教学班，在校学生近 2 700 人，在编公办教师 189 人。

学校确立“让每个学生获得成功，使每位教师持续发展”的办学理念，“仁义礼智信”的校风、“态度决定一切、坚持决定成败”的校训、“爱博雅睿”的教风、“严勤巧诚”的学风，并以此推动学校的教育教学改革，学校发展不断取得新的进步。

学校先后被评为广东省 2016 年健康促进示范学校，佛山市 2016 年防震减灾科普学校，顺德区 2016 年依法治校示范校，顺德区校园安全示范学校等。

三、办学绩效评价

1. 亮点与特色

(1) 抓住机遇，以改革为动力推动学校转型发展。

学校积极响应区教育综合改革号召，把准学校发展新方向，把握传承和创新两个支撑点，在继承学校现有的办学模式和保持学校发展良好势头的基础上，以极大的气魄和宽广的胸怀，努力探索人文与科学相结合、外语与科创相结合的发展新路子，思考新形势下学校发展的重新定位，展现出容桂外国语学校未来巨大的发展潜力。

(2) 抓好常规，以课改为核心提升学校办学质量。

经过四年的探索和沉淀，“合作学习促双主体发展”课堂教学改革已经初具规模，教师个人教学风格逐步成形，与校园文化建设、班级文化建设融为一体，小组合作学习模式趋向常态化，学生在自主学习、小组互助学习中切实感受到了成功和喜悦。卓有成效的课堂教学改革，大大提高了教学效率，提升了教学质量，增强了学校的社会影响力，受到兄弟学校的热切关注。

(3) 抓实研修，以教师持续发展为宗旨强化师资队伍建设。

学校重视师德师风建设，培育教师的敬业精神，发展教师的专业能力，增强教师队伍的凝聚力，形成友善热情、爱生爱校的教师风气，激发教师的专业研修意识和专业竞赛潜能，营造出浓厚的研究氛围。教师获奖种类多、档次高，充分发挥了以赛促研的推动作用，逐步实现“教师有专长、学生有特长”的目标。学校通过课题研究，以教科研方式破解家校管理的难题，收到良好效果。

(4) 找准核心，以课程开发为抓手夯实素质教育基础。

学校十分重视课程开发，构建起国家课程校本化、学校课程特色化(学科特色课程)、活动课程多元化三大系列校本课程，依托30多个学生社团、科技节、体艺节和外语文化节等，努力打造适合学生成才的优质平台，培养学生的综合素质。学生在各级各类比赛中收获了一些很有分量的奖项和荣誉。如广东省青少年科技创新大赛一等奖等。

(5) 着力整合，以“三三三”模式彰显学校办学特色。

学校发展做到有规划、有落实。通过改革实践，学校形成了具有容桂外国语学校特点的“三成”教育、“三自”管理、“三生”素质的德育模式，以“家班合作”为主题进行课题研究，逐步破解家校管理中的一些难题，整体提升了学校的办学水平，确保了教学质量的持续提升。

(6) 明确重心，以外语教育为基点推动特色化办学。

学校通过开设外语课程，聘请外教，与区域内、国内、国际一些名校建立合作关系，借助高校优质资源等，逐步迈出外语特色办学的步伐，初步形成了外语特长生招生的影响力。

2. 意见与建议

(1) 进一步提升学校文化建设。

学校文化是学校可持续发展的灵魂。学校文化建设应适应学校改革发展的需要，做到与时俱进。以学校转型发展为契机，在办学思想中凸显外国语办学特色，以适应学校新的发展需求。在做好文化传承的基础上，进一步挖掘、整合和提炼学校办学思想，提升办学思想和办学模式的整体性。

(2) 进一步推动课堂教学改革内涵发展。

学校课改已初具模式。在新的形势下，建议学校要进一步深化课堂教学改革，将自主管理、自我发展的思路渗透于德育工作和日常生活中，建立完善学生学习的多元评价，引导学生在学习、生活中学会学习、学会思考，提升学生学习力和实践力，为学生的终身发展奠定基础。同时，拓展渠道，为外语特色教育搭建更大的互联网和国际学习平台，开阔容桂外国语学校学生的视野。

(3) 进一步加强学校硬件设施建设。

学校正处于转型升级的最好发展时期，但目前学校一些硬件设施不能很好地满足学校特色办学的需求，在一定程度上制约了学校的进一步发展，建议在提升学校软实力的同时，进一步借助外部力量，不断改善学校的办学条件。

三、高中办学绩效评估案例

顺德一中办学绩效评估报告

受区教育局的委派，顺德区中小学办学绩效评估高中1组一行5人，于2017年6月14日对顺德一中进行了办学绩效评估。评估组根据《顺德区普通高中办学绩效评估指标（2016学年）》开展评估工作，听取了谢大海校长的学校自评报告，查阅了学校有关电子资料和纸质档案资料，进行了教师问卷调查，召开了教师、学生两个座谈会，对部分学校领导进行了专访，听了10节常规课，并对其他班级的课堂教学进行了巡查，观看了学校校本课程教学，查看了校容校貌、校园文化、设施设备和师生精神风貌等。对照顺德区普通高中办学绩效评估指标操作说明，评估组考察了学校发展、教师发展、学生成长、教学质量和特色发展等方面的情况，在此基础上，经过认真的分析和研究，形成了对顺德一中2016学年办学绩效评估报告。

一、总体评价

顺德一中始创于1911年，现位于顺德区大良街道南国东路，占地面积166 706平方米（250亩），建筑面积为106 680平方米，绿化面积为23 280平方米，水体面积11 361平方米。学校布局合理、功能齐全、配套设施完善、环境优美，是一座人文与自然巧妙融合、古典与现代和谐统一的，具有南国水乡特色的现代化花园式学校。

学校现有60个教学班，在校学生2 814人，实行全寄宿制管理。教职员工290人，其中在编教师249人，研究生学历72人，正高教师1人，高级教师78人，骨干教师58人，学科带头人16人。

学校秉承“为学生一生发展奠基”的办学理念，践行“学会做人、学会求知、学会办事、学会健身”的校训，突出“重基础，求发展”的办学特色，是广东省首批国家级示范性普通高中、全国教育系统先进集体。

在顺德区教育综合改革推动下，顺德一中明确了打造区域型标杆学校、走教育集团化办学之路的工作目标。顺德一中在2016年度重点培育“创新拔尖人才”的办学特色，科学规划和落实学校发展、教师发展、学生发展工作，教育教学等各方面工作取得令人满意的成绩。

二、主要亮点

1. 办学理念清晰，办学定位明确

学校领导班子站在学校可持续发展的高度，着眼于学生成长的需求，明确提出了“为学生一生发展奠基”的办学理念，根据顺德区教育综合改革要求和顺德教育发展需要，勇担重责，明确了将顺德一中打造成区域型标杆学校的阶段性办学目标，制定了教育集团化办学策略。围绕此目标，学校2016年度开展两大重点工作：确立培养“创新拔尖人才”的办学特色；开展初高中课程衔接课题的研究。基于此，学校开展了创新班、致远班、探究实验、双导师制、学长制、学生成长积分制等一系列教育改革与创新。

2. 内设机构合理，制度健全

学校能根据现代学校发展需要，改革内设机构，构建一室五处，并下设十个工作组。如创设了教学督导处和宣传策划中心等，使学校分工更明确，能更好地服务师生成长需要，服务学校发展，提升管理效能。如建立课程层级监测机制。一级机制是学校的教学督导部，该部由李长福老师担任部长，聘请6位教学经验丰富的教师作为学校层面的督导专家。二级机制是年级的教学督导组，由负责年级教学的副级长担任组长，成员是各学科备课组组长。三级机制是教务与教学督导处安排专员对课程落实情况予以登记，尤其是对校本课程的落实进行及时反馈。

一年来，围绕办学目标，学校在《中小学校办学章程》统领下，不断完善发展运行机制，进一步深化学校人事制度改革，优化落实教学管理制度，完善教学过程评价机制和教研管理机制，建立学校咨询制度、校友联络制度等。现已完成和等待审议通过的有《顺德一中重大经济事项决策管理办法》《教师过程评价方案》《顺德一中学生导师制方案》《统测质量分析方案》《拔尖创新人才培养方案》等18项规章制度。

3. 基于中国学生核心素养，构建顺德一中课程体系蓝图

课程是教育的核心要素和载体。顺德一中学生成绩分层不大，但发展需求多样，层次复杂。为切实践行"为学生的一生发展奠基"的办学理念，学校成立课程管理领导小组和课程开发部，重点负责"国家课程校本化""校本课程特色化"和"特色课程系统化"的课程建设与开发工作。

2016年底中国正式颁布中国学生核心素养标准，顺德一中便能立即组织研究，并以学生核心素养为核心构建出了顺德一中课程体系蓝图。学校成立课程管理领导小组和课程开发部，重点负责国家课程校本化和特色校本课程的建设与开发工作。经过课程开发和管理团队的课程教研、教学研讨、反馈改善后，在"提炼—设计—实践—反馈—再实践"的过程中，根据学校学生情况，采用整合教材、压缩学时、改革课堂、利用信息技术（慕课资源等）等方式和手段，寻求既适合学生特点，又能实现培养目标的课程体系。

一年来，顺德一中基于学生的最基本素养，为全体学生开设阅读、计算、书写三门校本课程；整合各类社会资源，开设社会拓展课程，如前往江西临川和湖南长沙等地游学等；基于学生个性发展开展丰富的社团课程，现学校有48个学生社团，其中有8个精品社团。2016年学校通过组织和承办顺德区首届学生社团活动节，不仅丰富了学生生活，还提升了学校办学影响力，发挥了标杆学校品牌效应。

4. 积极探索生本教育理念支持下的课堂教学改革

通过推动微课、慕课、创客等教学方式的变革，积极探索还教于学，突出学生学习的主体地位，同时尊重教师教学风格的个性化。

各科组形成学科素养研究目标。语文科组：探索核心素养下的中学语文课堂教学；数学科组：数学核心培养研究；英语科组：高中英语核心素养下的英语教学；政治科组：高中思想政治核心素养达成路径研究；历史科组：高考一轮复习中的自主知识梳理；地理科组：大面积提高中等学生地理成绩研究；物理科组：通过探究实验教学培养学生的物理核心素养；生物科组：以生物学科核心素养的培养引领生物课堂教学；化学科组：核心素养下学生实验能力培养；体育科组：在体育教学中引进软式棒垒球；艺术科组：艺术感知与个性化表现。

5. 顺德一中高素质教师团队打造途径多元、措施得力

（1）构建多元途径，提升教师专业素养。

围绕“学习—交流—建工作平台”的指导思想和课堂教学改革思路，拓宽培训渠道，采取“专家讲座”“外出培训”“跟岗学习”“暑期主题研修”“省市区教师培训特色项目”“青年教师培养学校”“高校业务进修”等多种形式，促进教师全面个性发展。学校邀请了华南师范大学左璜、广东第二师范学院殷丽萍等专家开设学术讲座，为教师带来先进的教育教学理论；选派骨干教师到广东名校参加各级教学会议并跟岗学习，感受了最新的教学理念；学科组教师积极参与省、市、区等组织的教研活动，与同行专家进行深入交流，高三教师与国华纪念中学、南海石门中学、潮阳实验学校高三教师深入交流备考经验，借鉴兄弟学校有益经验，提高学校备考效率。

学校开展了青年教师解题比赛、青年教师教学比武、老教师特色课堂展示，为教师的分类提升搭建了很好的舞台。

（2）搭建丰富平台，提高班主任专业能力。

学校各年级每月召开班主任沙龙，每个学期举行班主任论坛，为新班主任解答疑惑，让优秀经验相互分享。学校举办第五届班主任节，还举行了“班主任技能大赛”，锻炼磨砺青年班主任。省名班主任工作室主持人黄光毅老师与多个单位积极联系，派出多批青年德育骨干外出学习，为班主任专业成长打开局面。

（3）打造标杆科组，营造浓郁教研氛围。

一是价值引领。营造积极、健康、乐教、向上的科组文化，推进科组文化建设，重视课堂和课程研究，形成具有学科特色的教研文化氛围，形成科组核心竞争力，切实提高学科成绩，促进教师的快速成长。二是倡导充分学习、深度学习。组织理论学习，特别是高考考纲和新课标的研究与

学习；组织外出培训，多向省内外名校学习。与此同时，学校通过经常性举办一些省级、国家级甚至国际交流活动，引领教师专业发展。从教师结构和教研水平看，顺德一中具有长期积累和积淀的教育教学优势。2016年度学校有三个科组获省级先进科组，四个科组被评为佛山市优秀科组。

（4）多措并举，营造浓郁教研氛围。

在教研与教师发展处的引领下，各科组盘活教研资源，充分发挥骨干教师和校外专家的引领作用，依托“师徒结对”“名班主任工作室”“名师工作室”“名校联盟”“高校资源”，开展有针对性的教研活动。教师积极参加省、市、区各级教研活动，多名教师被聘为省、市、区中心教研员、校外专家以及华南师范大学硕士研究生导师（罗日明、李长福），谢大海校长被评为“华南师范大学讲座教授”。

三、发展建议

为促进顺德一中的可持续发展，不断促进办学质量的提升，评估组提出以下发展建议：

（1）顺德一中作为顺德标杆学校，应继续努力擦亮品牌，这是顺德教育的期待，也是顺德人民的需要。建议以创新拔尖人才培养模式为主题，建构起与之相对应的理念、课程、教学、实施路径、策略与评价体系；在现有“我在，学校更精彩！”一中核心价值基础上，在百年历史积淀与时代主旋律之间寻找灵感、寻找平衡，建构起具有一中印记的学校文化、教育思想。

（2）继续强化名师群体队伍的培育与打造。建议通过专题引领、任务驱动方式，依托课堂、课程、课题三位一体培育体系，借助名师孵化器、主题沙龙等载体，打造一批与拔尖人才培养、多元特色发展相适应的名师群体。

李兆基中学办学绩效评估报告

受区教育局委派，顺德区中小学办学绩效评估高中1组一行5人，于2017年6月16日对李兆基中学进行了办学绩效评估。评估组根据《顺德区普通高中办学绩效评估指标（2016学年）》开展评估工作，听取了黄晨曦校长的学校自评报告、即席答辩，查阅了学校有关电子资料和纸质档案资料，进行了教师问卷调查，召开了教师、学生两个座谈会，对部分学校领导进行了专访，听了10节常规课，并对其他班级的课堂教学进行了巡查，观摩了学生的课间操和社团活动，查看了校容校貌、校园文化、设施设备和师生精神风貌等。对照顺德区普通高中办学绩效评估指标操作说明，评估组考察了学校发展、教师发展、学生成长、教学质量和特色发展等方面的情况，在此基础上，经过认真充分的讨论和分析，形成了对李兆基中学2016学年办学绩效评估反馈意见。

一、总体评价

顺德李兆基中学是1994年4月由爱国邑彦李兆基博士斥资8 000万元、顺德区政府投资2 000万元人民币创办的一所公办区属普通高中，占地67 000平方米，现有在校学生1 700人，专任教师139人，其中高级教师53人，省、市、区学科带头人和骨干教师59人，区名师工作室2个，南粤优秀教师多名，更有一大批市、区优秀教师、优秀班主任，师资结构合理，队伍优良。

多年来，学校秉承“和谐与发展”的办学理念，践行“自强不息”的校训精神，坚持“全面打好基础，发挥个性特长；培养创新精神，提高综合素质”的培养目标，教学水平和教学质量稳步提升，成绩突出，获得广东省首批国家级示范性普通高中、广东省教学水平评估优秀学校、广东省一级学校、广东省绿色学校、广东省优秀现代化教育技术实验学校等称号。

2016学年，李兆基中学乘着顺德区教育综合改革的春风，在以黄校长为首的新一届班子带领下，抢抓机遇，坚定“打造区域性标杆学校”的目标，全体“李中人”团结拼搏，锐意进取，有效发挥政府、社会、家长以及丰富的侨务等各种发展资源优势，准确定位学校发展方向，以提高质量为核心，以“科技创新”为特色，以教育改革为动力，在促进教师专业提升、引领学生健康成长、谋求学校特色发展、提高办学质量等方面做了大量的工作，呈现给师生、社会新的发展态度，发展前景良好。2016年学校被评为顺德区先进学校，获佛山市普通高中教学质量综合评价优秀奖，还被列为顺德区普通高中多样化特色化建设试点学校。

二、突出亮点

1. 重视人文关怀，充分激发教师内驱力

学校经过20多年的发展，积淀了“和谐”的优良传统，逐步形成

"和谐·责任·竞争"的李中文化，班子团结奋进，党群人际关系和谐。学校坚持制度管理、民主管理、人文管理并重，实现管理制度化、民主化和人文化，积极为教师解决工作和生活中的困难与问题，让师生在平等、民主、和谐、幸福的环境中工作、学习和成长，让每一位教师在适合的岗位上得到价值体现，增强每一位教师的归属感、责任感和幸福感，有效地激发了教师工作的积极性和能动性。广大教师安教乐教、爱岗敬业，综合素质不断提高，并涌现出谢树亮、刘志勇、李海峰等一批优秀骨干教师，增强了学校教育发展的核心竞争力，师生对领导班子认同度高。

2. 教师培训有效，全力提高教师专业水平

为适应新时期的需求，提高教师的专业发展水平，学校非常重视教师培训，2016 学年加大力度对教师开展全方位有针对性的培训，如通过"请进来、走出去"等途径方式，组织成立教师科组沙龙，一方面以科组为单位组织全面学习研究，另一方面派遣大量教师分类、分层外出学习、交流，促使教师不断成长，成效明显。如 2016 年 12 月 8 日学校举办以"优化问题设计，提高课堂效率"为主题的"教育教学开放日"活动，为取得最好的效果，在开放前先组织教师到江苏常州观摩学习课堂教学，做到先培训后上岗，使开放日取得了空前良好的效果，吸引了周边地区和兄弟学校的教师共 500 多人参加。2016 年度，刘雪、徐琨、邓祡玲在"一师一优课，一课一名师"活动中的课例被评为省级优课。

3. 满足学生个性发展的较为丰富的校本课程体系

学校不断完善校本课程开发，推进校本课程的建设。如成立了李兆基中学校本课程研发小组，通过对新高中课程计划和各学科课程标准的研究，根据地处珠三角经济发达地区的区域优势和培养学生的目标，采取选用、改编、新编等形式进行课程开发，逐步建立富有特色的校本课程体系。现有综合实践活动课程（研究性学习、社区服务、社会实践、校际交流、校园劳动）、适应高中生活类课程（新生入学、生活指导、学习指导、安全教育）、校园活动类课程（节日类、社团类、大型体验类、成长历程、班团活动）、竞赛辅导课程（数学、物理、化学和生物竞赛辅导）、科技创新课程（机器人、3D 打印、人工智能和无人机、通用技术、生物科技）。学校每周还安排学科骨干教师为学生开设讲座，丰富学生的校本课程学习。学校成立了校本教材编写小组，3D 打印、机器人、摄影、文学社刊、生物科技、研究性学习、国学讲座等方面已经编写相应的校本教材。

4. 社团搭台，学生唱戏

学校以社团活动为平台，推动学生个性发展。组织和开展学生社团活动是学校“发展个性”办学特色的体现，是学校实施素质教育的重要手段，是适应新课程改革的一大举措。开展丰富多彩的社团活动，可丰富校园文化生活，启迪学生思维，发展学生个性特长，全面提高学生素质。该学年新增10多个科技创新社团，目前校园内正式社团达40多个。学校同时统筹安排丰富的社团活动，规范社团管理，增强社团活动开展的有序性，推动社团发展。在本学期，除了常规的社团活动外，学校还举办了2016年社团嘉年华活动，吉他社参加2016佛山市音乐节的演出，各社团组织的节目参加文艺晚会表演。

5. 主打科技创新，项目前景可期

经过多方论证，确定以“科技创新”作为学校办学特色项目，通过竞争争取到区政府200万元特色发展专项资金支持。

2016年9月，学校成立科技创新科组，有40多名科技骨干教师加入了创新科组；成立了机器人、无人机、3D打印、创物社、幻化社、天地社、生物科技社、历史模型制作等科技社团，并选派了相关科技骨干教师作为各社团的指导老师。全校500多名学生参加了各种社团活动。学校创客中心和生物科技园即将建成投入使用，为科技创新活动提供优良环境。

学校先后邀请了全国十佳优秀科技教师闫灵麟老师，湖南省重点中学株洲市第二中学的张天如老师、刘鑫灿老师，佛山市科学技术协会卢钻部长和李辉老师，常州一中李万龙校长、林厚从老师等来校指导。

项目发展近一年来成效初现。2016年11月，学校机器人队首次出征世界教育机器人大赛（WER）2016世界锦标赛，勇夺积木机器人总决赛高中组季军、积木机器人总决赛一等奖；在“中小学生创客展示活动”中，“仿安卓九宫格触摸式图案密码门锁（基于Arduino）”获得智能硬件项目区二等奖、市二等奖、省二等奖；创意手机壳“书阶”获3D设计类区二等奖、市一等奖。

学校与顺德义务教育阶段科技创新名校的大良顺峰中学、伦教翁祐中学、勒流新球初级中学、大良西山小学、大良世纪小学形成科技创新联盟，谋求共同发展。学校通过设备资源共享，教师培训互惠，信息交流互动，创新优势互补，进一步打通创新人才培养的通道，形成“学校联动发展、教师协作提高、学生共同成长”的氛围，成就全区高品质的创新科技特色，促进全区科技创新教育再上新台阶。

牵手名校，同育英才。2017 年 3 月，学校与湖南省株洲市第二中学正式签署全面合作协议，未来两校将重点围绕“科技创新”“高效管理”和“科学备考”等方面展开全方位的深度合作，实现两校优质教育教学资源共享，共同达到“培养名生、成就名师、铸就名校”的合作目标。2017 年 4 月，学校与江苏常州一中签署了全面合作办学的协议，还与省内科技创新名校深大附中结为友好学校。李兆基博士正在与清华大学洽谈学校与清华大学合作的项目，将会聘请清华大学专家为学校创建科技创新特色学校做整体规划和实施跟进，学校也将定期派师生前往清华大学创客空间学习，并邀请专家定期来校讲学和对校科技创新师生进行具体指导，等等。

三、发展建议

1. 整合各方资源，擦亮科技创新品牌

学校侨务牵线，对接清华大学、北京大学等国内顶尖学府，在“创客”“机器人”等科技创新人才培养领域夯实根基，做大做强科技创新项目；因应特色发展要求，借助普惠课、校本课程、学科融合等形式，让科技教育从小众活动到融入每个李中学子的学习与生活中，同时通过科技创新特色拓展创新拔尖人才培养途径，拓宽高校自主招生渠道；积极提炼科技创新的精神内涵，力争逐步将科技创新项目提升为学校特色乃至凝练为学校文化，从而实现“加快特色发展，提升办学实力”的发展新目标。

2. 加强名师群体培育，强化高端引领辐射

缺乏品牌名师在日常教育教学中对广大教师的高端引领和示范，对学校的标杆作用及教师的专业发展形成挑战。建议采取项目驱动、主题研修、课题研究等方式，尽快培育出适应科技创新项目需求的多学科“双师型”教师群体；优化教师研修方式，营造浓郁教育科研氛围，提升教师提炼教育教学成果能力（2016 学年全校论文发表 2 篇、获奖 10 篇，主要为市级奖励，数量和质量与标杆学校要求有一定差距），积极培育教育教学名师群体，以发挥其示范引领作用。

四、启智学校办学绩效评估案例

顺德区启智学校办学绩效评估反馈报告

2017 年 6 月 29 日，跨学段评估 2 组对启智学校进行了办学绩效评估。

评估组成员通过听取学校王涛校长的自评报告、观课和巡课、观看学生现场劳动、生活技能教育、行政访谈、生活教师访谈、查阅教师开发的系列校本教材等，对启智学校进行了全方位办学绩效评估。评估情况反馈如下。

一、学校概况

佛山市顺德区启智学校建于1999年，是一所由顺德区委、区政府主办，以招收中重度智力障碍和听力障碍儿童为主的九年义务教育学校。现有学生346人，教职工173人。学校自开办以来，一直致力于提高中重度智障儿童的教育质量，确立了“办专业化特殊教育学校”的办学目标，在实践中，建立了“培养学生成为在社会中有尊严活着的人”的教育目标，并形成了“教师专业化发展促进学生人性发展，让校园生动活泼起来”的办学理念。学校开办18周年，历史虽然不长，但由于专业化办学的效果显著，得到了家长、社会、上级领导和同行的普遍认可，形成了专业品牌，在顺德区已经成为文明的窗口、师德的典范，在省、市层面也被誉为“特殊教育发展的一面旗帜”。学校的品牌知名度为学校的持续发展营造了良好的社会氛围，奠定了社会基础。

二、学校办学亮点

1. 学校发展方面

（1）启智学校在办学过程中，秉承“一个人”的教育理念，在特殊孩子的教育上，将“正常化，回归主流”作为教育的基本出发点，建立了以专业辐射为核心，在坚持专业化发展的基础上，由对时代发展的敏锐嗅觉，不断分析解读形势，到寻找实际的载体，体现到行动中，再到顺利承接，并将自身发展融入变革和转型中，这是启智学校取得发展先机的法宝。

（2）建立健全学校发展制度体系，并对所有公共管理制度进行了汇编，进一步规范学校的管理，确立了特殊教育界的行业领头羊地位。

（3）树立了学校在特殊教育的示范引领形象。学校被省教育厅确立为广东省特殊教育教师培训实践基地，与华南师范大学签订了教师发展“学训研”基地建设协议书，成为广东第二师范学院“协同育人联盟”基地。学校除了为区域内特殊教育发展提供专业的服务外，还为其他区域学校实习生、教师、省骨干教师培训班的学员提供到校跟岗学习和到校跟岗实践，先后有150人。

2. 教师发展方面

（1）“以专业研究，专业成果物化，专业成果推广”为核心，激发了教师发展内驱力和成就感，促进了专业提升。例如，校本课程在6大领域进行开发，形成了13门教材。更为可贵的是，生活教师也参与生活技能课程的开发，构建了“两大抓手，课上课下共进”的育人模式，践行了“一个人”的全纳教育理念。尤其是生活技能课程的开发，突出了“有效、可操作”的特征。

（2）教师敬业精神成为顺德区内师德榜样。几组事例说明这个问题：100%任课教师在备课组公开课中上课；60%以上的领域都确定了适合学生的集体性教学活动；图形操作课程教材、社会化课程教材已经完成编写，编写、录制了相应的学习配套资源并由科学出版社出版。备课组完成《重度智障儿童教育训练课程》一书的编写；通过情绪分化教学效果综合展示和上课、说课，教师在此过程中对情绪分化课的体验教学有了进一步认识，提升了课堂教学载体的丰富性。

3. 学生发展方面

（1）建立基于“学生融入生活，回归社会”培养目标的育人模式，实施了适合孩子的分层、分级教育方法，促进了孩子的发展。学生学业水平得到提升，学生全程体验培养模式出效益，学生的学习效果获得家长的广泛认可。在与香港晨岗学校、天保民学校举行的学生互访联谊活动中，学生展现出良好的精神面貌。

（2）注重细节，以“点”的教育串成“一个人”教育的链条。例如：培养孩子叠被子、摆放牙缸、洗衣服等能力，这些“点”的教育，让孩子成长为一个可以自立的人。

（3）学生成长成果丰富。学生在各类体艺展示和比赛中也获得多个奖项，两部同学共4人参加了“顺德区首届中小学生才艺展示活动”，获小学和初中组舞蹈和器乐表演奖；两部学生共13人参加了广东省残疾人联合会举办的第五届广东省残疾人艺术作品大赛中，荣获书法类优秀奖，绘画类二等奖，手工类优秀奖，摄影类优秀奖；启智部学生共12人参加了东华三院“奔向共融”——香港赛马会特殊马拉松2017年3公里挑战杯比赛，获得女子少年组第6名，为唯一一家非香港进入前十名的单位；启聪部学生共3人参加了“顺德农商银行杯·美在身边”2017年顺德区中小学生摄影大赛并荣获初中组特别奖；启智部共53名学生参加顺德区第五届特殊马拉松比赛，其中12名学生参加挑战赛，41名学生参加共融赛，获得3公里挑战赛男子组与女子组的冠军，男子组第二名、第八名、第九名和女子组第三名的好成绩。

4. 学校发展特色方面

（1）启智学校的教育立于“全纳”的“正常、回归、一体化”，但又不拘泥于此，拓展特殊教育内涵，将孩子未来生活纳入教育体系。比如对毕业班孩子的就业推荐教育。

（2）以课程践行理念，扩展特殊教育的服务功能，教育专业辐射更多的特殊儿童。区教育局在学校成立特殊教育支援服务中心，使学校与区内随班就读和送教上门学校、康复机构建立起联系，定期巡回指导。学校分别承担2个广东省特殊教育骨干教师培训班共100多人到校一周培训及跟岗学习。应全国各地特殊教育学校到校交流学习之邀，学校每月举行一次开放活动及培训活动，一年中共接待省内外特殊教育学校教师近300人到校接受3天以上的培训学习，教师开设各领域示范性公开课70节。

三、对学校建议

（1）进一步加强学校办学目标、理念、规划、成果的提炼，对学校成果进行整体的梳理、提升，形成“一个人”教育的理论模型。

（2）“一个人”教育的终极目标是融入社会，课程设计要引入技能教育。

（3）在教育的细节上要融入“尊重教育”。

（4）注重在区域内普通学校推广办学理念、策略、方法，为随班就读的学校提供经验。

第二节　责任督学挂牌督导工作案例

创新督导管理，推进督学责任区建设

——伦教街道教育局督学责任区工作汇报

近年来，在区教育局督导室的精心指导和街道党工委的大力支持下，伦教教育局以办人民满意教育为目标，贯彻落实国家《教育督导条例》和

《顺德区督学责任实施方案》，积极探索督学责任区的工作机制，强化教育监管，规范中小学的办学行为，解决群众关注的教育热点问题，实现了“全覆盖、全方位、全过程”的督学责任区建设目标，促进了伦教教育事业的均衡、健康、稳步发展。现把具体工作汇报如下：

一、健全保障机制，构建督学责任区网络体系

1. 构建督学责任区网络体系

伦教街道在黄炫丹局长与姚兆军常务副局长的亲自带领下，成立伦教教育督导委员会，深入校园调研和充分统筹研究决定，明确对伦教辖区内的责任区进行科学划分，设置了3个督学责任区，每个督学责任区辖4～5所中小学、5～6所幼儿园，每个责任区选聘兼职督学4～5名，每所学校、幼儿园再设立一名主管督学，对中小学、幼儿园实行挂牌督导，构建了“街道教育局督导室—督学责任区—校园主管督学”的三级督学网络体系。

2. 完善责任区督导制度建设

在深入调研的基础上，伦教街道教育督导委员会先后出台了《关于进一步完善督学责任区制度的通知》《伦教街道督学责任实施方案》，制定了《顺德区督学工作守则》《责任区督学工作要求》《督学管理制度》《督学考核细则》《督学责任区考核细则》《督学责任区落实整改制度》《督学联席会议制度》等多项管理制度，依照《顺德区责任区督学工作要求》制定了《伦教街道责任区督学工作程序》。这些规章制度为责任区的督导工作提供了明确的工作框架与标准，并且由街道教育局负责组织实施统筹，每月一小结，每季度一总结，期末进行全面表彰总结，在开展工作中分三个小组全方位全面覆盖进行。

3. 落实责任区督导保障机制

街道教育局以文件形式建立了督学岗位工作制度，明确了督学的行为准则、工作权限，赋予责任区督学相应的权力：重大事项调查权和知情权、督学对学校行政班子评议权、督学对学校评优评先的推荐权，将督学考查结果作为评优评先的一项重要依据，较好地保障了督学的权威。为了进一步开展好责任区的督导工作，街道教育局黄炫丹局长与姚兆军常务副局长亲自召集中小学、幼儿园校（园）长召开责任区督学专题会议，明确工作任务，促使各校（园）长高度重视责任区督学工作，确保依法依规办学。此外，为保障人员日常工作待遇，争取街道财政支持，每年为督学责任区安排11万元专项经费，其中6万元作为16个督学责任区工作补贴经

费，5 万元作为督学培训学习经费，较好地保障了督学责任区各项活动开展。

4. 加强责任区督学队伍建设

街道教育局选聘了一批热爱教育事业、具有丰富教育教学管理经验的名校长、名园长、退休校长、现任学校中层干部及教育局机关工作人员为兼职督学，组成了一支有知识、有特长、能干事的专业督导队伍。每个督学责任区设立 5 ~6 名督学。街道教育局开展各类专题培训，近年来，街道教育局举办督导培训 10 多次：对督学责任区的工作职责，督学的程序、内容、方法与步骤，教育督导理论，督学自身能力提升等方面进行了培训。为了开阔督学的眼界，街道教育局先后组织全体督学赴惠州、深圳等地市参观学习。督学们在惠州市先后听取了惠州市华罗庚中学、惠州市实验小学、惠州市机关幼儿园关于规范办学的经验介绍。督学们还参观了深圳市青少年消防教育基地，在深圳市光明新区育新学校，听取了深圳市教育局督导室领导的专题讲座。为提高督学专业水平，还专门划拨“强师工程”经费 10 万元，由顺德研究生中心联系贵州大学到实地进行培训，对 16 个督学开展专题高级研修并顺利结业拿证。这样的外出考察培训活动，进一步提升了全体督学的督导理念，促使督学们加强自身学习，努力提升自己的督导水平。

二、创新督导工作形式，全面推动教育健康发展

为了确保督学责任区学校的健康发展，责任区督学们在团结协作的前提下，每个成员的督导工作各有重点：有人负责教研教学督导，有人负责规范办学行为督导，有人负责安全卫生督导，有人负责档案及师生问卷等。每到一所校园，责任区督学都按各自的分工及街道教育局制定的工作流程开展督导，即事前准备—出示督学证—说明目的—提出要求—收集信息—填写记录—交换意见—提出整改意见—及时回访，基本形成了督前有计划、方案，督中有记载、交流，督后有情况反馈、整改落实的督学工作程序。

1. 抓好常规工作的随访式督导

（1）来电来信接访督导。各督学责任区的校园都在门口显眼位置张挂了督学牌，设立督学意见箱，公布了主管督学电话及邮箱，以方便主管督学接受师生及家长的来电来信，发现问题及时向学校反馈意见，并向街道督导室报告，对查实存在的问题由街道督导室下达整改通知书限期整改。

近年来，责任区主管督学接待师生及家长来电来信几十人次，耐心倾听师生及家长的心声，责任区督学成了师生家长与学校沟通的重要桥梁，并督促学校整改、纠正，较好地促进了部分学校办学行为的规范和严谨。

（2）随访式常规督导。为了强化随访督导的规范性，在督学模式上，我们采用“任务明确，基于常态，全面覆盖”的随访督导模式。责任区督学在不干扰校园教育教学秩序的基础上，通过明察暗访、随堂听课、师生访谈、调查问卷、查阅档案等形式，依法依规对校园校舍设施、教辅资料的征订、校园周边环境、食堂卫生、作息时间、课业负担、教育收费、教师教学常规等进行督导，了解辖区内校园对上级工作任务的贯彻落实情况，促进了校园常规管理的落实。同时，我们还重点开展了有偿家教、作业量过多、饭堂饮食与卫生等专项随访督查，对幼儿园春秋季开学收费工作进行扫描式督导，促使各校园依法依规办学。

2. 抓好重点热点问题的专题督导

在抓重点工作时，我们强调督学责任区的自主性，要求各督学责任区结合实际，及时调整督导内容，突出本责任区的督导重点。如镇面的小学督学责任区，针对群众投诉的有偿家教及作业量多等热点问题，将整治有偿家教行为作为督导工作重点；城乡接合部的小学，则瞄准教育管理的薄弱环节，尤其是开足开齐课程等方面进行督导。而对督学责任区辖下的初级中学，则针对家长及学生投诉的违规分重点班、考试排名，针对教师投诉的绩效工资分配不公等热点问题进行督查。督学责任区辖下的幼儿园则重点针对教师的学历标准、福利待遇等进行调研。督学们在专题督查中提炼了很多有价值的意见，引领校园立足校情，主动反思办学行为，进一步优化管理策略，从微观层面化解教育的热点难点问题，跟踪了解教育舆情，也为街道教育局下一阶段的科学决策工作提供重要的依据。

3. 抓好校园亮点工作进行打造

近年来，街道教育局督学已经有效开展了100多次随访督导活动，开展了10多次专项督查活动，专门开发了“伦教教育督导网”宣传，努力挖掘校园管理中的亮点，引导校园走内涵发展的路子，与校园共同探讨，促进校园特色的打造，并将校园发展规划的制定与落实、校园年度重点发展项目、办学特色列为考核内容，有效地促进了“一校一品”“一园一品”“重点职能工作”的落实。

三、彰显督导成效，提升责任区校园办学效益

1. 勤查严督，办学行为日益规范

早些年督查，伦教街道部分学校未能严格执行课程标准设置，没有开齐开足课程，减负工作没有落到实处。街道教育局根据实际情况，经过多方努力，结合督学责任区制度的建立，责任区督学随时开展随访督导，利用与基层师生比较熟悉的优势，能真实地发现学校中存在的有关问题，并督促学校整改，较好地促进了部分学校办学行为的规范和严谨，基本杜绝违规办学行为，收到良好效果。

2. 指导帮扶，校园内涵不断提升

责任区督学能积极主动学习有关教育新政策和教学新理念，在督学工作中注重校园实际，进行分类指导，提出建议，在推动辖区内校园更新办学理念、深化课程改革、优化教学管理模式等方面发挥了积极的作用。

3. 跟踪监督，存在问题及时整改

刚开始督查，街道教育局督学人员在对校园的各方面工作督导检查中，存在“检查多，指导也多，但对校园整改落实情况缺少跟踪监督”的机制，导致督导意见和校园整改落实不能重合。随着督学责任区制度的建立和挂牌督导的实施，街道教育局严抓细管，精密部署监督，这些问题得到了较好的解决。

4. 建言献策，教育决策更加科学

各责任区督学结合教育中的难点、热点问题，深入师生之中认真调研，收集各方面的意见后，提出合理化建议多达200余条，为街道教育局在均衡校园发展、推动新课改和深化人事交流改革等方面的决策提供了可靠的依据，使教育行政部门的决策更科学。

通过几年的工作实践，我们已经初尝督学责任区制度给教育发展带来的新动力。今后，我们将进一步完善督学责任区制度，不断创新督导工作方法，为促进伦教教育事业的发展做出更大的贡献。

问渠那得清如许？为有源头活水来

——伦教街道督学培训班第一小组学员研修心得

非常感谢伦教街道党工委、教育局对教师培训的高度重视，让我们街道全体督学享受了赴贵州大学培训这样好的待遇！一个星期的培训学习，是一次受益匪浅的学习之旅，是一段终生难忘的美好回忆。专家精彩的理论讲座、印象至深的实地考察、学员间的探讨交流，让我们组学员接受了一次又一次的督导理念的洗礼，真正领悟到“督学”们肩负的沉甸甸的责任，得到了一次强有力的“充电”，让我们学有所感，学有所思，学有所获。

一、理论培训，专家引领理念更新

在教育督导事业发展突飞猛进的今天，各级政府、教育行政部门对依法办学、规范办学高度重视。如何推动学校依法、安全地办高质量学校，我们片区督学肩负着不可推卸的责任，需要专家的引领和理论的指导来完成督导思想的转变。可以说，这次培训犹如一场“及时雨”，帮助我们更新教育督导理念，解决了我们在督导工作中遇到的一些“瓶颈”问题。理论培训内容非常精彩。王志凌博士主讲“教育监督与实践”，他凭借自身渊博的知识，从我国教育督导的历史，现行教育督导机构的设置与职责，教育督导的过程、发展趋势与存在的问题对我们侃侃而谈。尤其是在“做一名合格的教育督导”这一章节中，他抓住两个重点议题“督学的职责”“督学应讲究的方法”，结合具体案例，向我们传授一名合格的督学应遵守的原则——“找问题不找岔子，督整改不督方法，指导不引导，参与不指挥”，启发学员们在督学工作中留心观察、细心倾听、收集意见，积极思考督导工作的真与美，探寻督导工作的智慧。李晓宁教授与她的先生——贵州电视台“真情栏目”主持人建冲合作主讲的“舆情监督与处理”，从近年来发生的带来负面影响的突发事件引入，深入浅出地向我们介绍了突发事件、危机传播与信息时代的媒体特点及网络舆情管理的常见失误，并总结归纳近几年舆情管理与引导中的经验和教训，向我们传授了媒体及网络舆情管理的基本原则及探求网络的趋利避害之策。而贵州财经大学的迟林晨教授主讲“大数据时代的舆情信息处理”时，抛开生硬的说教，创设生动的突发事件场景，让我们扮演突发事件中的负责人即席应对媒体。这种方式让每一个学员都得用心思考、留心观察、细心倾听、积极发言，然后她再向我们传授几个如何应对采访的“高招”。

每一次理论学习，我们的心灵都会受到极大的震撼。贵州大学聘请的专家们用幽默生动的语言、深入浅出的讲解、生动有效的案例、充满教育哲理的提问启示我们：“让学校优质均衡发展，让学生幸福健康成长”是督导工作的最终奋斗目标。每一位督学应善用智慧，一个优秀的督学必须是终身学习者！只有当督学的视野开阔时，督学才能真正成为教育过程中的推手！

二、名校考察，交流提升督导艺术

贵阳市中天区的“责任区督学”管理模式在全国有很大的影响力。为取人之长补己之短，我们先后到贵阳一中、中天区北京小学进行为期一天的实地考察，听取学校负责人的专题介绍，与学校行政就“责任区督学管理”方面的问题进行了交流。

在贵阳一中，我们参观了学生“身心发展中心”，听取了学校心理教研组组长陈老师的专题讲座。我们深深感受到了贵阳一中严格规范的管理、扎实有效的教研活动、灵动高效的课堂教学、丰富多彩的社团活动。在与贵阳一中心理健康辅导中心陈老师的交流中，我们不仅感受了心理教研组高超的教学艺术，也感受了他们对工作的那种热情和追求，对学生的无微不至的关怀和呵护。他们开展学生心理辅导、职业指引，校长每天与学生谈话等方式让我们深受启迪！

而贵阳市中天区北京小学张校长的“素质教育观点”再次激起我们组学员心头的震撼！在组长冯维甜主任的主持下，我们小组就素质教育展开了深入的讨论，明白了：素质教育不是特长教育，也不是活动课的教育，素质教育从不排斥学生的考试成绩，学生的成绩优劣也是衡量素质教育的重要标准！正是基于这样的正确理念，中天区北京小学学生不但多才多艺，而且学科教学成绩一直稳居区的前列。我们也就素质教育与成绩优劣展开讨论，认为贵阳市中天区北京小学在教学质量提高的同时，师生的文明礼貌、学校的细节管理、依法办学、督学要求等都值得我们学习，同时对素质教育有了更进一步的认识。

贵阳市中天区的“责任区督学”管理模式也是我们与教师们交流的一个热点话题。贵阳市中天区教育局对责任督学的督导内容和督导时间进行了明确的规定，并张榜公布，接受师生们的建议。贵阳市中天区责任督学扎扎实实开展督导活动，促进学校规范有序向前发展。我们在两所学校的实地考察中开阔了视野，提高了认识，看准了形势，进一步明确了督学的责任使命。

三、反思实践，督导大潮中扬帆起航

在5天的培训时间里，我们组学员努力学习，积极思考，思想上更加主动进取。督学培训班的胡敬麟领队和冯维甜班长也积极为我们搭建交流的平台，让我们在小组内交流汇报自己的学习心得，使我们对督学工作的职责、工作任务、工作程序及工作要求有了更深的了解，同时结合街道实际，对伦教街道今后的督导工作提出新的设想。在小组学员的交流活动中，学员们纷纷表示：改变不了大环境，我们可以改变小环境；改变不了将来，我们可以改变现在；改变不了他人，我们可以改变自己！作为一名督学，今后要加强学习、交流和研究，努力提升自己，完善自己，做一名有智慧、有思想、懂管理的学者型督学，要经常性深入责任区了解掌握学校的真实情况，深入课堂了解掌握课堂教学的真实情况，深入社区、村居了解掌握社会家长对教育的满意度，不断创新责任区督学管理模式，真正起到引领作用！

督学助力促发展　绩效评估见成效

乐从镇责任督学　李玉梅

【案例背景】

2018年3月起，我担任桂凤初级中学的挂牌督导。桂凤初级中学建于1988年，是香港同胞韦应恒先生为纪念其母亲梁桂凤女士而捐资兴建的公办初级中学。学校2007年按省一级学校标准扩建，2012年进行翻新改造。占地71亩，功能场室设备配齐配足，已达到广东省一级学校标准。学校坚持“博学于文，约之以礼”的校训，营造“合作进取，务真求实”的校风，打造“学生为本，感恩为魂，特色为品”的示范化、现代化学校。学校现有38个教学班，近1 700名学生。校园环境清幽，布局合理，教学区、生活区、运动区完全分离，是广大学子学习、生活的理想场所。桂凤初级中学在2016学年顺德区办学绩效评估中总得分只有70.7，全区排名第45，被评为C等级学校。而今年9月份公布的2017学年办学绩效评估结果中，桂凤中学总得分92.77，全区排名第18，上升为B等级学

校，获得顺德区颁发的绩效评估进步奖。

【案例描述】

2016 学年的绩效评估是顺德区首次对全区的中小学进行全覆盖式的评估，评估是通过对学校各教育要素、过程和效果进行价值判断，对学校办学质量做出综合性评价。该评估指标体系分为三级（如附录中的办学绩效评估检查说明表），采取定量的方法对大量数据进行分析处理，得出每一所学校的具体得分，根据分值将学校分成 A、B、C 等级。评估对学校具有诊断和指导功能，透过评估数据可以分析发现学校存在的问题与不足，从而指导、督促学校进行改进。也就是说，通过绩效评估可以规范学校的办学行为，提升办学质量，创建办学特色。

一、依照指标找差距

本人将 2016 学年桂凤中学各指标的得分与绩效评估设定的学校发展、教师发展、学生发展、特色发展分值对比发现，桂凤中学在“学校发展”“教师发展”两个方面做得较好，失分较少，但“学生发展”“特色发展”这两方面与绩效评估设定的分值对比差值最大。

评估指标体系第三部分（学生发展）学业水平（38 分）一项，桂凤中学总得分 18.32 分，得分率仅仅只有 48%。

评估指标体系第三部分（学生发展）身心发展（4 分）一项，桂凤中学总得分 1.45 分，得分率也只有 36%。

评估指标体系第三部分（学生发展）品德素养（4 分）一项，桂凤中学总得分 1 分，得分率更低，只有 25%。

二、调整目标促发展

根据绩效评估分数落后的事实，以绩效评估指标为指引，从以下几个方面积极寻求突破。

（一）研读指标，明确重点，提早分工，落实到人

评估指标体系中，一级指标 4 个，二级指标 15 个，三级指标 34 个，得分点 52 个。我们重点关注三级指标的学生公民素养、行为表现，参与社团活动以及综合实践活动。学校将“评估反馈报告”中指出的问题，按照“问题”性质，下分到德育处、教务处、总务处。各处室制定整改措施，落实到年级组，将工作细化到学校基层单位，使问题得到真正的整改。

（二）找准目标，对症下药

1. 抓关键，深化课堂改革，大力打造优质教师队伍

（1）学校的发展关键是教师队伍的建设，打造一支优良的教师队伍能提高学校的办学质量和教学成效。

（2）精细常规管理，加强教学常规各环节管理，提高教师的课堂效率和质量意识。

（3）重视教师职业道德教育和专业发展，课改推进和细化常规，积极鼓励教师参加各类学习与培训，促进教师专业能力素质发展。

（4）利用行政做好带头和引领教学，强化教学能力，执行到位。骨干教师教学教研功夫扎实，充分发挥其在教学教研中做好中流砥柱的作用。青年教师充满朝气积极向上，加强对青年教师的培养和锻炼。

（5）整个教师队伍不断深化课堂教学改革，在“352 互助”课堂教学改革模式下，提高课堂质量，丰富课程建设，等等。深化国家课程校本化和校本课程特色化建设，开展“思想品德课有效课堂展示策略与实践的研究”“352 互助”课堂模式下英语教学等多项区级以上课题。

（6）不断完善教师专业发展激励机制，加大奖励力度，鼓励教师积极进行课题研究。

2. 重主体，加强培训力度，努力促进学生全面发展

（1）加强优生培养力度。作为义务教育阶段的学校，鉴于生源的关系，在过去，教学更多的是关注学生的均衡发展，特别是后进生，而对优生的培养力度不足，培养方式手段也不多，导致高分优生数量较少，研究对优秀学生的培养成为一个主要的课题。

（2）重视学生的主体地位。注重培养学生自主学习、主动发展意识，积极开展新课改课程内容，开展小组合作模式，践行新课程标准，完善“352 互助”课堂教学改革模式，促进学生自主学习能力的培养，同时关注学生身心健康，加强学生文化素质培养和习惯养成。

（3）注重学生的多元化发展。重视学生体艺教育，把体艺教育纳入日常教学管理和考核工作中，鼓励部分文化课成绩不理想的学生，在体育、艺术等领域找到自己的兴趣和特长，树立自信，走特长生之路。

3. 广聚社会资源，助力学校发展

“众人拾柴火焰高”，要广泛汇聚社会资源，不断完善社会参与下的学校办学体制。学校推进高质量的建设，必须充分寻求社会资源的支持，才能在竞争中脱颖而出，才能为学校事业的发展提供有利的各种资源。学校

在充分利用学校、社区、家庭资源完善“三位一体”教育管理网络的同时，利用好校友资源，合理设置奖教奖学基金，加大对师生的激励。

4. 挖掘乡土文化资源，创建学校特色

挖掘学校特色版画教学和舞狮项目的核心理念，传承乡土风情，刻画和丰富多彩校园生活。顺德区、乐从镇有独特的自然风光，悠久的历史文化，浓厚的民俗风情，这些都是值得挖掘的美术课程资源，版画与乡土文化的有机结合能达到很好的艺术效果。同时，佛山传统项目舞狮也可作为学校特色的主打项目，将传统文化在校园传承和发扬光大能有效拓展课堂教学的内容。

（三）注重评估细节，提高评估成效

1. 注重学校各项资料的积累和归档

从学校层面安排副校长统筹，分解每一个指标后，各部分将工作分配到每一个人；档案由专人负责，梳理目录清单，分类归档（电子与纸质版并存），尽可能保留更多的原始材料。

2. 重视绩效评估自评报告的撰写

绩效评估自评报告相当于一间学校绩效评估的灵魂，起着重要的指引作用。自评报告也是评估专家全面了解学校情况的较重要的途径之一，需要安排熟悉学校全面工作、文笔好的人员，对照指标体系，收集素材，草拟提纲，突出重点和亮点，明确要求和基本格式，注重主标题、大小标题，写出能充分体现学校实际的高水平自评报告。这也是提高绩效成绩的重要方面内容和方法。

3. 认真落实现场评估的相关工作

评估专家的现场评估，是客观公正评估学校办学质量的重要工作内容，必须要做好评估工作指引和接待（人员安排、场地安排、物资安排、资料准备等），配合做好师生座谈会和问卷调查；另外还要注意师生精神风貌、文明礼仪、校园的宣传与环境卫生等。

三、辛勤耕耘结硕果

桂凤中学在2017学年办学绩效评估中总得分92.77，全区排名第18，相比2016学年总得分70.7提高了22.07，名次前进了27名，上升为B等级学校，并获得顺德区颁发的绩效评估进步奖。同时，学校培养优秀学生取得前所未有的成效。邓伟健同学在2017年的中考中取得顺德区同类学校第一名的优异成绩。还有三位同学跻身中考乐从镇的前十名。

【案例反思】

其一，从表面上看，桂凤中学2017学年的绩效评估对比2016学年在总得分和名次上取得了进步，实质上整个学校都得到了发展和提升。这告诉我们首先要正确认识绩效评估的意义和作用，这是一个全区所有学校参加的竞争性评价，非资格性评价，评价的目的是规范办学、提升质量、创建特色。那么从校长到教师要高度重视，对照指标，把各项工作细分到各部门。其实，这就是学校在做的教育教学工作，只不过在做的过程中做好资料收集，在评估前写好评估报告，按要求上传资料，在评估中做好迎评，就可以取得预期的成效。

其二，责任督学的督导工作，必须依照为被督导学校服务的宗旨，设身处地地为他们着想，对他们的工作与学校发展提出有价值的指导和建设性的建议。就专项工作给予具体的指导，推动学校对问题的深入研究，解决问题的过程是学校发展和提升的过程，也是提高督导成效的过程。

落实督导责任，促进学校发展

顺德区责任督学　张志勇

【案例背景】

根据顺德教育督导工作安排，我被聘任为顺德区第三届责任督学。作为挂牌责任督学，2018年5月，我第一次走进顺德区启智学校，这是我区一所公办特殊教育学校，以处于义务教育阶段的听障和中度智障儿童为招生对象。学校目前共有在校学生341人，其中听力障碍学生18人，智力障碍学生323人，教职员工174人，在编教师69人。启智学校于1999年开办，一直致力于智障教育课程改革的教育专业化探索，建立的校本课程体系在全国特殊教育学校中处于先进地位，在我去学校的当日就有湖南、安徽的特殊教育学校的教师来校跟岗学习。

【案例描述】

第一次进校督导，在和学校行政见面后，王涛校长、申承林副校长、督学联络员蔡青主任带领我参观了校园，观摩了课堂，参观了学校饭堂和宿舍。在听取了学校领导关于办学情况的介绍后，我重点询问了解了学校管理和制度建设的相关情况，查阅了相关的文案和资料。我想这是在普通教育领域有一定管理经验的我能够深入参与这所特殊学校办学督导的第一步。随后，6月份，在区绩效评估之前，我又去学校督导，从制度建设到评价考核多方面了解，从另外的视角帮助学校查找问题。

一、督导发现和提出的问题

启智学校自开办以来，学校领导树立起依法办事、依法行政的意识，注重建章立制，完善学校的管理制度，保证学校的办学宗旨、教育活动与制度规范符合民主法治、自由平等、公平正义的社会主义法治理念要求。但认真检视学校现行管理制度，仍存在一些需要改进的方面。具体问题体现在以下几个方面：

（1）学校规章制度系统性有待加强，法制建设有待加大力度落实。经过多年建设，学校依据国家有关法律、法规，遵循《顺德区启智学校办学章程》搭建起了依法治校的制度框架，制定了相关的工作制度，学校工作也做到了有法可依，但由于学生对象的特殊性，学生安全管理方面需要更深的探讨，同时在制度的落实方面以及部门之间的衔接、配合还需要加强。

（2）对教师工作的评价，因为特殊学生的差异、层次差别非常大，很难和学生学业挂钩。为此学校依据双因素理论，建立了体现教育教学过程管理的评价体系。但如何以教学评价促进教育质量的提升，体现教师努力工作的价值差别，随着学校的发展需要进一步探索。

（3）从特殊儿童的教育需要出发，学校非常重视教职工队伍的业务能力提升，取得了良好的效果。相对而言，教职工队伍的法律学习方面有些薄弱，特别是近年来学校安全管理的形势日益严峻，教师的学法用法意识和能力还需要加强和提升。

二、携手学校领导集体，形成工作改进策略

针对督导中发现的问题，我和学校领导进行了深入沟通，召开了行政座谈会，一起探讨进一步完善学校管理的途径、方案。在学校领导和全体行政的大力支持下，启智学校立足学校的可持续发展，采取了以下举措：

1. 健全制度建设，依照法规办学，管理规范促发展

学校在充分发挥全体教职工民主管理的积极性和主动性的基础上，围绕《启智学校章程》，结合上级文件要求，修订和完善了一批管理制度。如《启智学校人事制度》《启智学校教职工考勤制度》《启智学校教育教学管理制度（汇编）》《启智学校财务制度》《启智学校招生制度》《启智学校学生学籍管理制度》《启智学校教育教学安全管理制度》《启智学校

后勤管理制度（汇编）》和《启智学校生活区管理制度》等。学校在充分发挥教代会作用的同时，根据群众可知情、能参与、便于监督的原则，通过以下几种形式进行公示：召开教职工代表大会、设置公开栏、设立监督信箱、设置招生服务电话、教师大会通报、网上公开等，使各项规章制度从师生中来、到师生中去，按照活动程序、议事规则，讨论完善各项制度，得到了师生的认同。

2. 完善绩效考核，促进教师发展，学习到位凝聚人心

为了保障教师及职工的合法权益，提高教职工队伍的工作积极性，学校制定了《教师专业发展阶梯》《教师绩效考核办法》等制度，较好地保证了教师的权利和义务。如分学期召开一次总结表彰会，树立典型，鞭策后进，充分调动了教师工作的积极性。工会行使维护教职工权益的基本职责，时刻关心教职工的生活、学习和工作。以“促进教师、学生两类人的发展”为目标，为及时化解各类矛盾纠纷，解决师生工作学习中的困惑，学校建立了校内师生申诉、奖惩、职务评聘复核等相关制度，综合运用调解、仲裁等各种争议解决机制，依法妥善处理学校内部的各种矛盾和争议，维护教师、学生的合法权益。

3. 加强法制宣传教育，形成浓厚法治氛围

为加强对普法工作的领导，学校成立了普法工作领导小组，制订了普法工作计划。工作目标明确，措施到位，任务到岗，责任到人，效果显著。为使普法教育深入师生心中，学校设有法制宣传栏、校外法制教育基地，定期组织法制专题教育讲座，积极开展生动活泼的法制活动，提高师生的法制意识。学期初和期末学校聘请法制副校长向学生做普法教育。针对教育中出现的难点、热点问题，学校邀请了驻校警官到校进行专题讲座。在“禁毒日”，学校组织启智部高年级学生和启聪部学生开展“珍爱生命、拒绝毒品”的主题教育，举办“法制宣传展览”等。与此同时，学校还结合一些青少年违法犯罪的典型案例，以案释法，加深学生对法律条文的理解。

三、重点督导工作成效

一年来，学校依法治校、依法执教，学校办学行为规范，教学质量稳步提高，学校领导、教师、学生法律意识明显得到提高，师生无犯罪行为，学校无重大事故发生。学校教学秩序良好，校风正、教风严、学风好，各层领导全身心投入，学校面貌焕然一新，师生综合素质不断提升。

学校获评顺德区先进学校。

【案例反思】

在启智学校督导工作中，我从全面了解学校管理和制度建设入手，携手学校领导班子，立足特殊教育的特殊性，从提出问题，共同商讨形成改进工作的建议和举措，到工作取得良好效果，在整个过程中，建立起督学、学校联动机制，从实效上促进了督导学校的长足发展。对这个督学案例，我也进行了以下思考：

(1) 督导工作的本质，不是为了评价优劣，而是为了改进和发展。建立责任区督学制度是顺德区为了提升教育整体质量，促进区内教育协同发展、均衡发展的重要举措。作为责任督学，在进校督导过程中，要本着求真务实的工作态度，既要讲原则，又要针对学校的发展情况因地制宜，才能有好的效果。责任督学在督导过程中，不仅要督，更要导。

(2) 沟通和协调能力是督学的关键能力，在督导中能充分融入，以发现问题为契机，促进学校转化为发展内力。督学督导对被督导学校负有监督之职责，在保障学校安全、健康发展，督导学校做好办学规范要求的同时，要为引领和促进学校的可持续发展尽力。要善于和学校领导班子形成共识，要能够走进师生、家长身边听取意见，能够和学校的各层面互动，才能更加切实履行好督学督导的责任。

从减负调研着手　促学校减负提质

伦教兼职督学　北海小学何永泉

一、调查的目的、意义

“书中自有黄金屋，书中自有颜如玉”，书读得多了，作业写得多了，是不是所谓学生手中的黄金就多了呢？其答案是否定的！给小学生教育减负是整个社会都关注的问题，那么实行教育减负，是不是只减作业数量就可以了呢？答案是否定的。我们所说的“教育减负”不是减质，减负的主要目的是给学生减压，不要让学生背负太多的课业负担，实现德、智、体、美、劳等方面的全面发展，全面提高学生的综合素养。青少年是国家未来的栋梁，是祖国未来的花朵，因而从小抓素质教育尤为重要，那么怎样才能在减轻小学生负担的前提下，全面提高教育教学质量，同时又为学校、家庭、学生真正减轻负担呢?

“减负”，即教育减负，简而言之就是减轻中小学生过重的课业负担，以促进学生全面发展。在调查之前，我们要明晰这一个问题的原因:

(1) 教师布置的作业太多，考试压力大。

(2) 家长对孩子的要求太高，课余项目太多。

(3) 学生自己精神的过度紧张。

要从根本上解决这些原因，才能实现“减负”。

二、调查的情况

作为伦教一名兼职责任督学，我们一直关注“减负”问题。我们做了一次关于“减负”的调查，从某所学校抽取了不同年级的60名家长，发放了60份问卷进行调查，结果如下。

问题一：请问您的孩子是否觉得学习有压力?

选项	人数	百分比
有	47	78.3%
没有	13	21.7%

问题二：请问您对于减负怎么看?

选项	人数	百分比
非常好	14	23.3%
一般，不够完善	34	56.7%
根本没有执行，不看好	10	16.7%
不知道有这个措施	2	3.3%

问题三：请问您觉得造成压力的根本原因是什么

选　　项	人数	百分比
教师布置的作业太多，考试压力大	41	68.3%
家长对孩子的要求太高，课余项目太多	16	26.7%
学生自己精神的过度紧张	3	5.0%

从调查的数据看来，很多家长认为孩子的学习负担很重，而且原因来源于教师和学校，特别是教师布置的作业，并且觉得现在减负推行的效果并不是很好。

三、对督导工作的思考

“减负”工作是教育系统当前和今后相当一个时期的重要任务。做到“减负”不减质，任重而道远，需要各级政府、教育行政部门和中小学校坚持不懈努力。作为教育界的责任督学，我们更有义务、有责任落实督导减负工作促学校减负提质。为此，我们可以从下面几个方面着手：

（一）加强学习，提高思想认识

作为责任督学，首先必须站在全局的高度上，站在学生未来发展的战略上，看待减负工作的重要性，同时要强化检查各学校进一步实施国家、省、市、区等教育行政部门制定的减负相关规定，统一思想，提高认识，而且要求学校通过多种形式组织家长了解减负的政策，改变家长的育人观念和质量观念，支持减负工作。

（二）建立“减负”督查机制，提高“减负”督查实效

“减负”工作需要常抓不懈，建议各级教育督导部门要建立好中小学“减负”督查机制，将减负督导作为一项重要工作，通过综合督导、过程督导、专项督导，采取随机督查、日常监督与专项督查相结合的方式进行，并将督查情况及时进行通报，及时反馈给学校，对“减负”工作问题比较突出的学校进行回头看的二次督查工作，对屡查不改的学校要通报批评，并纳入单位和个人年度绩效考核。

（三）从师资队伍建设着手，提升教师专业教学水平

在“减负”工作中要注意调动教师的积极性，不能因“减负”使教师放松对学生的严格要求，放松教师自身的责任，而要在减轻学生过重负担的同时，加强教学方法改革，提高教师业务水平，提高教育教学质量。“减负”对教师提出了更高的要求，广大教师要提高师德修养，提高业务水平，积极优化课堂教学过程，改进教学方法，提高课堂教学的质量和效益。对教师而言，光从量的控制来减轻学生课业负担是容易的，难的是如何通过提高课堂效率来减轻学生负担，这就要求教师们遵循课改理念，执行教学常规，养成研思习惯，提倡集体备课，精心备好每一堂课，认真上好每一堂课。

只要我们多措施并举，督导形式灵活多样，并始终把减负工作作为素质教育持续、深入、有效推进的重要内容，切实将减负工作落实到教育每一个环节，进一步完善管理制度，改革评价方式，规范办学行为，营造良好社会环境，一定能落实减负提质，减轻学生的过重负担。

走进学校教研　助力教学提升

梁开中学责任督学　潘惠红

一、案例背景

自担任梁开中学督导以来，我多次到该校进行视导和检查工作。通过参与梁开中学科组活动、课堂听课和对学生的问卷调查等方式，我发现该校部分教师的课堂教学状态需要进一步改善，课堂教学模式在一定程度上存在问题，教学效率不是很高，严重制约了学校整体教学质量的提升。

二、督导实录

经过前期调查和思考，针对梁开中学的教学现状，结合学校开展小组合作下的“三案六环节”高效课堂教学模式，我召集了该校李贤锡校长、分管教学工作的郑锦松副校长和教务处的两位主任召开了一次座谈会。指出了学校教学工作存在的一些问题，并提出我的建议。经过商讨，大家一致认为，学校确实需要立足现状，有效结合学情，提高教师的业务素养，全面提升学校的教育教学质量。

三、整改措施

（一）利用科研引领学校课堂教学改革，逐步形成小组合作下的“三案六环节”高效课堂教学模式

为了明确课堂教学改革目标，全面加强集体备课制度，把课堂教学交给学科教研组、备课组进行讨论，明确在教学中以学生为中心，并要求教师在课堂上一定要开展“小组合作”的形式，有活动时间、师生互动的内容，对缺少学生自主学习、合作探究、个性点评、反馈检测的课堂教学方案实行一票否决制。在实施的过程中，教师有较大反响，也出现过质疑的声音，但在学校领导的耐心引导下，教师正在逐步适应，并积极参与到小组合作教学形式中来，向“三案六环节”高效课堂教学模式迈进。

（二）完善备课、评课制度，切实提高教学效益

经过近一段时间的课堂观摩和讨论，我参与并会同教务处、科组长一起制定和完善学校备课制度、课堂教学评比标准等，要求所有备课组要集体备课，整个备课组要统一进度，教师要根据所任教的班级学情进行二次

备课，中考科目要制定导学案，在课堂上创设浓厚的自主学习环境，让学生有自学质疑、交流展示、互动探究的过程。而教师在教学的过程中要有个性点评、反馈检测、感悟提升，做到注重课堂教学的实效性，突出学生自主学习、合作探究的学习能力，培养学生独立思考、创新和实践的能力，发展学生的个性和特长，从而呈现高效的课堂教学模式。同时，学校要对教师每堂课是否对各种层次的学生都有提高进行测试评估，帮助教师不断提升课堂教学质量。近期，学校为了更好地推进小组合作教学模式，开展教案设计、智慧课堂教学展示课等一系列教学活动。学校数学科组还出版了《初中数学导学案》（共六册），并在课堂上使用。

（三）加强对外联系和交流，扎实推进课堂教学改革

为了让更多的教师了解和运用先进的教育教学理念，我建议学校与其他学校加强联系，采取“请进来、走出去”的战略模式，向兄弟学校学习，帮助教师结合自己和学生的实际情况，形成自己的教学模式。在我的牵头下，该校郑锦松副校长、教务处主任等领导带队，所有的科组长、备课组组长和部分骨干教师先后到广州市增城区派潭第三中学、东莞中学、东莞麻涌镇古梅一中、广州市开发区中学、肇庆中学等学校听课交流，进行交流学习。学校还相继邀请了广州市增城区派潭镇第二中学吴培森校长来校进行小组合作专题培训，广东省教育技术中心研究员王奕标老师来校进行“翻转课堂”专题培训等，帮助教师们了解小组合作模式的真谛。学校开展了多次小组合作课堂教学的讨论，开展了小组合作展示课、汇报课，并要求全体备课组教师一起备课、磨课。这过程中，大大提升了教师们对“三案六环节”高效课堂教学模式的理解和实践的业务能力。学生们在自主学习和合作探究中加深知识的理解，以达温故而知新、举一反三的目的。该模式在整个教育教学的环节中收获良效。

（四）把课堂教学改革纳入学校绩效方案，有效推进课堂教学改革

为了保障学校教学改革的顺利开展，我和学校一起召开了行政会、科组长会议、全体教师工作会议。会上，我做了主题发言，动员全体教师行动起来，改进课堂教学，让学生学会学习，提升教学效益。我提议学校把参与课堂教学改革的表现作为绩效考核的一个内容，通过学生问卷调查、随机听课等形式，结合期末考试成绩数据等，综合起来作为考核的主要依据。

通过我和学校的努力，大力推动课堂教学改革，在全校实施小组合作背景下的“三案六环节”高效课堂教学模式取得了明显的效果，形成了以

“自主学习—合作探究—交流展示—个性点评—反馈检测—感悟提升”为主线的递进式课堂学习流程，学生的自主学习、合作探究、沟通交流、分析表达、展示评价等多种能力得到快速提升，多个学科的教学水平凸显优势，教学质量位于区域同类学校的前列。学校也由此获得了顺德区2018年初中教学质量进步奖。

四、督学体会

责任督学要置身于学校之中，做督导学校师生的良师益友。责任督学是为学校、教师和学生发展的服务员，要放下架子，融入学校，服务学校，与学校建立互相信任、密切合作的伙伴关系，而不是指手画脚，发号施令，要以平等的身份与领导和师生沟通交流，要有“校荣我荣、校衰我耻”的大局意识，引导师生乐教乐学，让领导和教师真正感到你的热心和诚心，体会到你是在帮助他们认真地努力工作，进而实现学校主动接受或邀请责任督学监督和指导，由“我要督”变为“要我督”，做到和谐督导，其根本在于凸显督学的“帮”而不是“管”。

工作实践告诉我们，督就是要帮助学校发现学校教育教学及发展中的问题，导就是要帮助学校分析问题的原因所在，协助学校找到解决问题的方法。责任督学只有和责任学校心往一处想，劲往一处使，沟通联动，聚力同心，才能充分发挥责任督学的作用，才能助力学校有实效性的发展。

感谢梁开中学的领导和全体师生，他们的积极支持和配合，让我对教育教研工作有了更深的理解，而学校也在对“三案六环节”高效课堂教学模式的逐步推进中，收获了教学成果。“路漫漫其修远兮，吾将上下而求索。”希望在日后的督导工作中，我与梁开中学继续互通有无，彼此成长与成就，在教育教学的道路上走得更好、更宽、更远！

附录

顺德区中小学办学绩效评估
现场评估操作手册

顺德区教育局教育督导室编制

二〇一七年四月

目　录

第一部分　工作及职责

评估工作安排

为贯彻落实《顺德区教育局关于印发顺德区中小学办学绩效评估实施意见的通知》（顺教〔2017〕28 号）要求，按照《顺德区教育局关于印发顺德区中小学办学绩效评估指标体系及评分操作说明（2016 学年）的通知》（顺教〔2017〕30 号），顺德区教育发展中心将组织开展对全区中小学校（含民办）办学绩效评估，现制定评估工作方案。

一、评估对象

顺德区中小学办学绩效评估对象包括全区中小学校（含民办）。

二、评估时间

1. 评估时间段：以学年度为办学绩效评估周期。本次办学绩效评估起止时间为 2016 年 9 月至 2017 年 8 月。

2. 本年度现场评估时间：2017 年 5 月至 8 月。具体安排见附表。

三、评估安排

1. 评估组组建。相关专家从顺德区中小学办学绩效评估专家库中抽取。原则上按照“少组别、小偏差”来规划、组建各学段评估组。每个评估组按照统一部署、统一标准、统一流程开展评估各环节工作。

2. 评估组培训。区教育局组织实施评估组人员评前培训，邀请区教育局主管领导和评估指标体系开发专家解读工作流程、评估指标操作方案等，明确工作要求，清晰实施流程，全面而深入地理解和掌握评估指标的操作应用。

3. 提交评估资料。受评学校依据评估通知及有关评估指标，做好评估资料整理、归档与平台提交工作，并准备好现场评估资料。

4. 现场评估。评估专家小组采取实地考察、师生座谈、听取汇报、查阅资料等途径对学校办学绩效进行现场评估，形成现场评估报告。

5. 评估结果公布。综合资料评审、现场评估结果，经过审议、公示等环节，公布评估结果。

四、评估工作要求

1. 加强思想认识。各中小学要按照“实施意见”“评估指标体系”要求，加强对评估工作的思想认识，做好校内办学绩效评估的宣传工作。

2. 成立迎检工作机构。中小学校要成立评估工作小组，组织校内迎检评估工作。

3. 遵守工作纪律。评估相关人员要严格遵守评估纪律，清正廉洁，严于律己，认真负责，客观公正，确保评估质量。

4. 按时完成各项工作。凡是参与中小学办学绩效评估各项工作的单位、人员，要按照具体工作的日程安排，按时完成所承担任务，确保评估工作按时完成。

五、保障措施

1. 评估期间，区教育局派出评估巡视员，全面视察各评估小组工作情况，了解和把握评估期间的工作新动态，代表评估办处理评估期间出现的紧急问题。

2. 北部片区教育局和镇（街道）教育局成立由局领导担任组长的协作小组，小组人员名单须报送评估办备案，负责评估期间工作协调、后期整改工作的督察与落实。须指定联络员，负责评估期间联络工作，协助评估小组、评估巡视员和学校完成评估工作。

顺德区教育发展中心

2017 年 4 月 5 日

附表 1－1　顺德区中小学办学绩效评估工作日程安排

附表 1－2　顺德区中小学办学绩效评估工作机构及主要工作

附表 1－1　顺德区中小学办学绩效评估工作日程安排

时间	内容	要求	负责机构	责任人	备注
4 月	评估设备与系统平台建设	完成“顺德区办学绩效数据平台”开发并试用完毕，评估电脑等相关设备到位	教育发展中心	章传东	
4 月	评估资料准备	制作评估手册：一是文件汇编，二是评估专家手册	教育督导室	杨艳冬	
4 月	评估前动员大会	召开全区中小学办学绩效评估动员大会	教育督导室	高波	
4 月	发布评估实施方案	教育发展中心制定 2016 学年度顺德区中小学办学绩效评估实施方案，明确受评单位、评估步骤、各环节工作要求等	教育发展中心	张东升	
4 月	建立专家库	区教育局印发推荐顺德区中小学办学绩效评估专家库成员的通知，通过自荐和推荐等多种形式，筛选人员建立专家库	教育督导室	高波	
4 月	组建评估组	根据各学段评估需求，确定组成评估小组	教育督导室 教育发展中心	高波 张东升	
4 月下旬	组织培训	开展小学、初中、普通高中、中职学校以及受评学校行政、信息管理员专门培训	教育督导室 教育发展中心	杨艳冬 张东升	
5 月上旬	学校自评及评估资料上传	各学校按要求完成自评，并将相关资料在“顺德区办学绩效数据平台”上传完毕	参评学校	各校校长	
5 月中旬	学校评估资料收集	区教育发展中心指定专人，对上传到“顺德区办学绩效数据平台”的受评学校资料进行收集，填写“各学校评前收集资料一览表”并提交至评估办	教育发展中心	张东升	
5 月中旬	现场评估安排	评估办印发现场评估日程安排的相关通知到受评学校	教育督导室	高波	
5 月中旬	现场评估工作会	组内分工，并对受评学校自评报告、自评说明及上传资料进行审核	评估小组	各组长	

续上表

时间	内容	要求	负责机构	责任人	备注
5月中下旬	现场评估	现场评估	评估小组	各组长	
6月	现场评估结果	各评估小组完成所承担的现场评估任务后，将现场评估情况、现场记录表格材料及反馈意见等，于5个工作日内连同现场评估工作统计表一起提交评估办	评估小组	各组长	
7月上中旬	形成学业成绩结果	统计好各学段一级指标“学生发展”学业成绩的考核结果	教育发展中心	张东升	
7月中下旬	形成综合评估报告	评估小组综合现场评估情况、平台数据分析信息及学业成绩形成学校综合评估报告，各小组将其提交评估办	评估小组	各组长	
7月中下旬	评估结果复核	评估办接到评估小组现场评估报告后，于3个工作日内完成复核，并将复核结果以书面形式反馈给受评学校	评估办	刘伯权 梁利龙 杨艳冬	
7月下旬	形成区域总报告	评估办汇总各学段综合评估报告，形成区域总报告，提交领导小组审议	评估办	杨艳冬及各学段组长	
7月	领导小组审议	召开评估领导小组审议工作会议，对评估总报告和结果进行集中审议	评估办	张毅	
7月	结果公示	评估结果在顺德区教育信息网进行公示，公示期不少于7个工作日	评估办	张毅	
7月	结果申诉	公示期间，有异议的学校以书面形式向评估办提出申诉，评估办受理后于3个工作日做出回复	评估办	高波	
7月	结果反馈	公示结束后，评估办把评估结果反馈给受评学校	评估办	高波	

附表 1-2　顺德区中小学办学绩效评估工作机构及主要工作

<table>
<tr><th>组别</th><th>分工</th><th>姓名</th><th>主要工作</th></tr>
<tr><td rowspan="9">工作组</td><td>组长</td><td>黄伟羡</td><td>指导、统筹、协调</td></tr>
<tr><td>副组长</td><td>张东升</td><td>统筹实施、组织协调</td></tr>
<tr><td>副组长</td><td>郑奕芬</td><td>人员协调、后勤保障</td></tr>
<tr><td rowspan="6">成员</td><td>任　毅</td><td>组织分工、后勤保障</td></tr>
<tr><td>杨涵伟</td><td>学业成绩、评估报告</td></tr>
<tr><td>唐信焱</td><td>评估报告、数据分析</td></tr>
<tr><td>章传东</td><td>评估报告、数据分析</td></tr>
<tr><td>陈北海</td><td>系统维护、操作指导</td></tr>
<tr><td>刘良欣</td><td>资料收集、数据统计</td></tr>
<tr><td rowspan="3">宣传组</td><td>组长</td><td>李海源</td><td>负责中小学办学绩效评估宣传统筹工作</td></tr>
<tr><td>副组长</td><td>梁颖怡</td><td>负责办学绩效评估的新闻媒体的采访、报道；新闻稿件统稿</td></tr>
<tr><td>成员</td><td>张慧瑶</td><td>宣传报道</td></tr>
<tr><td rowspan="2">督查组</td><td>组长</td><td>高　波</td><td>负责督查中小学办学绩效评估实施过程，协调解决评估过程中的重大问题</td></tr>
<tr><td>副组长</td><td>许匡健</td><td>指导监督评估工作按照实施意见和办学绩效领导小组要求开展工作，及时了解职中评估组的重要意见和建议（如学校是否存在重大问题，是否具有推荐的优秀、先进经验，是否有督政方面的重大建议和改进评估工作的建议，以及是否按照工作纪律要求开展评估）</td></tr>
</table>

续上表

组别	分工	姓名	主要工作
督查组	副组长	刘伯权	指导监督评估工作按照实施意见和办学绩效领导小组要求开展工作，及时了解高中评估组的重要意见和建议（如学校是否存在重大问题，是否具有推荐的优秀、先进经验，是否有督政方面的重大建议和改进评估工作的建议，以及是否按照工作纪律要求开展评估）
	副组长	梁利龙	指导监督评估工作按照实施意见和办学绩效领导小组要求开展工作，及时了解初中评估组的重要意见和建议（如学校是否存在重大问题，是否具有推荐的优秀、先进经验，是否有督政方面的重大建议和改进评估工作的建议，以及是否按照工作纪律要求开展评估）
	副组长	杨艳冬	指导监督评估工作按照实施意见和办学绩效领导小组要求开展工作，及时了解小学评估组的重要意见和建议（如学校是否存在重大问题，是否具有推荐的优秀、先进经验，是否有督政方面的重大建议和改进评估工作的建议，以及是否按照工作纪律要求开展评估）
	成员	老志文	指导监督评估工作按照实施意见和办学绩效领导小组要求开展工作，及时了解中职评估组的重要意见和建议（如学校是否存在重大问题，是否具有推荐的优秀、先进经验，是否有督政方面的重大建议和改进评估工作的建议，以及是否按照工作纪律要求开展评估）
		张　炽	统筹督导信息数据上报工作，协助信息组开展工作
		陈水绎	协调安排宣传工作，督导各个评估组资料上交工作

评估组组长职责

一、主要职责

评估组组长受区教育局中小学办学绩效评估领导小组委派，主持并全面负责受评学校具体开展的评估工作；组织形成评估报告，提交中小学办学绩效评估办公室（教育督导室）。

二、具体工作

1. 与受评学校评估校长、联络员联系，依据实际情况调整评估工作流程。

2. 评估前一天召集评估组成员培训会议，布置工作，强调评估理念、评估任务和分工，以及纪律要求。

3. 主持开展办学绩效评估活动。

（1）负责跟进和指导评估组工作安排及进度。

（2）组织评估组内部信息交流，指导评估组成员明确工作重点。

（3）负责与校长沟通评估意见，并向评估组传达相关信息。

（4）组织评估组讨论研究，并形成评价意见。

（5）指导评估组成员撰写评估报告，撰写对学校总结评价意见，指导评估组专人统稿形成报告，对评估报告质量负责。

（6）负责组织评估意见反馈会。

4. 评估过程中保持与办学绩效评估办公室（教育督导室）沟通，反映评估工作，推荐先进经验，并指出存在的问题。

5. 及时向办学绩效办公室反映在评估过程中出现的重大问题。

6. 组织评估工作质量自我评价，向教育督导室提出评估改进建议。

7. 评价评估组成员工作表现，填写“评估组成员考评意见表”。

评估组成员职责

一、主要职责

根据办学绩效评估有关文件和办学绩效评估领导小组要求，按照评估组具体工作安排开展评估工作，采集相关信息，撰写评估意见，提交相关资料。

二、具体任务

1. 按照评估组的分工要求和评估工作安排，广泛采集学校相关信息并做好记录，注意与学校的沟通、互动。

2. 对评估当天采集的信息进行梳理、总结和分析，归纳出对学校的主要判断及相关证据。

3. 与评估组其他成员及时交流信息，使信息和判断得到补充、印证或修正，以达成共识和准确判断。

4. 根据评估报告格式和要求，撰写本人所负责的指标评估意见，并根据组长的建议进行修改完善。

5. 根据评估组长安排，参加学校评估意见反馈会。

第二部分　现场评估工作指引

中小学办学绩效现场评估工作指引

一、信息采集原则

（1）采集信息应根据办学绩效评估指标的重点，抓住影响学校发展的关键问题或核心领域，确定调查方法。

（2）采集信息应紧紧围绕学校发展规划以及年度分解，重点看办学措施和办学绩效之间是否吻合，及其存在的差距为采集信息的重要线索。

（3）采集信息应力戒形式主义，改变传统的以查阅资料为主的评估方式，引入深入师生、深入课堂的多元化评估方式，关注人，关注常态，关注原始的真实的证据，关注现象背后的成因。

（4）采集信息应充分利用学校自评资料提供的线索，从而提高评估效率。

（5）采集信息应运用“信息互相印证”的线索，以便使搜集到的信息能互相验证。办学绩效评估试图运用一致性理论，诊断学校组织中“校长（领导班子）—中层干部—教师—学生”各层面群体对关键工作的知、情、意、行的一致性，以诊断信息源与信息对象的关系（正向关系或负向关系），诊断领导与被领导、管理与被管理、教育与被教育之间的一致性与和谐性的因素，从而提出调整的方案，使之实现一致与和谐。

（6）采集信息应尽可能多地记录第一手资料，保证信息完整而准确，要求所采集的有关文字或数据资料符合客观实际，能够反映事物的本来面貌。

（7）采集信息应采用集中与分散相结合的方式。譬如，了解学生发展情况，可以召开学生座谈会，也可以利用课间和课外时间，在教室、走廊、食堂等向学生了解有关情况。

（8）采集信息应注意静态与动态相结合，整体与局部相结合，要善于抓住典型的人与事。

（9）采集信息还应注意在学校常态中进行，尽量不干扰学校日常的工作安排，不影响师生正常的工作与学习，尽量减轻学校的负担。

二、信息采集方法

（一）与校方互动交流

评估组到校前，应提前阅读校方的自评自诊报告，对学校概况和主要特点有大致了解。到校后，评估组全体成员可与校方领导管理层召开互动交流会。校长向评估组做办学绩效自评报告，评估组可根据评估的目的和要求，围绕校长阐述的关键性内容和其陈述中的疑问进行提问。这是非常关键的一个环节。提问重点包括：办学理念与目标是否科学、清晰，办学措施与办学理念目标是否一致，对学校的校情特点是否有正确把握，对存在问题的分析是否深刻，是否抓住了影响学校发展的主要矛盾，如何处理学校文化的传承与创新，等等。

譬如，一所艺术教育特色创建与课程改革、师资队伍建设均取得了显著成绩的学校，如果在自评报告中看不出它们之间的联系，可提出这样的问题："你们如何实现学校艺术教育的特色创建与学校整体发展的有机结合？"

与校方领导管理层交流时应注意：要营造一种良好和谐的氛围，与校长采用平等对话的方式；提出的问题要着眼学校全局性或整体的发展，例如从办学理念的角度进行提问，可以促进学校对办学思路的进一步厘清；提问应简洁明了，不要转弯抹角；根据问题的敏感程度，有的提问可在自评报告会议后提出，有的问题可以建议校长在会后进一步思考，会上可以有选择地予以回答。

（二）访谈

1. 访谈对象

访谈对象包括领导班子全体成员；全体中层干部以及学科组长（教研组长）；骨干教师、老教师和青年教师、各年级段学生。每位评估专家根据需要访问上述对象。

2. 访谈目的

办学绩效评估倡导主要通过师生现场表现获取评估信息，因而人物访谈是评估组工作的重要手段。通过访谈不仅要掌握证明学校办学绩效的真实、生动而鲜活的信息和证据，而且要善于抓住言谈之间校方人员所言、所为、所思的背后隐藏或折射的问题，进而深入研究一些关键现象、关键问题的发生原因，并与校方人员平等探讨改进的方法。

3. 访谈（调查）对象的选择

为了使访谈有较高的效度和信度，调查对象要有较强的代表性，选择对象必须遵循随机抽样原则。同时，评估组和调查对象之间必须建立相互信任的关系，调查对象才能密切配合、诚实作答。具体的抽样方法一般有：

（1）随机抽样。不确定抽样规则，以随机的方式抽取对象。要注意尊重受访者的意愿。

（2）等距抽样。从调查对象的总体名单中，有系统地每隔若干个抽样单位，抽取一个作为样本。如按学号抽样，遇有缺号，可允许向前或向后顺延。譬如：学生座谈会的对象，常用方法是随机确定一个学号的学生作为调查对象，然后根据学号序列间隔一定距离，机械决定其余调查学生。

（3）分层抽样。把调查总体按统一标准进行分类式分层，然后按照类层抽取一定数目的对象。例如：教师座谈会，把教师按照年龄分为青年教师、中年教师和老年教师，然后根据这三类教师的比重分别抽取相应的教师人数。

（4）典型抽样。按评估的目的与要求抽取典型样本。例如：要了解学校办学特色对学生发展的影响，我们可以对学校特长生群体进行抽样调查。

4. 访谈要求

（1）计划性。访谈要有明确、清晰的考虑，做足准备，事先精心设计访谈提纲和提高技巧，选好访谈对象。

（2）灵活性。访谈应围绕预设的核心问题展开，同时根据不同访谈对象，灵活选取访谈的具体内容和方式方法，伺机提问，针对回答而提问，避免僵化套用预设提纲的现象。

（3）交流性。力求消除访谈对象的心理压力和戒备，真诚、平等地交流，适度激发访谈对象潜在的态度和观点，鼓励其表达真实想法，反映深层次问题，提供更多更新的有效信息。

（4）深度性。访谈应注重深入交流，避免停留在浅层次的一问一答上。须重点围绕关键问题，或捕捉有价值的细节，因势利导进行追问、深挖、细论，实现了解真实情况、挖掘背后成因、探讨改进办法这三个目的。

（5）验证性。对于关键问题，有时有必要从多个访谈对象、多个角度采集信息。发现未了解透彻或与其他渠道采集的信息有较大出入的问题时，必须对访谈对象进行再次访谈。访谈过程中，所问问题不一定局限于被访者所负责的工作或内容。

（三）观课

1. 观课目的

评估组对课程观察不同于教研员听评课，除了从专业的角度去了解和评论教师的课堂教学水平之外，更需要从宏观层面去了解学校情况，须通过观察课堂教学过程、师生活动状态及与师生的访谈交流，了解学校的领导与管理，了解学校在课程与教学领域的改革与发展目标以及实施状况、学校的教育理念、班级的文化、教风与学风等多方面情况。

2. 观课巡课范围

评估组应尽可能广泛观课，覆盖不同年段、学科。

3. 观课要求

（1）专家应做好观课准备，一般应提前走进课堂。

事先了解受评学校在领导与管理、课程与教学、教师发展、学生发展等方面的理念、目标，以通过观课验证其达成度。了解被观课的教师、班级的大致背景，如教师教龄、职称、生源状况、班级风气、学业水平等。在可能的情况下，事先查阅教案，了解本节课的教学内容、教学目标及教学设计等。

观察教室环境。如宣传栏、公示栏的布局和内容，教室的整洁程度，物品（包括劳动工具）的摆放方式，学生座位的排列等，了解班级的文化建设、学校办学理念和教育教学要求在班级中的落实情况。

观察学生课间、课前行为表现。主要包括：课间休息时学生状态如何，两分钟预备铃时，学生是否赶着进教室或准备上课用具，学生学习用品的摆放是否规范、有序。

上述活动也可以作为其他指标体系的评价基础和参考。

（2）专家应根据“观课记录与评价表”指引，认真观课，边观课边做好课堂实录，填写“观课记录与评价表”，在记录教师的教学行为与学生学习行为的同时，及时对典型的课堂教学事件完整记录，以便课后与教师交流。

巡课就是对不同班级、年级上课情况进行巡视，重点是看教师的教学组织、学生学习状态。

课间与教师交谈要营造平等、友好、诚恳的氛围。首先应充分听取教师的意见。对课堂教学的点评一般不宜过于烦琐，主要选择比较有意义的、有典型性的方面进行点评。谈话应以鼓励为主，以恰当的方式指出教学中的优势、不足与改进建议。

（3）评估组可以根据实际情况伺机与学生进行交流。

课前，可简单询问班级的学生情况、对教师的印象，了解学生对该学科的喜爱程度、学生与教师之间的关系等信息。课后也可通过一些简单的问题了解学生对课堂教学内容的掌握情况及对课堂教学的评价，如通过本节课学到了什么，有什么收获，是否还有不理解的地方，对本节课是否满意，还可以了解学生对学校教学工作乃至学校整体工作的评价，等等。

（四）问卷

（1）问卷对象：按照操作指标体系、相关指标要素要求选取不同对象。

（2）问卷方式：按照指标体系操作说明进行。

（3）问卷时间：问卷要在不影响学校正常教学工作的情况下进行。

（五）查阅资料

1. 查阅资料对象

应针对评估要素，选取具有原始性和真实性的关键资料进行现场查阅，例如听课记录、家长反馈意见、教研活动记录等。要求学校原则上不因迎接评估而制造新的资料。

应组织检查所有学科的学生作业及教师教案，每学科至少抽取检查 2 个不同班级的学生作业，每学科至少抽取检查 50% 以上教师的教案。

2. 查阅资料要求

（1）要着重查阅学校的第一手材料，即学校教育教学与管理的各项工作的原始记录，同时结合其他评估方式，验证资料反映的情况是否属实。不以学校提供的制度性资料和计划总结性资料为主要评价依据。

（2）根据评估要点或检测点进行必要的摘抄，尤其注意不能损害资料本身的真实性，如学校章程引领下的规章制度汇编、工作计划中对各项制度的具体规范等，以便为资料整理奠定基础。

（3）当出现信息矛盾时，要具体分析，并通过收集其他相关信息进行核实。

（4）在必要的情况下，可对一些重要资料进行拍照或复印留存。对敏感的资料、涉及隐私的资料，应注意保密，不与无关人员分享。

3. 资料整理注意事项

（1）信息要分类整理，并注明出处，以便查询。如：学校管理制度可以分为依法办学、决策民主、规范实施和监督有效等方面。

（2）注意各类资料之间的联系，在资料之间建立相互印证的桥梁。如：学校规划与年度计划、学校计划与部门计划、学校计划与教师个人计划、工作总结与工作计划之间是否具有系统性与关联性；通过查阅教研组活动的记录，可以印证学校与教学部门所制订的工作计划与目标。

（六）现场观察

1. 观察对象

针对评估要素，在校园及周边各种场所进行现场观察，重点观察场所环境、师生言行举止、精神面貌、教学活动及校风、教风、学风状况；可结合对学校人员的随机提问，获得相关信息。

2. 现场观察方法

（1）要掌握观察顺序，一般是从外到内、从静态到动态、从局部到整体，同时，善于抓住有价值的、偶然的事件，以小见大，并做到准确、全面和完整，避免以偏概全。

（2）要善于通过环境了解师生的品行。评估组要注重观察学生桌面文件、墙面文化、厕所文化、宿舍文化，从细节处了解学生的日常行为习惯，了解学校的管理；同时，要善于从教师办公室、图书馆，了解教师办公情况和图书的完好程度等，从一个侧面来分析教师的日常工作行为和学生行为规范。

（七）信息汇总与分析

1. 评估信息处理的一般步骤

（1）评估组成员个体思考加工信息。根据评估组的工作分工，每个评估组成员都承担着相应指标的评估任务。在评估过程中，评估组成员通过各种手段收集到大量的评估信息，并对这些原始信息进行分析处理，归纳整理成个人的评价意见。

（2）指标组讨论交流信息。为避免因分工而带来的视角偏差，评估专家组应加强信息共享与交流；每天须召开组内信息交流会，每位成员均须介绍当天获得的重要信息，及时与其他成员沟通工作情况，以利于将各种渠道采集的信息进行互相补充和印证，全面了解学校办学的真实情况。例如，每个评估组成员分头观察了不同年级不同学科的课，各自对课堂教学水平的评价也许会有较大的差异，若以偏概全，会出现严重的偏差，因此必须汇总所有观课者的评课意见，才能得出较为公正的结论。

（3）与校方的互动交流。评估组应与受评学校建立相互信任、相互合作的伙伴关系。评估活动是双边互动、共同建构的过程，评估组应加强与学校的沟通、协商，评价意见争取得到学校的理解和认可。如学校对评估组的意见提出异议，评估组应予以重视，组织评估组成员核实相关信息，做出准确评价。

（4）评估组汇总审议信息。各个指标组从各个局部反映了学校的真实面貌。为了防止认识偏差，通过评估组全体讨论，可以从学校整体出发，更全面、更深刻、更准确地进行价值判断，消除各小组之间、评估过程前后之间出现的矛盾看法，形成评价组团队共识。

2. 评估信息处理、分析的主要方法

评估信息处理包括事实判断和价值判断两个方面。对评估信息进行处理，就是在事实判断的基础上进行价值判断，事实判断是价值判断的基础和手段，价值判断对评估信息的分析结果具有导向作用。

（1）对评估信息进行事实判断应注意的事项。

①信息处理时须进行一番去粗取精的加工，去掉无价值的信息，保留有价值的信息，从而有效提高信息的纯度，同时在大量有效信息中，进一步选取有代表性的重要的关键信息，以便在评估报告中突出重点。如在整理过程中，发现某些方面有效信息不足，应及时补充。

②在信息处理时要对信息的品质进行审核鉴别，去伪存真，筛选掉虚假的信息。对于一些反常现象，评估组要引起警觉，做进一步的深入调查研究，务必弄清事实真相。对同一评估客体，可从多方位多角度去比照、印证，以确认信息的真伪。

例如，从校园环境看，是常态下一以贯之的和谐向上氛围，还是突击布置下的一时矫揉造作；从资料看，是始终规范运作，积累了大量过程性原始资料，还是临时加工修补，用以应对检查；从访谈看，被访者是坦诚以对，无所保留地发表意见，还是心有余悸或吞吞吐吐、欲言又止，是统一口径、异口同声，还是不愿发表意见。

（2）对学校办学绩效相关信息的分析诊断。在对评估信息进行了去粗取精、去伪存真的处理以后，可从以下几个主要的视角，对学校办学绩效进行评价与诊断：

①以依法办学的标尺来评价。看学校是否坚持依法治校的原则。若发现学校有违法乱纪行为（参考评估指标体系前言说明的十条“一票否决”指标），可视情节的严重程度，提出限期整改要求。

②以办学绩效评估指标的达成度来评价。评价学校在各项指标所指向的重点工作领域的措施与成效：判断各指标要素是否达成，哪方面工作成效较为显著或创造了可资推广的先进经验，是否存在重大问题或急需整改的薄弱环节，并据此分析成因、提出发展建议。

③以学校自我规则的目标来评价。学校自主发展、持续发展的能力是办学绩效评价和诊断的核心内容。重点要看学校领导是否发动群众按照学校全体员工的共同愿景有所作为，评价学校发展规划中目标的达成度、计划任务的完成情况，诊断学校规划

实施过程中存在的问题，对学校自评自诊的方法做出再诊断。

④从“学生、教师、学校”三位一体共同发展的视角来评价。办学绩效评价应追求学校组织发展的整体性与共同价值观，实现单个目标到多个目标的集结，将师生发展水平与学校发展水平、领导管理水平与课程教学水平、文化发展水平与特色发展水平等联系为一体。分析“学校发展”“教师发展”“学生发展”之间的相互作用、互为因果的关系，并从中进行诊断。

⑤以服务对象的满意度标尺来评价。通过学生、教师对学校的服务态度和工作质量的认可程度，可以判断学校工作的质量与效益。

⑥应用“校长、中层、教师、学生知情意行一致性理论”诊断学校办学绩效。有学者提出学校管理的一致性理论，即当学校校长、中层、教师、学生知情意行具有一致性时，学校发展状态优化。可由此诊断学校组织中一个人或一个群体知情意行的一致性，诊断信息源与信息对象的关系（正向关系或负向关系），诊断领导与被领导、管理与被管理、教育与被教育之间的一致性与和谐性，或影响其一致性与和谐性的因素，从而提出调整的方案，使之实现一致与和谐。

（3）形成评价意见。评估组成员个人应根据分工，在深度访谈、实地考察、观课等现场工作的基础上，针对所负责的评估要素形成初步评估意见，作为评估整体反馈意见的依据。

评估组在相互交流和民主讨论的基础上，须经集体同意，形成综合评价意见。每个“三级指标”的等级评定以评估集体表决的方式进行，每项指标的评级须获半数以上的评估组成员同意。

（八）评估报告撰写

1. 评估报告撰写原则

评估组按照办学绩效办公室统一要求，形成书面评估报告，提交办学绩效评估办公室。评估报告按照如下原则撰写：

（1）导向性。评估报告首先必须旗帜鲜明地坚持正确导向，对照评估指标要求，分析学校取得的成绩和存在的不足，提出发展建议。

（2）证据性。评估报告须体现客观性，对评估意见做出充分论证，体现关注结果与关注过程相结合，做出评价与诊断成因相结合，定性评价与定量评价相结合，做到有理有据，证据充分、确凿，分析深刻、细致，令学校信服。

（3）公正性。报告人的态度须公平公正，不唯上，不唯下，只唯实。不论评估对象是一般学校，还是“王牌军”“老先进”，均须一视同仁，实事求是，对成绩中肯评价，对问题毫不回避。

（4）针对性。评估报告须针对受评学校的实际，体现鲜活的个性。切忌摘引学校自评说明，或泛泛而谈，套话连篇，千校一面。

（5）发展性。评估报告须对学校的发展态势做出评价，更要诊断问题，并为学校今后的发展提出有价值的、操作性强的建议，让学校明白“为什么是这样”和“应该怎么样”。同时，评估报告须发挥评价与引领的双重效应，提出对政府相关主管部门支持学校发展的建议，指出学校值得进一步总结推广的先进经验。

2. 评估报告撰写流程

(1) 各评估组成员均须按评估报告格式和要求，按照指标组组长分工安排，负责相应指标的评估报告撰写，完成后交指标组组长。

(2) 各指标组组长将组员提交的报告进行整理汇总。

(3) 评估组长要汇总成员提交的报告，要统稿。

(4) 评估组长按照要求在 7 月 15 日前将受评学校的评估报告及评估结果交绩效评估办公室。

（九）评估意见现场反馈

评估组结束评估活动后，就评估情况向学校及镇（街道）教育局做口头反馈。

评估组在现场反馈会上的发言要努力做到：尊重个性，以多元评价激励人；有理有据，以理性分析说服人；宣讲引导，以先进理念启发人，以具体策略帮助人，以问题诊断鞭策人；真诚为本，以情感主导感动人。有需要时，可邀请学校就反馈内容与评估组进行互动。

评估组评估前的工作会议

一、组长介绍评估组工作成员，确定成员分工

分工：按照“评估指标体系”进行分工。

形式：一是按照学校发展、教师发展、学生成长、学校特色进行分工；二是按照访谈学校领导与中层、资料查阅、巡课观课、组织召开座谈会、教学管理检查、报告撰写等进行分工。

二、组长解读评估工作原则和工作纪律

组织学习《顺德区中小学办学绩效评估实施意见》评估原则。“评估组织工作”中的工作纪律部分，强调与学校之间平等、合作、交流的工作关系。

三、组长布置工作任务

1. 介绍评估工作安排

包括集中时间、乘车地点、与学校见面会，讨论学校评估报告的模板。评估时就要考虑评估报告的撰写问题，不能推到评估结束，否则现场评估的体会和感受会忘记。

2. 强调主要的工作环节

（1）观课巡课。根据课表的安排，负责该项工作的成员自主选择，覆盖面尽量广。按照观课（听课）表格做好记录。

（2）座谈会。按照指标体系操作说明，组织开展相应的座谈会。如果有的项目不能看现场，就要组织相应的座谈会。

（3）访谈。与校长、中层、教师、科长、级长的访谈要按照访谈提纲进行，针对学校发展、教师发展、学生成长访谈不同对象。

（4）闭门会议。现场评估结束后，评估组成员要填写好各种表格，在闭门会议上进行讨论汇总。

四、其他工作

组长提醒成员会后要阅读受评学校的自评材料，认真学习“工作手册”，做好评估前的准备工作。

现场评估工作流程

附表 2-1

时间	人员分工	工作内容	备注
评估前一天	评估组成员	1. 评估组成员依时到指定地点报到、集中。 2. 召开评估组预备会议，组长按照指标体系、现场评估的主要工作进行评估工作分工。 3. 组长组织评估组内部培训，明确工作任务和要求。 4. 审阅受评学校的自评报告及自评说明	
8:30—9:00	评估组成员	1. 按照要求到指定的评估学校集中。 2. 评估组到校与校方领导、中层干部互动，明确评估的工作流程、主要工作	
9:00—10:00	评估组成员	1. 学校按照“校本自评”要求做自评汇报 15 分钟。 2. 评估组针对学校汇报及自评说明提出问题，校方答辩	
10:00—11:30	评估组成员	评估按照组长的分工分头进行：观课、查阅材料、座谈会等活动。（座谈会包括：校长访谈、中层干部座谈、教师学生访谈会。受评校要提供学生社团活动的图片佐证资料）	
14:30—16:00	评估组成员	评估按照组长的分工分头进行：随访师生、校园观察、观摩学生大课间、社团、兴趣小组	
16:00—16:30	评估组成员	1. 评估工作组闭门会议。信息交流分享，谈论学校重点问题及对策建议，组长主持形成评估意见要点。 2. 各种记录表汇总。 3. 组长布置报告撰写及反馈工作	

续上表

时间	人员分工	工作内容	备注
16:30—17:30	评估组成员	评估组反馈意见和建议。参加人员：镇（街道）教育局相关负责人、学校领导、中层、教师代表、责任督学等	
评估后工作	学校	填写对评估组工作的评价反馈表	
	评估组	形成书面评估报告，连同评估存档资料提交办学绩效评估办公室	
	绩效评估领导小组	1. 审核评估。 2. 将评估结果和报告反馈给教育督导室，组织责任督学、专兼职督学跟进指导和检查受评学校整改	

说明：每所学校评估总时间是一天，每个评估组要安排好现场评估的工作流程。评估组长要注意把控评估的时间，每个环节时间要充分，根据现场工作进度进行灵活调整。每个组员的分工一定要明确。

评估汇报工作会议

时间：9:00—10:00

主持：评估组组长

参加人员：评估组全体成员、校方领导班子和中层干部、责任督学、学校相关工作人员

议程：

1. 组长介绍评估组成员及分工。

2. 学校介绍到会人员。

3. 校长汇报（15 分钟）。

（1）学校如何开展自评。

（2）学校办学亮点、优势。

（3）学校存在的主要问题及解决思路。

4. 评估组成员根据学校自评汇报，以及提前阅读学校自评材料酌情提问，并做适当交流。（组长注意控制与学校交流的时间，评估组成员注意不发表评价性意见）

访谈与座谈会指引

一、关于学校发展规划、办学理念的访谈

1. 访谈对象：校长、书记、副校长、中层干部、教师、学生。

2. 访谈内容：学校的办学理念、培养目标和发展规划，师生对此的知晓度和认可度如何，是否落实在具体的教学和学习中，如何落实？学校章程是否通过教代会？章程引领下的系列制度建设是否明确？校务委员会、民主决策机制的落实情况如何？等等。

二、关于领导力的访谈

1. 访谈对象：校长、书记、副校长、中层干部、教师、学生。

2. 访谈内容：

（1）校长的领导力——办学思想、办学理念是否体现教育方针和时代精神，是否符合学校实际、个性鲜明，是否有较强的领导学校发展、科学决策的能力，是否办事公正、以身作则、率先垂范、廉洁奉公。

（2）团队执行力——各部门是否实行岗位责任制，人员职责明确；是否具有团队合作精神，服务意识强，工作效率高；干群关系是否融洽，教职工对班子的评价如何；等等。

三、课程建设方面的访谈

1. 访谈对象：教师和学生、德育主任和班主任。

2. 访谈内容：学校是否开发了系列校本课程，校本课程的普及率，教师和学生参与校本课程开发的情况，开发的过程，学生德育课程、活动课程以及与其他学科的融合情况。

四、关于学业水平的保障访谈

1. 访谈对象：教学副校长、教学主任、教师、学生。

2. 访谈内容：学校保证教学质量的措施及落实情况；学校开展教育科研工作情况有什么具体措施；是否开展小课题研究；科研是否促进教师专业水平提升。

五、关于学生成长的访谈

1. 访谈对象：德育处主任、团书记、大队辅导员、心理老师、班主任、教师、学生。

2. 访谈内容：学生学习兴趣、学习能力、校训知晓度和认可度、是非判断能力；课程开发，校园氛围；学生资助学习情况、创新与探究、团结与合作；等等。

六、对学校办学特色访谈

1. 访谈对象：德育处主任、团书记、大队辅导员、心理老师、班主任、教师、学生。

2. 访谈内容：学校办学特色是什么，有什么依据；创建的思路和做法；学校特色的影响力如何。

现场评估闭门工作会

时间：16:00—16:30

主持：评估组组长

议程：

1. 评估组成员汇报所承担评估项目现场评估基本情况，并阐述评估项目得分（扣分）原因。

2. 组长点评，提出修改意见。

3. 全体成员讨论受评学校现场评估项目的得分，并形成统一意见和建议。

4. 确定反馈的基本内容以及反馈的要点。

5. 明确该所学校评估报告撰写者以及撰写的重点内容。

评估意见反馈会议

时间：16:30—17:30

主持：评估组组长

参加人员：评估组全体成员、镇（街道）教育局相关负责人、校领导班子、中层干部、教师代表、责任督学

议程：

1. 组长主持反馈会，简要介绍评估组工作情况（现场评估信息采集及工作量）。

2. 成员按照所负责指标项目反馈意见（值得肯定的成绩及做法，存在问题与分析，改进办法和建议）。

3. 组长做总结。总体评价。注意最后说明：评估组将形成书面评估报告提交区教育局办学绩效领导小组、教育督导室进行审定，学校对评估意见有不同观点，可在接到评估报告后3个工作日向区中小学办学绩效办公室（教育督导室）提出书面复议申请。

如学校现场提出疑问，评估组须与学校进行现场沟通。

1. 校长代表学校表态发言。

2. 镇（街道）教育局相关领导发言。

3. 评估意见反馈会结束。

学校评估报告模板

标题：顺德区中小学办学绩效评估

××镇（街道）××学校评估报告

评估时间：2017 年　月　日
评估组成员：
组长：
成员：

一、评估工作综述

重点表述评估时间、人员、过程。

二、学校概况

简要阐述学校基本情况，办学思路与基本理念，学校获得的主要荣誉。语言要简练，不做评述，不分析发展水平。

三、办学绩效评价

要求观点准确、鲜明，撰写须以事实和数据为依据；突出重点内容，凸显学校个性；做到“成绩说足，不夸大，体现发展性；问题说准，不回避，体现诊断性；建议中肯，可操作，体现建设性”。

1. 学校发展评价：突出亮点及经验总结。重点依据评估要点，找出证据支撑观点。

2. 存在问题与分析：重点评析学校相对薄弱的工作环节，注意既要摆明问题的表现，又要透过现象分析问题的成因。

3. 改进建议：建议要与问题一一对应，除指出努力方向外，应提出具体、可操作的策略或者措施、建议。

四、总体评价与发展建议

1. 总体评价：在学校发展、教师发展、学生成长、特色发展评价基础上，总结分析主要的办学成绩、经验，指明学校努力方向、要解决的核心问题。

2. 给学校的建议：就事关学校发展的关键问题、重大及综合性问题和任务提出建议，并体现针对性、可操作性和可达成性。

五、特别推荐（选写）

经评估组讨论，若有，则写；若无，则不写。应该是学校突出的、有创新性或者是示范性、值得向全区推广的优秀或先进经验。（这条不向学校口头或书面反馈）

附表 2－2　中小学办学绩效评估报告摘要

附表 2－2　中小学办学绩效评估报告摘要

<table>
<tr><td>主要成绩与亮点</td><td>学校发展：

教师发展：

学生发展：

特色发展：</td></tr>
<tr><td>主要问题与改进建议</td><td>学校发展：

教师发展：

学生发展：

特色发展：</td></tr>
<tr><td>总体发展建议</td><td>1. 对学校的建议

2. 对政府部门的建议</td></tr>
<tr><td>特别提示</td><td>值得特别推荐的学校优秀经验和学校需要整改的工作（选写）</td></tr>
</table>

评估工作纪律

一、佩戴评估组工作证，言谈举止文明，尊重校方人员，树立良好的工作作风和形象。

二、严格按照评估程序、工作分工和工作要求认真开展各项工作。评估期间全程参与，无重大事项，未经批准，不得请假。

三、遵守工作纪律。及时沟通交流信息。不随意减少工作环节，不干扰学校正常秩序，不要求学校为评估工作组调整教学安排。

四、清正廉洁，按照办学绩效评估领导小组要求标准就餐。不接受学校给予的工作补贴或礼物，不对学校提出工作之外的要求。

五、遵循民主集中原则，服从评估工作组安排，服从集体意见。不以个人名义对外发表对学校的评价意见；不对外透露学校重要信息。

六、代表评估组撰写评估报告或口头反馈评价意见时，如实反映经讨论后的集体意见，在所提交的评估资料上签署姓名。

附表 2－3　学校需要改进其他问题清单

评估组专家：

受评学校		评估时间	年　　月　　日
需要改进的问题			

注：填写内容应为

（1）在评估报告中未提及的较为细小、具体的问题；

（2）需以书面方式提出，以便学校整改和责任督学日后跟进督导；

（3）建议应具体、可操作。

第三部分　评估工作用表

附表 3－1　顺德区普通高中办学绩效评估检查说明

一级指标	二级指标	三级指标	操作说明	赋分	得分	扣分说明
A 学校发展 (30 分)	A1 办学理念与发展规划	A1.1　发展规划 A1.2　学校文化	1. 查看学校的发展规划及其本学年落实情况。(2 分。有规划并有落实得 2 分；只有规划，没有年度分解及年度落实情况得 1 分) 2. 查看学校的办学理念及其践行情况（3 分。学校提供办学理念的解读文件及围绕理念所做的校园文件建设方案得 1 分；校园文化建设有特色与办学理念相吻合，并且落实在育人环境建设中得 2 分；未能做到则不得分）	5		
	A2 制度建设	A2.1　依法办学 A2.2　自主管理 A2.3　民主监督	1. 学校章程及制度体系建设的纸质（电子版）材料齐全得 1.5 分；未提供系列制度文件的纸质版（或者电子版）或者不健全的，系列制度与章程不吻合扣除相应的分数。(1.5 分) 2. 学校内部治理结构所设置机构的运行机制与工作程序等文件健全，并有校长负责制的保障措施得 2 分；设置内部治理结构，没有相应的运行机制扣 1 分；校长负责制保障措施不健全扣 1 分。(2 分) 3. 学校提供“学校、家庭、社区三结合实施方案”或工作机制、实施途径和方法等文件资料。佐证资料齐全得 1.5 分，否则扣相应的分数。(1.5 分) 说明：实地评价会随机抽教师、家长代表、社区代表座谈，考察学校章程和制度执行情况	5		

续上表

一级指标	二级指标	三级指标	操作说明	赋分	得分	扣分说明
	A3 课程建设	A3.1 课程设置与开发 A3.2 课程教学研究 A3.3 课程监测机制	1. 查看学校课程设置的情况以及校本课程的开发、国家课程校本化、校本课程系列化的研究成果。学校提供齐全佐证材料得1分，否则酌情扣分。(1分) 2. 查阅常规教学管理制度、新课程改革运作及其效果，了解学生分层辅导情况。学校提供较全的佐证资料，有分层辅导的计划和措施得2分，否则酌情扣分。(2分) 3. 查阅课程监测办法、课程执行情况以及上课、早读、自修、辅导的管理方法与保障措施原始佐证资料。提供的材料可操作、有执行得1分，否则不得分（1分）	4		
	A4 德育与安全	A4.1 德育工作 A4.2 安全工作 A4.3 学生精神风貌	1. 学校提供德育发展规划；特色化、系列化的德育活动方案及活动纪实资料；实地观察学生的精神风貌。有佐证材料得1分；学生文明有礼、精神饱满、热情，得1分。(3分) 2. 学校开发（或者）引入社会、社区等德育资源并与组织开展相关活动。有相应佐证材料得1分，否则酌情扣分。(1分) 3. 学校有安全工作整体规划、制度及措施得1分；学年内无安全责任事故得1分。(2分) 说明：开展德育工作的规划及年度分解（也可以是学校整体规划中抽取出的德育工作列表），重点是每次活动的方案、活动照片等；安全工作重点检查相关平安校园档案2分。有安全责任事故一票否决（以上级行政部门认定为准）	6		

续上表

一级指标	二级指标	三级指标	操作说明	赋分	得分	扣分说明
	A5 社会认同	A5.1 学校荣誉 A5.2 社会声誉 A5.3 督导评价	1. 学校获得行政部门颁发的集体荣誉（先进学校、依法治校示范学校、德育示范学校、书香校园、安全文明学校、饭堂A级单位、交通安全学校、绿色学校、心理健康教育示范学校、语言文字规范化示范学校、优秀家长学校、教育科研先进学校、优秀文学社、优秀社团等）。证书复印件或牌匾照片，区级每项0.5分，市级及以上每项1分，该项满分2分。（注：学科组获得省、市、区级奖励的视为学校获得集体奖） 2. 社会声誉。 （1）有关示范引领的佐证材料（开展区级以上各类教育改革现场会、教学教研活动、学术研讨活动的通知、报道或主旨发言材料，每次1分；学校举办与学校发展方向、品牌创建相符的主题活动，辐射区、镇学校，有一定的示范和推广作用，每次0.5分）。该项满分2分。 （2）有关家长支持的佐证材料（有家长以各种形式参与学校管理、活动的方案0.5分，有过程照片0.5分）。该项满分1分。 3. 责任督学整改方案落实情况。学校按照国家课程要求开足开齐、严格执行上级教育主管部门关于学生编班管理规定进行规范编班的得1分；学校日常教育教学活动没有违背《教育法》《教师法》《中小学生行为规范》等政策法规得2分；学校根据责任督学提出的整改措施落实整改得2分（有整改意见得1分，有落实整改措施、成效佐证材料得1分）。该项满分5分	10		

续上表

一级指标	二级指标	三级指标	操作说明	赋分	得分	扣分说明
B 教师发展（15 分）	B1 队伍成长	B1.1 师德建设 B1.2 教师培训 B1.3 教师发展 B1.4 科组建设	1. 查阅本学年内师德建设的有关材料，有开展师德教育活动资料得 2 分；如有学生或家长投诉师德问题并经教育纪检部门查实，该项不得分。 2. 查看教师培养规划，提供教师参与继续教育和各类培训的佐证资料得 1 分，否则不得分。 3. 本学年有教师评为正高级教师、特级教师或获区以上名校长、名教师、名工作室、骨干教师、学科带头人、先进教师等综合性荣誉（省级及以上 1 分，市区级 0.5 分，只计最高奖），满分 1 分。 4. 查看科组建设管理制度、科组常规教研活动、主题教研等活动计划的原始资料，资料齐全得 1 分，否则不得分	5		
	B2 专业引领	B2.1 教学能力 B2.2 管理能力 B2.3 教研能力 B2.4 集体教研	1. 查阅学科教师备课、听课、学生作业、命题、教学反思等常规材料，了解教师教学设计、实施与评价等能力。资料齐全且反映教师严谨治学得 2 分，否则酌情扣分。 2. 实地查看教师班级管理情况，随机与学生交谈，了解班风学风情况，学校提供本学年班主任在班级管理方面的获奖情况。资料全、学生反映良好得 1 分，否则酌情扣分。 3. 查看教师个人专业发展规划、参与教研活动、教学改革等材料，材料齐全得 2 分，否则不得分。 4. 查看集体备课、集体教研活动记录及其效果。有资料、有效果得 1 分，否则不得分	6		

续上表

一级指标	二级指标	三级指标	操作说明	赋分	得分	扣分说明
	B3 教研成果	B3.1 课题研究成果 B3.2 论文论著成果 B3.3 教学比赛成果	1．近三年有区级以上教育教研部门批准立项并有课题结题的得 1 分，只有立项的得 0.5 分，没有立项不得分。 2．本学年教师有教育教学论文论著在正式刊物上发表和参加教育学会组织的评奖活动中获奖（省级及以上刊物发表或有一等奖的得 1 分，省级二、三等奖、市区级一等奖或市区级刊物发表得 0.5 分）。满分 1 分。 3．本学年有教师参加教育行政部门或教育学会组织的教育教学比赛获奖（省级及以上一等奖的得 2 分，省级二、三等奖及市区级一等奖得 1 分，市区级二、三等奖得 0.5 分）。满分 2 分	4		
C 学生成长 （15 分）	C1 品德发展水平	C1.1 公民素养 C1.2 行为表现	1．现场观察学生的精神面貌，并查看学生成长档案（或者公民素养养成教育系列活动档案）。学生文明有礼、阳光，且学生成长档案完整得 1 分。资料不齐，酌情扣分。 2．查看学校开展社会主义核心价值观教育、法制教育、礼仪教育等各种教育活动的原始材料。资料齐全得 0.5 分。 3．查看学生参加青年团校学习活动以及学生团员发展情况的材料。资料齐全得 0.5 分。 4．查看学生参与团队活动、公益活动、义工活动佐证资料，资料全，学生参与覆盖面较高得 1 分，否则酌情扣分。 5．本学年有学生获得政府部门颁发如优秀学生、优秀学生干部、优秀团干部、三好学生等综合性荣誉，省级及以上得 1 分，市区级得 0.5 分。 说明：经公安机关证实有学生违法犯罪的，该项（共4分）为0分	4		

续上表

一级指标	二级指标	三级指标	操作说明	赋分	得分	扣分说明
	C2 学业发展水平	C2.1 学业基础状况 C2.2 科学思维能力 C2.3 自主学习能力	1. 学校非统考科目是否开齐开足以及非统考科目的学生学习情况。学校提供开足开齐课程，学生积极参与学习，资料齐全得 2 分，否则不得分。 2. 查阅本学年学生各类学科竞赛获奖证书（省级及以上得 1 分，市区级得 0.5 分，只计最高奖）。满分 1 分。 3. 查看学生上课自习情况，查阅学生图书借阅情况以及读书笔记、学科笔记、错题集等原始资料。有相应资料得 1 分	4		
	C3 身心发展水平	C3.1 身体健康 C3.2 心理健康 C3.3 审美情趣 C3.4 学业负担	1. 查阅本学年《国家学生体质健康标准》登记卡和学生体育活动开展情况。达标得 1 分。如不达标的比率超过 2%，则该项不得分。 2. 实地查看心理健康教育场地、设施，并查阅开展抗压、情绪疏导等心理健康教育活动的有关资料。资料齐全，有相应心理辅导活动得 1 分。 3. 查阅本学年艺术教育开展以及参赛参演获奖资料。有参演资料得 1 分。 4. 查阅作息时间表、课程表以及节假日安排表有相关资料得 0.5 分；了解课程教学、作业和考试（测验）的难易度、有效程度以及学生的感受和看法，有相应资料得 0.5 分	4		

续上表

一级指标	二级指标	三级指标	操作说明	赋分	得分	扣分说明
	C4 实践创新	C4.1 实验探究 C4.2 社团活动 C4.3 综合实践	1. 查阅实验操作考查登记表和学分认定登记表，以及本学年度学生参加科技创新大赛获奖情况有相应资料得0.5分；查阅研究性学习有关资料，或者开展相应教学活动资料得0.5分。 2. 学校提供社团活动开展情况以及社团活动成果，有资料得1分。（注：本学年获省级及以上奖得1分，市区级得0.5分，满分1分） 3. 查阅开展综合实践活动的相关资料。有相关的佐证资料得1分	3		
D 教学质量 （40分）	D1 学生学业增长度	D1.1 高一统考成绩比较中考成绩的增长度 D1.2 高二统考成绩比较中考成绩的增长度 D1.3 高考成绩比较中考成绩的增长度	1. 先将学校高一学生中考成绩转化成高一统考成绩的分值，计算出中考总平均分，再将高一学生统考实际总平均分与之比较，计算出增值情况，将全部学校增值情况分为3段，由高到低分别赋分为3分、2分、1分。 2. 先将学校高二学生中考成绩转化成高二统考成绩的分值，计算出中考总平均分，再将高二学生统考实际总平均分与之比较，计算出增值情况，将全部学校增值情况分为3段，由高到低分别赋分为3分、2分、1分。 3. 先将学校高三学生中考成绩转化成高考成绩的分值，计算出中考总平均分，再将高三学生高考实际总平均分与之比较，计算出增值情况，将全部学校增值情况分为4段，由高到低分别赋分为4分、3分、2分、1分。 说明：上述三分项得分之和为该项总得分	10		

续上表

一级指标	二级指标	三级指标	操作说明	赋分	得分	扣分说明
	D2 高考基本目标达成度	D2.1 一本目标达成度 D2.2 二本目标达成度 D2.3 专A目标达成	一本基本目标、二本基本目标、专A基本目标达成度分别占18分、9分、3分，共30分。各分项完成100%得满分，完成90%为满分的80%，完成80%为满分的60%，完成不到80%为满分的40%。 说明：上述三分项得分之和为该项总得分	30		
E 特色发展 (10分)	E1 特色项目	E1.1 特色项目实施效果	本学年有列入区级及以上特色项目的，开展良好得4分，开展一般得2分；如无列入区级及以上的特色项目，但学校在自主发展、内涵发展、活动开展等方面有特色的，也可给1～2分	4		
	E2 辐射效应	E2.1 区域影响力	本学年学校的办学经验或教育创新（含课改成果）有获奖，市级及以上3分，区级2分，有较大影响得1分	3		
	E3 创新人才培养	E3.1 创新人才培养	本学年学校为高等院校培养和输送创新人才成效显著，完成高考一本卓越目标得3分	3		
总分			110			

附表 3－2　顺德区中等职业学校办学绩效评估检查说明

一级指标	二级指标	三级指标	操作说明	赋分	得分	扣分说明
A 学校发展	A1 治理体系	A1.1　制度建设	1. 落实实习管理制度和保险制度、青年教师下企业实践制度等上级文件精神，相关制度和协议健全，满分 2 分，采取直接计分法。依据《教育部等五部门关于印发〈职业学校学生实习管理规定〉的通知》（教职成〔2016〕3 号）文件，查阅学校对实习单位的考察评估报告、与实习单位共同制订的实习计划以及跟岗及顶岗实习规定、实习协议、实习保险和实习管理落实情况，计 1 分。有安排教师下企业计划和实际，计 1 分。 2. 教职工聘任（非编教师和员工聘任）程序规范，实习指导教师具备相关资格和能力并承担相应教学任务，体现“能工巧匠”进校园，满分 2 分，采取否决计分法。依据《教育部等关于印发〈职业学校兼职教师管理办法〉的通知》（教师〔2012〕14 号）文件，查阅兼职教师（含实习指导教师）是否符合基本条件，是否承担相应教学任务。 3. 学校管理制度健全，民主参与机制健全，校务公开落实到位，预算编制与执行程序规范，满分 2 分，采取否决计分法。根据“职业院校要依法制定体现职业教育特色的章程和制度”要求查阅学校章程和制度，学校的建设工程、绩效方案、经费预算重大事项体现民主参与、校务公开、程序规范	6		

续上表

一级指标	二级指标	三级指标	操作说明	赋分	得分	扣分说明
		A1.2 办学行为	1. 各类对外合作（校企合作、社会服务等）办学行为规范，满分2分，采取区间计分法和否决计分法。对学校校企合作、社会服务等办学行为进行规范性评价，按规范程度排名靠前50%的学校得2分，靠后50%的学校得1分，出现不规范行为不得分。 说明：教师有违法、违规行为，此条为一票否决制（以上级行政部门认定为准）	2		
		A1.3 德育安全	1. 学校提供德育发展规划；特色化、系列化的德育活动方案及活动纪实资料；实地观察学生的精神风貌。满分2分，采取直接计分法，有开展德育工作的规划及年度分解（也可以是学校整体规划中抽取出的德育工作列表），有每次活动的方案、活动照片等佐证材料，得1分；学生文明有礼、精神饱满、热情，得1分。 2. 学校开发或者引入社会、社区等德育资源并与其组织开展相关活动。满分1分，采取直接计分法。有相应佐证材料得1分，否则酌情扣分。 3. 学校开展安全工作。满分4分，采取直接计分法。学校有安全工作整体规划、制度及措施得1分；学生实习安全工作等相关佐证材料得1分；安全工作重点检查相关平安校园档案得1分；学年内无安全责任事故得1分。 说明：学校有安全责任事故，此条为一票否决制（以上级行政部门认定为准）	7		

续上表

一级指标	二级指标	三级指标	操作说明	赋分	得分	扣分说明
	A2 办学成效	A2.1　办学成果	1. 品牌建设成效，采取递减计分法。对认定为品牌成效或标志性成果的按4等份划定等级并计分，满分4分，最少得1分，递减计分；不足4等份的按实际数量划定等级由高到低计分。 2. 专业建设成效，满分4分，计分方法同A2.1.1。 3. 其他典型成效，获得区级以上政府部门荣誉或其他有重大影响力的成效，满分4分，计分方法同A2.1.1	12		
		A2.2　服务成效	1. 校企合作成效，骨干专业校企共建（更新）教学标准、共建实训基地、共同实施教学、共同组织评价，行业企业参与支持办学典型成效，满分4分，采取直接计分法，四个共同各计1分。 2. 社会服务成效，积极开展面向企业和社会的职业培训，培训人次不少于在校生数规模。满分4分，采取直接计分法，符合条件计4分，未达到条件计2分，未开展培训不得分	8		
	A3 社会感知	A3.1　学校形象	1. 教师对学校年度综合工作满意度调查，由第三方机构利用专业调查工具进行调查取值，采取直接计分法，满意度超过60%即得满分4分，否则计1分。 2. 学生对学校人才培养工作满意度调查，由第三方机构利用专业调查工具进行调查取值，采取直接计分法，满意度超过60%即得满分4分，否则计1分	8		

续上表

一级指标	二级指标	三级指标	操作说明	赋分	得分	扣分说明
		A3.2　社会口碑	行业企业对学校人才培养和社会服务满意度调查，由第三方机构利用专业调查工具进行调查取值，采取直接计分法，满意度超过 60% 即得满分 4 分，否则计 1 分	4		
B 教师发展	B1 能力提升	B1.1　企业实践	按计划要求安排青年教师下企业从事生产性技术实践，及时掌握企业生产新知识、新技术、新工艺，满分 2 分，采取直接计分法。依据《教育部关于进一步完善职业教育教师培养培训制度的意见》（教职成〔2011〕16 号）文件，查阅职业学校教师到企业或生产服务一线实践情况，符合条件计 2 分，未达到条件计 1 分，未开展培训不得分	2		
		B1.2　教师培训	1. 按教师培训计划组织教师参加专业对口有效性学习，提升专业能力，满分 2 分，采取直接计分法。有教师培训计划得 1 分，组织教师参加专业对口学习得 1 分。 2. 组织教师参加“双师型”“双岗型”学习，满分 2 分，采取直接计分法。有参加“双师型”学习得 1 分，参加“双岗型”学习得 1 分	4		

续上表

一级指标	二级指标	三级指标	操作说明	赋分	得分	扣分说明
	B2 业绩水平	B2.1 教师获奖	1. 教师参加技能竞赛获得区级一等奖以上奖励，主要包括教师信息化大赛、教师技能大赛、创新杯说课大赛、班主任能力大赛或其他区教育局认可的比赛等，采取递增计分法，每项2分，满分10分。 2. 学校参加行业大赛、作品展示等获得二等奖以上荣誉，采取递增计分法，每项1分，满分3分。 说明：教师参赛获省级三等奖、市级一等奖或区级一等级以上。学校参加行业大赛或作品展示要求是区级及以上行会、商会组织	13		
		B2.2 技术创新	1. 教师科研课题或论文成果获得省级二等奖以上荣誉，采取递增计分法，每项1分，满分3分。 2. 教师技术创新、专利发明获得专利，采取递增计分法，每项1分，满分2分	5		
	B3 典型成长	B3.1 政府表彰	教师取得市级以上行政部门重大荣誉，采取递增计分法，每项1分，满分2分	2		
		B3.2 社会影响	教师成为行业、媒体重大影响人物，采取递增计分法，每项1分，满分2分	2		

续上表

一级指标	二级指标	三级指标	操作说明	赋分	得分	扣分说明
C 学生发展	C1 学生成长	C1.1 人才质量	1. 学生参加第三方考核参与率超过30%，得到行业认可率超过50%，满分4分，采取直接计分法和否决计分法。参与率超过30%计2分，在此基础上行业认可率超过50%计2分。参与率低于30%，本项不得分。 2. 学生对口就业（升学）人数超过80%，升学视为对口就业，满分4分，采取递减计分法，对口率超过80%计4分，每差5个百分点，减1分，最少0分。 3. 跟岗实习、顶岗实习专业对口率超过80%，满分2分，采取递减计分法，对口率超过80%计2分，每差10个百分点，减1分，最少0分	10		
		C1.2 学生获奖	1. 学生技能大赛获得区级二等奖以上奖励，采取递增计分法，每项1分，满分6分。 2. 学生获得市级以上三好学生或优秀干部，采取递增计分法，每项1分，满分3分	9		
	C2 成才典型	C2.1 创新创业	1. 学生创新创业产生典型成果（以发明专利或创业奖项为依据），采取递增计分法，每项1分，满分2分。 2. 高质量（正常薪酬为全市平均水平1.5倍以上）顶岗实习生数超过就业生总数20%。满分2分，采取递减法，高质量就业率超过20%计2分，每差5个百分点减0.5分，最少0分	4		

续上表

一级指标	二级指标	三级指标	操作说明	赋分	得分	扣分说明
		C2.2　就业成才	学生就业成才典型成果，采取递增计分法，每项1分，满分2分	2		
D 特色发展	D1 特色项目	D1.1　立项项目	充分发挥学校优势，开创特色鲜明的办学项目，得到区级以上行政部门或骨干行业企业认可，采取递增计分法，每项2分，满分6分	6		
		D1.2　校外资源	积极创建试点项目或示范项目，得到政府、社会、企业多方资金资源支持，采取递增计分法，每项2分，满分4分。 说明：鼓励学校充分发挥学校优势，开创特色鲜明的办学项目，积极创建试点项目或示范项目，积极争取各级财政及政策支持	4		

附表 3－3　顺德区初级中学办学绩效评估检查说明

一级指标	二级指标	三级指标	操作说明	赋分	得分	扣分说明
A 学校发展 （30 分）	A1 办学理念与发展规划	A1.1　发展规划 A1.2　学校文化	1. 查看学校的发展规划及其本学年落实情况。（有规划并有落实得 2 分；只有规划，没有年度分解及年度落实情况的自查得 1 分） 2. 查看学校办学理念及其践行情况。（学校提供办学理念的解读文件及围绕理念所做的校园文化建设方案得 1 分；学校文化建设有特色与办学理念相吻合，并且落实在育人环境建设中得 2 分；没有或者不吻合不得分） 说明：A1.1 查看学校上报镇（街道）教育局的发展规划及年度分解表；A1.2 抽行政、教师、学生若干名，通过谈话，了解师生对学校办学理念是否知晓，对理念内涵的理解程度	5		
	A2 制度建设	A2.1　依法办学 A2.2　自主管理 A2.3　民主监督	1. 学校章程及制度体系建设的纸质（电子版）材料齐全得 1.5 分；未提供系列制度文件的纸质版（或者电子版）或者不健全的，系列制度与章程不吻合扣除相应的分数。 2. 学校内部治理结构所设置机构的运行机制与工作程序等文件健全，并有校长负责制的保障措施得 2 分；设置内部治理结构，没有相应的运行机制扣 1 分；校长负责制保障措施不健全扣 1 分。 3. 学校提供“学校、家庭、社区三结合实施方案”或工作机制，实施途径和方法等文件资料。佐证资料全得 1.5 分，否则扣相应的分数。 说明：实地评价会随机抽教师、家长代表、社区代表座谈，考察学校章程和制度执行情况	5		

续上表

一级指标	二级指标	三级指标	操作说明	赋分	得分	扣分说明
	A3 课程建设	A3.1 课程设置与开发 A3.2 课程教学研究 A3.3 课程监测机制	1. 查看学校课程设置的情况以及校本课程的开发、国家课程校本化、校本课程系列化的研究成果。学校提供齐全的佐证材料得 1 分，否则酌情扣分。 2. 查阅常规教学管理制度、新课程改革运作及其效果，了解学生分层辅导情况。学校提供较全的佐证资料，有分层辅导的计划和措施得 2 分，否则酌情扣分。 3. 查阅课程监测办法、课程执行情况以及上课、早读、自修、辅导的管理方法与保障措施原始佐证资料。提供的材料可操作、有执行得 1 分，否则不得分	4		
	A4 德育与安全	A4.1 德育管理 A4.2 安全校园	1. 查看学校年度德育工作计划和特色化、系列化的德育活动方案及活动纪实资料。资料齐全得 2 分，否则酌情扣分。 2. 查看学校开发或引入社会、社区等德育资源并组织开展相关活动情况及成果材料。资料翔实、有特色得 2 分，否则酌情扣分。 3. 查看学校安全工作整体规划、制度及措施，学年内无安全责任事故得 2 分，否则不得分	6		

续上表

一级指标	二级指标	三级指标	操作说明	赋分	得分	扣分说明
	A5 社会认同	A5.1 学校荣誉 A5.2 学校影响 A5.3 督导评价	1. 学校获得行政部门颁发的集体荣誉。(先进学校、依法治校示范学校、德育示范学校、书香校园、安全文明学校、饭堂A级单位、交通安全学校、绿色学校、心理健康教育示范学校、语言文字规范化示范学校、优秀家长学校、教育科研先进学校、优秀文学社、优秀社团等）证书复印件或牌匾照片，区级每项0.5分，市级及以上每项1分，该项满分2分。（注：学科组获得省、市、区级奖励的视为学校获得集体奖） 2. 学校影响：(1) 有关示范引领的佐证材料（开展区级以上各类教育改革现场会、教学教研活动、学术研讨活动的通知、报道或主旨发言材料，每次1分；学校举办与学校发展方向、品牌创建相符的主题活动，辐射区、镇学校，有一定的示范和推广作用，每次0.5分；该项满分2分)。(2) 有关家长支持的佐证材料：有家长以各种形式参与学校管理、活动的方案0.5分，有过程照片0.5分。该项满分1分。 3. 责任督学整改方案落实情况。学校按照国家课程要求开足开齐、严格执行上级教育主管部门关于学生编班管理规定进行规范编班的得1分；学校日常教育教学活动没有违背《教育法》《教师法》《中小学生行为规范》等政策法规得2分；学校根据责任督学提出的整改措施落实整改得2分（有整改意见得1分，有落实整改措施、成效佐证材料得1分）。该项满分5分	10		

续上表

一级指标	二级指标	三级指标	操作说明	赋分	得分	扣分说明
B 教师发展（20分）	B1 专业精神	B1.1 师德师风	学校教职工无重大违法违纪行为得3分。违纪行为包括在职教师存在有偿补课、体罚或变相体罚学生、利用职务之便谋取私利等现象。若有违法违纪行为，每宗扣1分，扣完3分为止。 说明：以教育行政部门的通报与相应的处分决定等为依据	3		
	B2 专业知识	B2.1 学科知识	1. 通过检查某学科教师教案或备课的原始资料了解学科教师对课标掌握情况。资料齐全得1分。 2. 通过检查某学科所有年段的备课资料，考察学校教师对学科教材体系的了解和掌握情况。资料齐全且兼顾学科整体性得1分。 3. 通过检查集体教研的专题研讨记录，考察教师对学科知识的学习与更新情况。资料齐全得1分，否则不得分	3		
	B3 专业能力	B3.1 教学技能	1. 通过检查教师教学案的设计，考察教师合理利用资源优化教学过程设计能力。资料有特色、体现学校教改思想得1分，否则酌情扣分。 2. 通过检查课堂教学，考察教师引导学生合作与探究的教学能力。通过专家组听课情况赋分。满分1分。 3. 通过检查课堂教学、抽查学生作业等原始资料，考察教师对学生的评价与激励能力。通过专家组的听课情况赋分。满分1分	3		

续上表

一级指标	二级指标	三级指标	操作说明	赋分	得分	扣分说明
		B3.2　教育科研	1. 学校提供教育行政部门的课题立项书、研究的过程性记录或结题证书证明材料，区市级每项得 1 分，省级以上每项得 2 分，满分 2 分。 2. 学校提供教师在《顺德教育》《佛山教育》及有正式刊号（CN/ISSN）的教育期刊上发表的论文证明材料，含期刊封面、目录、论文内容页、期刊封底等，每篇得 0.2 分，在核心期刊上发表的论文每篇得 0.5 分，满分 2 分。 3. 学校提供教师参加教研部门或学科专业委员会举办的各类评比、竞赛证书或发文证明材料，获区级一等奖或市级以上的每人次得 0.2 分，满分 2 分。（注：发表论文与获奖论文不重复计算）	6		
		B3.3　课程开发	学校提供教师在本学科教学基础上研发的学科拓展的校本教材及实施方案，有原始佐证材料得 1 分；学校提供教师开发的系列校本活动教材及实施方案，有原始佐证材料得 1 分，否则不得分	2		
	B4 专业发展	B4.1　培训提高	1. 学校提供教师学习培训的制度与年度计划，有符合学校实际情况的计划得 1 分。 2. 查看学校名师培养计划及实施情况，有原始佐证资料得 1 分。 3. 学校提供对教师专业发展的激励机制与实施情况材料，有原始佐证资料得 1 分。 注：上述三项资料不齐将酌情扣分，没有佐证材料的不得分	3		

续上表

一级指标	二级指标	三级指标	操作说明	赋分	得分	扣分说明
C 学生发展 （50分）	C1 品德素养	C1.1　公民素养 C1.2　行为表现	1. 现场观察学生的精神面貌，并查看学生成长档案（或者公民素养养成教育系列活动档案）。学生文明有礼、阳光，而且学生成长档案完整得1分，资料不齐不得分。 2. 查看学校开展社会主义核心价值观教育、法制教育、礼仪教育等各种教育活动的原始材料。资料齐全得0.5分。 3. 查看学生参加青年团校学习活动以及学生团员发展情况的材料，资料齐全得0.5分。 4. 查看学生参与团队活动、公益活动、义工活动佐证资料，资料齐全、学生参与覆盖面较高得1分，否则酌情扣分。 5. 本学年有学生获得政府部门颁发如优秀学生、优秀学生干部、优秀团干部、三好学生等综合性荣誉，省级及以上得1分，市区级得0.5分。 注：经公安机关证实有学生违法犯罪的，该项（共4分）不得分	4		

续上表

一级指标	二级指标	三级指标	操作说明	赋分	得分	扣分说明
	C2 学业水平	C2.1　七年级	七年级学业水平得分（10 分）=总分高分率得分（1 分）+总分优秀率得分（2 分）+总分及格率得分（2 分）+总分平均分增值度得分（5 分） 总分高分率得分 =1－（n－1）×0.02（n 为学校总分高分率的区排名）； 总分优秀率得分 =2－（n－1）×0.05（n 为学校总分优秀率的区排名）； 总分及格率得分 =2－（n－1）×0.05（n 为学校总分及格率的区排名）； 总分平均分增值度得分 =5－（z－1）×0.12［z 为增值度的排名。增值度 =六年级监测成绩排名－七年级第二学期期末监测成绩排名］	10		
		C2.2　八年级	八年级学业水平得分（10 分）=总分高分率得分（1 分）+总分优秀率得分（2 分）+总分及格率得分（2 分）+总分平均分增值度得分（5 分） 总分高分率得分 =1－（n－1）×0.02（n 为学校总分高分率的区排名）； 总分优秀率得分 =2－（n－1）×0.05（n 为学校总分优秀率的区排名）； 总分及格率得分 =2－（n－1）×0.05（n 为学校总分及格率的区排名）； 总分平均分增值度得分 =5－（z－1）×0.12［z 为增值度的排名。增值度 =（六年级监测成绩排名－八年级第二学期期末监测成绩排名）×0.6 +（七年级第二学期期末监测成绩排名－八年级第二学期期末监测成绩排名）×0.4］	10		

续上表

一级指标	二级指标	三级指标	操作说明	赋分	得分	扣分说明
		C2.3　九年级	九年级学业水平得分（18 分）=总分高分率得分（3 分）+总分优秀率得分（3 分）+总分及格率得分（3 分）+总分平均分增值度得分（9 分） 总分高分率得分 $=3-(n-1)\times 0.07$（n 为学校总分高分率的区排名）； 总分优秀率得分 $=3-(n-1)\times 0.07$（n 为学校总分优秀率的区排名）； 总分及格率得分 $=3-(n-1)\times 0.07$（n 为学校总分及格率的区排名）； 总分平均分增值度得分 $=9-(z-1)\times 0.21$ ［z 为增值度的排名，增值度 =（六年级监测成绩排名 - 中考成绩排名）×0.55 +（七年级第二学期期末监测成绩排名 - 中考成绩排名）×0.25 +（八年级第二学期期末监测成绩排名 - 中考成绩排名）×0.2］	18		
	C3 身心发展	C3.1　身体健康 C3.2　心理健康 C3.3　审美情趣 C3.4　学业负担	1. 查阅《国家学生体质健康标准》登记卡和学生体育活动开展情况，达标得 1 分。如学生体质健康不达标的比率超过 2%，则该项不得分。 2. 实地查看心理健康教育场地，检查开展心理咨询、心理团辅活动等有关资料。有场地得 0.5 分，资料齐全得 0.5 分，满分 1 分。 3. 查阅艺术教育开展情况以及参赛参演获奖资料。有佐证资料得 1 分，否则不得分。 4. 查阅作息时间表、课程表以及节假日安排表得 0.5 分。 5. 实地了解课程教学、作业和考试（测验）的难易度，作业是否符合课堂教学改革要求以及学生对此的感受和看法。该项得分 0.5 分	4		

续上表

一级指标	二级指标	三级指标	操作说明	赋分	得分	扣分说明
	C4 社会实践	C4.1　科技创新 C4.2　社团活动 C4.3　综合实践	1. 查阅实验操作考查登记表和学分认定登记表以及学生参加科技创新大赛获奖情况。能提供学生参赛、获奖等佐证资料得2分，否则不得分。 2. 学校提供社团活动开展情况以及社团活动成果。有资料得1分。（注：本学年获省级及以上奖得1分，市区级得0.5分，满分1分） 3. 查阅开展综合实践活动的相关资料，有相关的佐证资料得1分	4		
D 特色发展 （10分）	D1 学校品牌	D1.1　品牌建设	学校提供特色项目及亮点品牌建设（如一校一品、体艺网点、特色课程建设等）成效资料。包括牌匾、获奖证书、项目材料等，依据相应项目要求的理念、目标、机制、队伍、环境、学生、效应等，按国家、省、市、区四个等次分别计2分、1.5分、1分、0.5分。该项满分2分	2		

续上表

一级指标	二级指标	三级指标	操作说明	赋分	得分	扣分说明
	D2 人才培养	D2.1　品学优秀	1. 学业优秀：中考总分进入全区前 x 名（x 等于上当年顺德一中、李兆基中学招生分数线人数，含指标生）的人数占初三学籍人数比例，排第1名得分为满分4分，其他名次得分 = 4 －（n －1）×0.1（n 为排名），发展中心提供中考总分进入全区前 x 名各校考生名单。 2. 贡献率：贡献率≥90%得2分，贡献率≥80%得1.5分，贡献率≥70%得1分，贡献率≥70%得0分［贡献率＝上顺德一中、李兆基中学分数线且被区内学校录取的学生数/（上顺德一中、李兆基中学正取最低分数线人数＋有效指标生人数）×100%］，招生考试科提供上顺德一中、李兆基中学分数线且被区内学校录取的各校学生名单及上顺德一中、李兆基中学正取最低分数线人数和有效指标生人数。该项满分2分。 3. 成才率：成才率≥80%得1分，成才率≥70%得0.5分，成才率≥70%得0分［成才率＝顺德区内就读的本校生源上重点本科人数/当年（三年前）进入全顺德区前20%分数线学生数×100%；若当年（三年前）进入全顺德区前20%分数线学生数为0，但在顺德区内就读的本校生源上重点本科人数≥1，则成才率得1分］。该项满分1分	7		
		D2.2　体艺特长	体艺特长生培养：培养有健康体魄和审美情趣、掌握“体育、艺术”技能的特长生，并被区内普通高中自主招生班录取或特招的学生人数，每生得0.2分，满分1分。招生考试与审批服务科提供被区内普通高中自主招生班录取或特招的各校学生名单	1		
总分			110分			

附表 3－4　顺德区小学办学绩效评估检查说明

一级指标	二级指标	三级指标	操作说明	赋分	得分	扣分说明
A 学校 发展 （30 分）	A1 办学理念与发展规划	A1. 1　发展规划 A1. 2　学校文化	1. 查看学校的发展规划及其本学年落实情况。（2 分。有规划并有落实得 2 分；只有规划，没有年度分解及年度落实情况的自查得 1 分） 2. 查看学校办学理念及其践行情况。（3 分。学校提供办学理念的解读文件及围绕理念所做的校园文件建设方案得 1 分；学校文化建设有特色与办学理念相吻合，并且落实在育人环境建设中得 2 分；没有或者不吻合不得分） 说明：A1. 1 查看学校上报镇（街道）教育局的发展规划及年度分解表；A1. 2 抽行政、教师、学生若干名，通过谈话，了解师生对学校办学理念是否知晓，对理念内涵的理解程度	5		
	A2 制度 建设	A2. 1　依法办学 A2. 2　自主管理 A2. 3　民主监督	1. 学校章程及制度体系建设的纸质（电子版）材料齐全得 1.5 分；未提供系列制度文件的纸质版（或者电子版）或者不健全的，系列制度与章程不吻合扣除相应的分数。 2. 学校内部治理结构所设置机构的运行机制与工作程序等文件健全，并有校长负责制的保障措施得 2 分；设置内部治理结构，没有相应的运行机制扣 1 分；校长负责制保障措施不健全扣 1 分。 3. 学校提供“学校、家庭、社区三结合实施方案”或工作机制、实施途径和方法等文件资料。佐证资料齐全得 1. 5 分，否则扣相应的分数。 说明：实地评价会随机抽教师、家长代表、社区代表座谈，考察学校章程和制度执行情况	5		

续上表

一级指标	二级指标	三级指标	操作说明	赋分	得分	扣分说明
	A3 课程建设	A3.1 国家课程（校本化） A3.2 校本课程（特色化）	实地查看全校总表、教师个人课程表、校本课程安排表，学校提供课表与教室课表相吻合得2分，否则扣除相应分数。 学校提供国家课程（校本化）、校本课程（特色化）的成果佐证资料，有材料得3分，否则酌情扣分。 说明：有全校总表（融合校本课程）得1分、教师个人课程表得1分，开足开齐给满分，否则适当扣分。 有校本教材或课程学材给1分（有ISBN号正式出版再给0.5分）。有开展课程的过程照片得0.5分。有学生作品或参与课程建设的材料得1分	5		
	A4 德育与安全	A4.1 德育工作 A4.2 安全工作 A4.3 学生精神风貌	1. 学校提供德育发展规划；特色化、系列化的德育活动方案及活动纪实资料；实地观察学生的精神风貌。有佐证材料得1分；学生文明有礼、精神饱满、热情得1分。 2. 学校开发（或者）引入社会、社区等德育资源并组织开展相关活动。有相应佐证材料得1分，否则酌情扣分。 3. 学校有安全工作整体规划、制度及措施得1分；学年内无安全责任事故得1分。 说明：开展德育工作的规划及年度分解（也可以是学校整体规划中抽取出的德育工作列表），重点是每次活动的方案、活动照片等；安全工作重点检查相关平安校园档案2分。有安全责任事故一票否决（以上级行政部门认定为准）	5		

续上表

一级指标	二级指标	三级指标	操作说明	赋分	得分	扣分说明
	A5 社会认同	A5.1　学校荣誉 A5.2　学校影响 A5.3　督学评价	1. 学校获得行政部门颁发的集体荣誉（先进学校、依法治校示范学校、德育示范学校、书香校园、安全文明学校、饭堂A级单位、交通安全学校、绿色学校、心理健康教育示范学校、语言文字规范化示范学校、优秀家长学校、教育科研先进学校、优秀文学社、优秀社团等）证书复印件或牌匾照片，区级每项0.5分，市级及以上每项1分，该项满分2分。（注：学科组获得省、市、区级奖励的视为学校获得集体奖） 2. 学校影响：（1）有关示范引领的佐证材料（开展区级以上各类教育改革现场会、教学教研活动、学术研讨活动的通知、报道或主旨发言材料，每次1分；学校举办与学校发展方向、品牌创建相符的主题活动，辐射区、镇学校，有一定的示范和推广作用，每次0.5分。该项满分2分。（2）有关家长支持的佐证材料：有家长以各种形式参与学校管理、活动的方案得0.5分，有过程照片得0.5分。该项满分1分。 3. 责任督学提出整改方案的落实情况。学校按照国家课程要求开足开齐、严格执行上级教育主管部门关于学生编班管理规定进行规范编班的得1分；学校日常教育教学活动没有违背《教育法》《教师法》《中小学生行为规范》等政策法规得2分；学校根据责任督学提出的整改措施落实整改得2分（有整改意见得1分，有落实整改措施、成效佐证材料得1分）。该项满分5分	10		

续上表

一级指标	二级指标	三级指标	操作说明	赋分	得分	扣分说明
B 教师发展 （20分）	B1 师德师风	B1.1　职业道德	学校教职工无重大违法违纪行为得3分。违纪行为包括在职教师存在有偿补课、体罚或变相体罚学生、利用职务之便谋取私利等现象。若有违法违纪行为，每宗扣1分，扣完3分为止。 说明：以教育行政部门的通报与相应的处分决定等为依据	3		
	B2 专业技能	B2.1　教学能力	1. 学校按学科提供教师备课、听课、学生作业、试卷、教研记录等原始佐证材料。原始材料整齐、能证明教师专注课堂教学得3分，否则酌情扣除一定分数。 2. 课堂教学组织中，注重学生的参与度，善于调动学生积极性，教学语言符合学生心理得2分；否则酌情扣分。 说明：随机抽查某一个学科、备课组的资料；随机听课	5		
		B2.2　管理组织能力	1. 班级管理制度健全并上墙（符合小学生成长特点）得0.5分；有学生成长激励机制和记录，展示方式丰富得0.5分；班级文化建设重学生参与得0.5分。否则酌情扣除相应分数。 2. 查看教师组织学生开展特色活动，创建班级特色文化，培育积极上进班风的原始材料。有材料得1.5分，否则不得分	3		

续上表

一级指标	二级指标	三级指标	操作说明	赋分	得分	扣分说明
		B2.3 教科研能力	1. 学校提供教师个人教科研的计划（包括教师学历进修计划）得 1 分。否则不得分。 2. 本年度学校有省、市、区级教育行政部门立项课题并有过程资料，依次给 2 分、1 分、0.5 分（同级不累加，同项取最高，满分 2 分）。 3. 学校有明确的教学研究计划，科组、备课组能有效落实计划。佐证材料齐全得 2 分，否则不得分。 说明：一是查看学校统计的教师课题立项情况的资料；二是检查教研计划、科组、备课组教研活动的记录资料。或者是召开教师座谈会	5		
	B3 合作与执行	B3.1 合作执行	1. 随机抽教师 10 名进行问卷调查，了解校长领导能力、中层干部的执行和落实能力。该项满分 3 分。 2. 通过与行政班子成员的谈话，考察行政班子的团结协作及大局意识。该项满分 1 分，如果有班子不团结、不和谐等现象酌情扣分。 说明：问卷调查、随机访谈。统计 10 名问卷对象的平均给分 ×4% = 该项得分。问卷对象由评价主体从各学科组中随机抽出	4		

续上表

一级指标	二级指标	三级指标	操作说明	赋分	得分	扣分说明
C 学生发展（50分）	C1 身心健康	C1.1　体质健康	1. 查看体育锻炼安排表、学生阳光体育活动的计划及保障措施。有佐证材料得1分。 2. 上级部门对学校学生体质健康达标度的认定结果，达标1分，不达标0分。 3. 有对学生正确书写、站立、阅读姿势等良好行为习惯的养成教育过程资料得1分；否则酌情扣分。 说明：评价方式是现场观看大课间活动、查阅材料、学生座谈	3		
		C1.2　心理健康	1. 学校定期开设适合小学生的生理、心理健康的系列主题教育活动。每学期至少各组织一次有关生理、心理健康教育的主题班会、知识讲座、学生心理咨询等活动。有活动方案、记录等佐证材料得2分，否则不得分或酌情扣分。 2. 能客观地认识和评价自己，认识青春期的生理特征和心理特征（0.5分）；有一定的受挫能力，有良好的人际交往能力（0.5分）。得1分。 说明：一是学校提供定期开展生理、心理健康教育的方案等佐证资料（如果学校在此项工作上有创新设计的活动，可在特色加分项目中适当加分）。二是随机与学生交谈，考察学生对自我的评价与认识等	3		

续上表

一级指标	二级指标	三级指标	操作说明	赋分	得分	扣分说明
	C2 品德发展	C2.1 公民素养	1. 学生在文明礼貌、热爱劳动、爱护环境等方面有良好的行为表现。得 2 分。 2. 学生在珍爱生命、遵纪守法、诚实守信等方面有良好的认知与行为表现。得 2 分。 3. 学生具有自尊自信、自律自强、尊重他人、乐观向上的人格品质。得 2 分。 说明：公民素养培育应以班会课、主题活动、家校课程（活动）等来落实。学校提供开展上述有关主题的班会课、主题活动的资料，并且资料整齐得 1 分；有开展相关家校课程（活动）得 1 分；课程或活动主题成系列、成体系得 1 分；班会课、主题活动等注重学生体验、参与得 1 分，参与面广得 1 分。学校在某项活动中如有创新、有影响得 1 分。上述评价如果资料不齐全，酌情扣除相应分数	6		
	C3 学业发展	C3.1 核心知识与技能	1. 学校开展学习态度和学习习惯养成教育。得 2 分。 2. 学生具备掌握课程标准要求的核心知识与能力，学生学业水平达到当年检测目标。得 28 分。 说明：通过巡视课堂、听课、抽查学生作业本等查看学生学习习惯和学习态度的养成教育，良好得 2 分，否则酌情扣分；考核学生掌握课程标准要求的核心知识与能力，主要是看当年抽测的专项考核项目；我区对 4～6 年级进行书写水平、阅读和写作水平、英语听力、计算操作能力等专项考核和质量监测。该项满分 28 分，以当年实际考核或检测数据为准	30		

续上表

一级指标	二级指标	三级指标	操作说明	赋分	得分	扣分说明
	C4 个性特长	C4.1 科学素养	1. 学生具有一定的科学精神，善于提出新观点、新方法、新设想。得1分。 2. 学生参加社会实践活动，具有动手操作能力。得1分。 说明：查看学校组织开展科学教育类的活动，或者是结合科学课开展科学小发明、小制作等资料。有佐证资料得1分。查看学校组织开展的、适合小学生特点的、充分利用社区资源的实践活动得1分	2		
		C4.2 特长培养	1. 学生有健康的审美价值取向，有初步的综合艺术能力和审美水平。得2分。 2. 学生有丰富的校园生活。学生在文学、科技、体育、音乐等领域的特长得到培养和发挥。得4分。 说明：学校提供开展特色活动、主题活动中渗透美育的原始资料；或者是学校组织开展主题美育活动的方案、总结等资料2分；学校提供有文学、科技、体育、音乐特长生的培养计划、实施记录等原始资料（或者是特长生的展示活动记录等），得2分	6		
D 特色发展 （10分）	D1 学校品牌	D1.1 品牌建设	学校特色项目及亮点、品牌建设成效（如一校一品、体艺网点、特色课程建设等）。学校有某项特色项目的牌匾、获奖证书、项目材料等。依据相应项目的理念、目标、机制、队伍、环境、学生、效应等，按国家、省、市、区四个等次分别计2分、1.5分、1分、0.5分。该项满分4分，没有佐证材料的不得分	4		

续上表

一级指标	二级指标	三级指标	操作说明	赋分	得分	扣分说明
	D2 师生成果	D2.1　竞赛成绩	1. 学校形成特色项目，取得成效、成绩。得1.5分。 2. 围绕学生核心素养，师生积极参与各级各类竞赛活动。得1.5分。 说明：一是特色项目获得由区级以上教育行政主管部门等颁发的证书，或者是其他佐证材料，区级、市级、省级、国家级等各加0.1、0.2、0.3、0.4分，满分1.5分。 二是师生积极参与各级各类竞赛活动获奖。区级、市级、省级、国家级一等奖各加0.3、0.4、0.5、0.6分；特等奖则在相应级别基础上再加0.1分。（团体项目以团队获得的成绩为计分对象）满分1.5分	3		
		D2.1　综合荣誉	学校特色工作获得上级教育主管部门认可，师生在特色创建活动中获得上级教育主管部门颁发的荣誉。得3分。 说明：有区级以上各级人民政府或区级以上教育行政主管部门等颁发的荣誉证书。 赋分说明：师生个人获区级、市级、省级、国家级的，分别加0.1、0.2、0.3、0.4分。集体获区级、市级、省级、国家级的，分别加0.2、0.3、0.4、0.5分	3		
总分			110分			

附表 3－5　顺德区特殊教育学校办学绩效评估检查说明

一级指标	二级指标	三级指标	操作说明	赋分	得分	扣分说明
A 学校发展（40 分）	A1 理念引领	A1.1　办学理念	查看学校办学理念及其践行情况。学校能够提供办学理念的解读文字及围绕理念所做的校园文化建设方案得 1 分；学校办学理念符合特殊教育发展规律，并且能够落实在学校教育和管理的各个环节得 2 分；没有或无法落实不得分	3		
		A1.2　发展规划	查看学校的发展规划及其学年落实情况。有规划并落实在学年计划中得 2 分；只有规划没有年度分解情况得 1 分；没有规划不得分	2		
	A2 制度建设	A2.1　依法办学	查看学校的管理制度汇编。有管理制度汇编且能够定期组织修订得 2 分；制度没有汇编分散在各处室得 1 分	2		
		A2.2　自主管理	查看学校制度学习计划或相关制度学习会议纪要。在学校计划中有对制度的培训和学习内容得 1 分；在学期中有组织制度的学习或考核的工作安排得 2 分	3		
		A2.3　民主监督	查看过程资料，有资料的得 2 分	2		
		A2.4　安全管理	学年中没有违规办学行为、管理责任事故和有效投诉得满分 3 分。根据违反的项目和程度进行减分	3		

续上表

一级指标	二级指标	三级指标	操作说明	赋分	得分	扣分说明
	A3 校本创新	A3.1 开发课程	查看学校提供的为学生学习开发的课程、教材和作业等相关文本资料。能够提供得2分；不能提供不得分	2		
		A3.2 形成模式	查看学校提供的学生培养模式的总结材料。培养模式紧密围绕培养目标，并能够成为学校育人系统工程得5分；有总结材料但特色不明显得3分；无法提供总结材料不得分	5		
	A4 专业辐射	A4.1 课程实验	查看学校提供的课程实验总结材料。有开展课程实验得2分；没有开展不得分	2		
		A4.2 基地建设	查看学校提供的基地确认等相关材料。有基地的确认资料得2分；没有不得分	2		
		A4.3 专业影响	查看学校提供的组织开放活动的工作方案和总结材料（相关报道）。每组织一次加1分，最高得3分	3		
	A5 社会认同	A5.1 家校合作	查看学校提供的家校活动的工作制度和家校活动的过程资料，并访谈家委会代表。发放“家长评价学校办学调查表”。形成工作机制得2分；否则不得分。 发放“家长评价学校办学调查表”。家长满意率在90%以上，得3分；满意率在80%～90%，得2分；满意率在70%～80%，得1分；满意率低于70%，不得分	5		

续上表

一级指标	二级指标	三级指标	操作说明	赋分	得分	扣分说明
		A5.2　媒体报道	查看学校提供的新闻报道复印件（区级以上新闻媒体）。每一篇报道加1分，最高得3分	3		
		A5.3　社会声誉	发放“社会人士评价学校办学调查表”。满意率在90%以上，得3分；满意率在80%～90%，得2分；满意率在70%～80%，得1分；满意率低于70%，不得分	3		
B 教师发展（30分）	B1 立德树人	B1.1　爱岗敬业	教师爱岗敬业表现情况资料，此项得分为1分	1		
		B1.2　职业道德	教师没有违反职业道德（由区教育局认定）的得满分2分，根据违反情况和程度适当扣分	2		
		B1.3　标杆示范	查看学校提供的教师获奖统计表。每获得1人次区级以上师德或学科方面荣誉加0.5分，最高得3分	2		
	B2 专业能力	B2.1　教学能力	查看学校教师教学管理过程资料，形成特色的得2分，无特色的不得分	2		
		B2.2　班级管理	查看学校教师班级管理过程资料，形成特色的得3分，无特色的不得分	3		
		B2.3　教研能力	查看学校提供的教师课题研究统计表。区级课题立项或结题每项加0.5分，市级课题立项或结题每项加1分，省级以上课题立项或结题加2分，最高得分3分	3		

续上表

一级指标	二级指标	三级指标	操作说明	赋分	得分	扣分说明
	B3 开发课程	B3.1 计划制定	查看学校提供的教师制订的《个别化教育教学计划》。教师能够为每一个学生制定教学目标得 2 分，不能制定不得分	2		
		B3.2 教材编写	查看学校提供的教师参与教材编写统计表。教师参与教材编写的得 2 分，没有参与的不得分	2		
		B3.3 课程实施	实地考察。组成考评小组，随机抽取 3～5 名教师的现场上课，根据人性化课程教学原则进行评价。教师课堂组织能力强，学生参与率高的，得 3 分；不符合教学原则的，根据实际情况进行适当扣分	3		
	B4 示范引领	B4.1 承担培训	查看学校提供的教师培训工作统计表。教师能够承担一次培训加 0.5 分，最高得 2 分	2		
		B4.2 辅导跟岗	查看学校提供的教师辅导跟岗情况统计表。教师能够承担一次跟岗辅导活动加 0.5 分，最高得 1 分	1		
		B2.1 外派支教	查看学校外派支教总结和教师在外派过程中的记录资料。总结到位，能够体现促进教师专业发展，得 2 分；只有外派而没有促进教师专业能力提升，得 1 分；教师没有外派支教，不得分	2		

续上表

一级指标	二级指标	三级指标	操作说明	赋分	得分	扣分说明
	B5 协同家长	B5.1 关系融洽	此项最高分为2分，没有收到家长对教师的有效投诉得满分；每出现1次有效投诉，扣0.5分	2		
		B5.2 专业扶持	查看学校提供的辅导家长的培训资料、文本资料。能够提供相关专业支持家长的资料得1分，不能提供不得分	1		
	B6 服务社会	B6.1 提供咨询	查看学校为区内社会人士、机构提供专业咨询的总结材料。能够提供，得1分；不能提供，不得分	1		
		B6.2 积极参与	查看学校为贫困特殊儿童家庭所提供支持的总结或事迹材料。能够提供材料，得1分；不能提供，不得分	1		
C 学生成长（30分）	C1 遵守规则	C1.1 准时守纪	实地考察。组成考评小组，在学生回校和举行升旗仪式时对学生的状态进行评价。学生守时并能够达到仪式所要求的规范得2分；考评小组根据现场表现进行适当扣分	2		
		C1.2 参与教学	调看录像。此项最高分为2分，考评小组随机调看2～3个时间段的录像，有学生长时间（5分钟以上）不参与教学活动的，每个扣0.5分	2		
		C1.3 跟随集体	调看录像。此项最高分为2分。考评小组随机调看2～3个时间段的录像，有学生脱离教师监管并处于游离状态的情况，每个扣0.5分	2		

续上表

一级指标	二级指标	三级指标	操作说明	赋分	得分	扣分说明
	C2 学会学习	C2.1 思维发展	查阅学校提供的学生图操课评估总结。学生进步率为90%以上的，得2分；进步率80%～90%，得1分；80%以下不得分	2		
		C2.2 主动表达	查阅学校提供的1类、2类班学生言语课评估总结。学生进步率为90%以上的，得2分；进步率80%～90%，得1分；80%以下不得分	2		
		C2.3 能够书写	查阅学校提供的高年级1类班学生写字课评估总结。学生进步率为90%以上的，得2分；进步率80%～90%，得1分；80%以下不得分	2		
	C3 体艺发展	C3.1 形体展示	查阅学校提供的高年级1类班学生形体课评估总结。学生进步率为90%以上的，得2分；进步率80%～90%，得1分；80%以下不得分	2		
		C3.2 节奏感强	查阅学校提供的学生情绪分化课评估总结。学生进步率为90%以上的，得2分；进步率80%～90%，得1分；80%以下不得分	2		
		C3.3 艺术感受	实地考察。此项最高得分为3分。高年级1类班学生集体能够演奏1类乐器的1个曲目，每项加0.5分	3		

续上表

一级指标	二级指标	三级指标	操作说明	赋分	得分	扣分说明
	C4 健康生活	C4.1 生活自理	实地考察。此项满分为5分。重度和低年级学生能够完成生活自理项目，中高年级学生能够完成宿舍和公区服务得5分；不能达到指标，考评小组进行适当扣分	5		
		C4.2 主动劳动	查阅学校提供的学生进入社会生活的总结材料。80%以上学生毕业后能够进入社会或家庭生活，得3分；60%以上学生毕业后能够进入社会或家庭生活，得2分；60%以下学生毕业后能够进入社会或家庭生活，得1分	3		
		C4.3 学会消费	实地考察。此项最高得分为3分。高年级1类班学生能够自主购买饭菜票、澡票的行为得满分；不能达到的，考评小组进行适当扣分	3		
D 特色发展（10分）	D1 形成品牌	D1.1 建立体系	查阅学校提供的承担上级确定的各类基地资料及活动开展情况总结，考评小组根据承担的示范工作项目的数量和级别给予加分，最高5分	5		
		D1.3 成为示范	学校对办学情况进行整体汇报，考评小组根据学校育人工作和管理工作完成的情况给予加分，最高5分	5		
总分			110分			

附表 3-6　顺德区中小学办学绩效评估信息采集记录表

<table>
<tr><td>受评学校</td><td colspan="3"></td><td>评估时间</td><td colspan="2">年　　月　　日</td></tr>
<tr><td>所属指标</td><td colspan="3"></td><td>评估专家</td><td colspan="2"></td></tr>
<tr><td rowspan="4">观课情况</td><td>学科</td><td>节数</td><td>评定等级</td><td>学科</td><td>节数</td><td>评定等级</td></tr>
<tr><td></td><td></td><td></td><td></td><td></td><td></td></tr>
<tr><td></td><td></td><td></td><td></td><td></td><td></td></tr>
<tr><td colspan="6">合计：共观课（　）节，学科：　等级情况：</td></tr>
<tr><td>访谈及座谈情况</td><td colspan="6">学校行政（　）人次；教师（　）人次；学生（　）人次，其他人员（　）人次
座谈会：
参加人数：
主题：
基本情况评定：</td></tr>
<tr><td>查阅资料</td><td colspan="6">教师备课资料：
科组活动资料：（含备课组活动）
各种日志：
学生成长档案：
学生作业：（　）本，（　）学科，基本情况：</td></tr>
<tr><td>负责评价项目</td><td colspan="6">主要亮点：
1.
2.
3.
主要问题：
1.
2.
3.
整改建议：
1.
2.</td></tr>
</table>

附表3－7　顺德区中小学办学绩效评估观课记录与评价表

学校：＿＿＿＿＿＿　班级：＿＿＿　学科：＿＿＿＿　任课教师：＿＿＿＿

课题：＿＿＿＿＿＿＿　观课时间：　　年　　月　　日　观课专家：＿＿＿＿

<table>
<tr><th>对象</th><th>评价要素</th><th>具体要求（参考）</th><th>优</th><th>良</th><th>合格</th><th>不合格</th></tr>
<tr><td rowspan="3">教师</td><td>教学目标</td><td>目标明确、具体、切合实际
在知识学习基础上体现出发展的多维要求</td><td></td><td></td><td></td><td></td></tr>
<tr><td>有效教学</td><td>善用自身特点与优势，有效激发学习兴趣
整合资源、环节合理、基础落实、重难点突出
创设情境、联系生活，促进学生深度思维
活用方法、瞄准起点，促进学生高效学习
关注差异、因材施教，促进学生差异发展
言传身教、自然渗透，促进学生情意发展</td><td></td><td></td><td></td><td></td></tr>
<tr><td>教学素养</td><td>教态大方、有亲和力
语言清晰、有启发性
熟用媒体、重视板书</td><td></td><td></td><td></td><td></td></tr>
<tr><td rowspan="2">学生</td><td>参与状态</td><td>兴趣浓厚、全员参与、全程参与
课前有预习、学习有方法、心中有目标
思维活跃、答问有见解
学习主动、探究合作，能自己得出结论
课堂有纪律、活动有秩序</td><td></td><td></td><td></td><td></td></tr>
<tr><td>达成状态</td><td>大部分学生不同程度达成教学目标
思维活动有深度，多数学生能灵活解决教学中的问题
学习程度不同的学生都有成就感，有积极的情感体验</td><td></td><td></td><td></td><td></td></tr>
<tr><td colspan="2">教师情况</td><td colspan="5">专业、学历、职称、荣誉
担任本学科教师时间
本节课设计思路及风格</td></tr>
<tr><td colspan="2">课堂情况</td><td colspan="5">1. 生源特点
2. 课室环境（环境布置、课室整洁、班级文化）
3. 学生课间行为（有礼貌、自控能力、铃响归位、课前准备等）</td></tr>
<tr><td colspan="2">评价等级</td><td colspan="5">优秀、良好、合格、不合格（请以√选择）</td></tr>
</table>

续上表

教学过程记录	观课评注

说明：评价等级分为优秀、良好、合格、不合格，具体如下。

优秀：教师素养很好，学科功底扎实，课改理念很新，教材处理很灵活，教学过程十分突出学生自主学习，学生学习兴趣浓厚，知识落实到位，思维能力得到很好提升。

良好：教师素质较好，学科功底较好，课改理念比较新，教材理解准确，教学过程比较突出学生自主学习，学生知识落实基本到位，思维能力有所提升。

合格：教师素质一般，学科功底一般，课改理念一般，教学过程中一问一答传统教学方式使用较多，教学内容没有知识性错误。

不合格：教师素质差，学科功底差，教学理念陈旧，教学方式落后，甚至有教学内容出现科学错误。

第四部分　学校迎评指引

顺德区中小学办学绩效评估自评工作指引

一、正确认识“自评”的内涵

顺德区中小学办学绩效评估是促进学校办学质量提升的重要内容之一。“自评”就是学校为评估主体，立足于自身发展需求，运用教育评价基本理论和技术方法，采取客观调研和主观反思相结合的形式，自行组织对学校办学各方面工作及成效进行价值判断、问题诊断并形成改进对策，以利于改进和完善内部运行机制，提升学校组织与教师个体发展能力和发展水平，通过学校办学效能的评估活动。

因此，“自评”是学校自行设计、参与面广、注重过程，以促进学校、学校成员发展为目的的管理手段；是学校自身提高管理效能的必要环节，而非仅仅是为了迎接政府部门对学校办学绩效评估、为了让督导人员对学校有更好的了解而进行的工作。

二、“自评”对学校自主持续发展的作用和意义

（1）学校是负责的主体，应该而且必须是评价主体。一方面学校在享有更大的自主权的同时，必须进行更多的自我评价、自我约束和自我调整。另一方面，只有当学校自觉加强并持续成功自评和调整，从他控为主转向自控为主时，才标志着学校主体地位的真正确立。

（2）学校自评过程是一个自下而上、全员参与的过程，有助于激励并促进全体教职工自我发展。这一评价模式从外在的、硬性的、他人判定式评价向内生的、自我需要的、自我体验、改进式评价发展；若每位教职工真正体验到自评自诊对提升工作针对性的帮助作用，乐于并自觉运用这一方式方法改进工作，全校教职工的自评自诊合力将推动学校整体工作有较大的质的改进。

（3）学校自评过程是一个多方参与、开放、合作的过程，学校主动邀请家长、社区有关人员、相关部门参与对学校各方面工作进行评价（或发挥校务委员会的作用），并自觉接受社会对学校工作的监督，有助于实现政府行政行为、学校办学行为和社会需求方向的聚合。

(4) 开展学校自评是“规划—实施—评价—改进”这一管理链条上必不可少的关键环节，是自我调控、提高管理效能的必要手段。这一过程可以诊断学校发展规划运作过程中存在的问题，寻求有效对策，改进完善规划，保障学校发展规划的顺利实施；可以总结学校发展规划运作过程中的有效经验，不断强化有效的教育教学行为，及时调整、改进偏离发展目标的措施和方法，从而真正提高自我发展的能力。

三、学校自评工作主要方法与步骤

“校本自评自诊”是办学水平评估体系课题研究的重要内容，其内涵、方法和技术有待于各受评学校在迎评及日常工作实践中大胆探索、勇于创新、不断深化和完善。每个学校因校情不同，亦有必要研制和采用因校而异的自评自诊方案。总体而言，自评自诊一般可遵循如下步骤：

（一）全体动员、深入学习，树立正确的自评观

组织动员全体教职工学习办学水平评估实施意见及学校用书，正确把握自评自诊的目的意义和新要求。

组织动员全体教职工学习办学水平评估指标体系及其解读，交流学习心得体会，明确新时期学校提升办学水平的方向和路径。

（二）制定学校自评工作方案

依据办学水平评估指标体系和学校发展规划的重点项目，提出学校自评的主要内容，成立自评组织工作机构，制定工作操作步骤、要求，规定完成各项评估任务的时间和负责人、参与人员。

建议成立学校自评领导与协调组，负责制定自评自诊工作方案，组织评估的宣传学习；组织和指导、协调、检查各专题评估小组开展评估活动，分析、汇总、审定办学绩效评估结果，并形成学校自评总报告，然后提出自评自诊结果，组织制定学校改进计划，调整充实学校发展规划。

建议学校成立五个自评工作组（领导协调组、学校发展自评组、教师发展自评组、学生成长自评组、特色发展自评组），分别负责对照“办学绩效评估指标体系”，结合针对学校发展规划重点工作项目，组织开展自评自诊。

（三）开展校本自评人员培训和准备工作

开展学校自评方案的培训，明确工作要求，掌握自评的工作方法，重视积累有关材料。

五个工作组要依据“办学绩效评估指标体系”，制订校内自评的工作计划、自评工具等。明确每一项评估指标的重点。建议采取部门自评、教师个体自评、学校相关工作部门自评的方式进行。

（四）汇总自评信息

学校自评工作组要按照工作计划推进工作，收集汇总各工作组、各部门、教师个体自评等信息，对收集汇总的信息进行定性、定量评价（分析各项工作的得失、成功

经验等进行梳理总结，或者是委托归因分析）。

根据自评情况，思考工作改进措施；必要时可再针对问题的成因和改进措施进行问卷调查、访谈等。

（五）领导协调组汇总撰写学校自评自诊报告

领导协调组在召集审议各组的评估分报告基础上，综合分析，概括提炼，在充分发扬民主的基础上，形成学校自评自诊评估报告。

学校自评自诊报告可包括以下内容：自评自诊的工作概况（评估的目的、依据、组织分工、日程安排、方法手段）；主要措施和成效（列明主要工作措施，并运用事实、典型事例、数据和外部评价意见作为工作成效的支撑）；分析反思（判断工作是否值得肯定，哪些经验值得继续推行，哪些问题有待解决，并针对问题提出针对性的改进思路）。

（六）征求相关人员对自评报告的意见建议

通过教代会、座谈会等形式，听取学校相关部门及人员对自评自诊报告的意见建议；根据各方建议，总结本年度（学年度）自评自诊工作，修改完善学校自评报告。

（七）制订工作改进计划，调整完善学校发展规划

依据自评自诊结果和督学评估组对学校的评估意见建议，组织各部门进一步分析和诊断问题的“症结”，谋求解决问题的办法和改进工作的途径，促进相应职能部门加强自我反思，调动全体成员的主观能动性，形成学校改进计划。

学校改进计划的内容要做到简明扼要、重点突出，落实实施改进计划的实施者和责任人，明确完成期限和改进的目标与可测量的阶段目标，并以此作为监督改进进展状况的依据。

依据自评结果和督学评估组对学校的评估意见建议，如有需要，可组织修订、调整、完善学校发展规划，进一步明确后续发展方向。（如哪些工作是值得做的、做得好的、应继续推进和深化的？哪些工作成效尚不理想，应在哪些方面改进？）

四、自评报告的撰写注意事项

请各学校在依照自评自诊主要方法步骤、深入开展相关工作的基础上，认真形成高质量的自评自诊报告，因为自评自诊报告是学校自我评价、自我诊断、自我计划的重要文案，同时在办学水平评估体系中，是学校提交给督导评估组的重要资料。撰写过程请注意：

（1）做真做实自评的过程。做到全员参与、自我反思、征集外部评价。切忌请几个老师做笔手闭门造车地写自评报告。

（2）自评报告既要充分反映成绩，总结经验和优势，又要诊断存在的问题和不足，提出新的对策与措施，促进学校工作持续发展。从某种意义上说，查问题、找出原因、寻对策比总结成绩更重要，因为问题是学校发展的重要资源之一。

（3）自评报告应该语言平实、简要概述主要措施（措施不用展开叙述，可提供资

料索引给评估组），并以事实、典型事例、外部评价、数据等客观证据予以佐证。不要以“成效显著，获得好评”的笼统话语自我评价。

五、学校需要上传的自评材料

（1）学校自评材料。

（2）学校办学绩效自评说明表（使用顺德区中小学办学绩效评估检查说明表）。

（3）按照“办学绩效指标体系操作说明”上传材料。

受评学校需配合评估组做好的工作

1. 提前1周做好评估公告。

2. 准备好材料提交。需提交的材料具体如下：

（1）学校自评报告。

（2）学校发展规划。

（3）学校章程、配套制度及体系等要求查看的重点工作方案、计划等。

（4）评估期间学校课程表（须标明每节课授课教师姓名，并用不同符号代表骨干教师/青年教师等类型），以及有教师姓名的任教学科、任教年级。

（5）学校各类管理干部的名单（包括班子及中层干部、学科组长、年级长、备课组长）。

（6）学校教师基本情况一览表（包括姓名、学历、职称、年龄、职务、任教班级、学科、所获主要荣誉等），以便评估组选取访谈、座谈和观课的对象。

（7）学校班级、功能场室位置分布图。

上述材料评估组需每人1份，总课表和全体教师名单各放大1份。

3. 安排评估组工作室。

包括会议室、座谈访谈室等若干间。

4. 在每个课室放置1～2张凳子，以备评估人员观课之用。

5. 评估期间，配合安排以下座谈会和个别访谈（参加人员由评估组抽取，具体时间由组长与学校确定）

（1）校长、中层干部访谈；

（2）科组长座谈或访谈；

（3）年级长、班主任座谈或访谈；

（4）备课组长座谈或访谈；

（5）学生代表座谈。

6. 学校依据到校评估时间及相关安排，形成"××学校办学绩效评估工作安排表"，并打印分发至相关人员。

7. 安排若干校方工作人员作为联络员，配合评估组安排相关工作。

8. 后勤保障：午餐安排评估组人员在学校饭堂用工作餐，并安排一个会议室作为午休场地。

受评学校自评报告格式

1. 学校概况

（1）基本情况。

（2）现状分析（发展资源、优势与机会、不足与困难等）。

（3）总体评价。

2. 自评过程综述

起始时间、参与对象与人数、组织形式与操作过程。

3. 自评情况

（1）学校发展。

①对照指标要素分述工作成效；

②分析存在问题；

③提出解决办法与改进措施。

（2）教师发展。

①对照指标要素分述工作成效；

②分析存在问题及其原因；

③提出解决办法与改进措施。

（3）学生发展。

①对照指标要素分述工作成效；

②分析存在问题及其原因；

③提出解决办法与改进措施。

（4）特色项目。

①项目基本情况取得成效；

②项目实施过程中存在的问题；

③针对问题的解决措施。

受评学校迎评工作纪律

一、各有关单位和学校必须认真贯彻落实中央八项规定和《党政机关厉行节约反对浪费条例》，坚持节俭、务实原则，做好评估相关准备工作，削减不必要的开支。不专门设计、超标印制各类评估材料；评估相关会议安排在校内召开，会议室不摆鲜花、不放水果；校园内不挂欢迎横幅，不做特别布置。严禁借评估名义到高消费场所接待。

二、各受评学校要严格按照接待标准提供工作餐，不铺张浪费，不互相攀比。评估组就餐原则上应当在学校食堂安排，不提供酒水；有关单位领导和学校行政干部不陪餐。不得为评估组成员提供工作需要外的各种物品。

三、各受评学校要严格执行廉政规定，恪守客观真实、公开公正的迎评原则。严禁以任何名义向评估组成员赠送礼品及发放工作补贴。

四、区政府教育督导室对评估工作的接待情况进行监督和明察暗访，对发现违规和投诉查实的单位和个人，予以通报批评；情节严重的，按相关规定处理。

受评学校办学绩效评估后续工作指引

办学绩效评估是旨在促进学校发展的诊断性、发展性评估，是由评估专家现场评估和学校自评自诊互为补充的评估体系。现场评估的后续工作是发挥办学绩效评估的关键环节，须区教育局、区教育发展中心、片区教育局、镇（街道）教育局、教育督导室和受评学校联动参与、切实做好。

一、提高认识，高度重视

评估后续整改工作，是发挥评估目的作用的重要环节，是学校建立自我调控、自我改进的自主发展机制的重要组成部分，也是各级教育行政部门优化中小学（职校）管理、支持学校软硬件建设的重要平台。片区教育局、镇（街道）教育局及各受评学校要高度重视并做好办学绩效评估后续和年度自评自诊工作，建立相关制度机制，加大整改力度，提高整改实效，达到“评估一天，影响长远”的效果。

二、认真研究，扎实整改

片区教育局、各镇（街道）教育局要建立领导班子定期听取和研究办学绩效评估报告的制度，对于评估中发现的需要政府层面解决的问题，研究解决对策，将责任分解至相应业务科室，并为学校整改工作提供资源支持。要建立整改责任分工和问题台账制度，积极协调相关职能部门做好整改工作，将重点问题整改工作纳入区域教育综合改革发展的大局加以推进。

各受评学校要组织全体教师认真研读评估报告，既要明确优势、振奋士气，又要正视不足、积极改进。按照“统筹安排、全员参与、科学整改、注重实效”的原则，有计划、有组织、有保障地推进整改工作。要动员全员参与，将学校综合整改与部门整改、个体整改有机结合，以调查、讨论等多种方式，认真分析存在问题，制定翔实可行的整改方案，做到目标清晰、措施细化、责任落实、时限明确。要成立整改工作领导小组，对整改工作进行统筹部署、指导、督促和检查；成立分项整改工作小组，分工负责具体问题的整改推进工作。建立定期自查验收制度，自我监控整改工作的措施和效果，确保整改落实到位。

各受评学校要在街道评估报告2个月内，向所属区教育局、片区教育局、镇（街道）教育局督导部门提交整改方案，下一年办学绩效评估前要提交整改报告。

三、及时跟进，回访检查

区教育督导室、区教育发展中心、片区教育局、镇（街道）教育局要及时汇总梳理办学绩效评估报告的主要观点和问题，向区教育局通报。建立受评学校待整改问题台账，做到一校一表格（清单）、校校有督学跟进。建立受评学校整改工作回访督查制度，依托督学责任区制度的实施，要求责任区督学有计划、有组织地加强对学校整改工作的指导、督促和检查，促进学校积极整改。专兼职督学专家组对受评学校进行抽查。

四、加强交流，服务决策

片区教育局、镇（街道）教育局要定期对所管辖的受评学校发现的问题进行汇总和分类，发现区域性的共性问题和突出问题，及时向区教育局主管科室反馈并提出对策建议。要搭建交流平台，对评估组总结的学校办学特色与亮点，对整改措施得力、效果显著、变化较大的单位，进行经验宣传和推广，发挥办学绩效评估的杠杆效应，达到“评估一所、影响一片”的收效。

五、自评自诊，持续长效

办学绩效评估体系是由办学绩效评估专家组他评与学校自评自诊互动、互补的有机整体，自评自诊是学校提高自主发展能力的重要途径。受评学校在现场评估结束后，还要继续深入开展学校年度自评自查工作，建立校本自评长效机制，切实增强自我规划、自主发展、自我监控的自我改进的能力。

顺德区中小学办学绩效评估工作反馈表

（学校用表）

受评学校：　　　　　　　　　　　　　　　　　　　　评估日期：

<table>
<tr><td rowspan="2">项目</td><td rowspan="2">条款</td><td colspan="3">评价（在确认的栏目内打“√”）</td></tr>
<tr><td>满意</td><td>基本满意</td><td>不满意</td></tr>
<tr><td rowspan="5">对评估工作的评价</td><td>1. 依法评估程序规范</td><td></td><td></td><td></td></tr>
<tr><td>2. 评估专业沟通良好</td><td></td><td></td><td></td></tr>
<tr><td>3. 廉洁自律公平公正</td><td></td><td></td><td></td></tr>
<tr><td>4. 评价客观指导性强</td><td></td><td></td><td></td></tr>
<tr><td>5. 反馈得体突出重点</td><td></td><td></td><td></td></tr>
<tr><td>建议</td><td colspan="4"></td></tr>
</table>

校长签名：

（公章）　　　　年　　月　　日

说明：本评估反馈表主要用于学校对评估组工作的评价，以利于改进工作。请学校在评估结束后如实填写，密封后，直接送至（或邮寄）顺德区教育局教育督导室。地址：顺德区大良德民路区政府东座5楼教育局教育督导室。